社会をひもとく

都市・地域にみる社会問題の問い方

北川由紀彦・山本薫子
山口恵子・玉野和志 編

有斐閣

まえがき

　本書は，東京都立大学（1997～2004年度），首都大学東京（2005～2019年度），東京都立大学（2020～2022年度）の大学院において玉野和志氏を指導教員として研究に取り組んできた／いる人々がそれぞれの研究成果を持ち寄って編まれたものである。一般的な論文集の場合は，特定のテーマを設定しての共同研究プロジェクトなどが先にあって，そのプロジェクトに関する研究成果を分担して執筆する，という流れになることが多い。ただ本書の場合，都市や地域といった具体的な空間において生じている現象を取り扱っているという大まかな共通項はあるものの，各論文のテーマはさまざまであるし，研究方法や問題意識についても，執筆者間で必ずしも共有されているわけではない。その代わりに，フィールドワークや参与観察を積み重ねるなどして各人が取り組んできた研究の文脈と問題意識を大切にしながら執筆する，という方針を共有している。結果的に，現代の都市・地域において社会問題として認識されているような現象に対して社会学の視点からそれぞれに切り込むスタイルを示した一冊となっている。

　全体の流れは3部構成で，（本書のタイトルでもある）「社会をひもとく」ために避けては通れない「構造と主体」に関係する都市・地域研究の系譜について論じた第1章から始まり個人の営みから社会を照射する論文を集めた第Ⅰ部，町内会・自治会やNPOなどの中間集団や地域コミュニティに照準した論文を集めた第Ⅱ部，国家や自治体といったマクロレベル・メゾレベルにおける諸主体間のポリティクスなどに関する論文を集めた第Ⅲ部から成っている。ただ，各論文は独立しているので，どこから読み始めていただいてもかまわない。

　本書刊行にいたる経緯についてもう少しだけ記させていただきたい。きっかけは，玉野氏が東京都立大学を退職して放送大学に移ることが決まった2022年の夏に，記念に何かできないか，と筆者も含めた玉野ゼミ出身者の有志で話し合ったことである。その結果，研究成果を持ち寄って一冊の本を作ろう，ということになり，玉野ゼミ出身者でその後も研究を続けている方々に呼びかけて執筆者を募り，最終的に本書のような顔触れとなった。その後，2023年の8

月と 2024 年の 3 月に草稿を持ち寄って研究会を開催し，そこでの議論もふまえて各執筆者が初稿を提出し，それに編者が加えたコメントを参考にして最終稿へと仕上げていくという手順を踏んだ。

　なお本書は山口恵子，山本薫子，筆者（北川）の 3 人が折に触れて合議をおこない公刊を目指してきたが，出版企画提案書の作成や全体的な進行管理については山口，山本の両氏に多くを負っている。また，有斐閣の編集者の四竈佑介氏には，出版企画の段階から多大なご協力をいただいた。あらためて感謝申し上げる次第である。

　　2025 年 1 月 10 日

北川 由紀彦

目 次

まえがき　I

第Ⅰ部　生活史から考える社会的世界

第1章　〈まなざし〉を介した構造分析 ……………………… 2
　　　　　　　　　　　　　　　　　　　　　　林浩一郎

1　社会学は「虚学」か「実学」か　2
2　構造と主体を媒介する都市研究の系譜　4
3　〈まなざし〉を介した構造分析　12
4　都市・地域社会学とは何か　15

第2章　東京におけるホームレス経験者の
　　　　　生活実践とモビリティ ……………………… 18
　　　　　　　　　　　　　　　　　　　　　　山口恵子

1　ホームレス経験者のモビリティと大都市　18
2　東京の形成と都市底辺の扱い　21
3　人びとの人生行路と空間・場所利用　23
4　大都市の空間・場所の変容　31

第3章　「女性と貧困ネットワーク」の
　　　　　30代の女性たちにみる「女性の貧困問題」 ……… 36
　　　　　　　　　　　　　　　　　　　　　　仁井田典子

1　女性の貧困問題　36
2　失望と怒り　37
3　居場所と集まり　42
4　異議をとなえる　44
5　女性の貧困を社会問題として捉えていくための課題　47

第 4 章　1955 年，水俣に生まれたある女性の生活史 ……… 50
原田利恵

1　高度経済成長期に傷つけられた命たち　50
2　生活史の概要　54
3　社会生活において増幅する被害　61
4　不可視化する被害　65
5　水俣病の闘い　67
6　水俣を共に生きる　69

第 II 部　人々の活動とコミュニティ

第 5 章　「活性化される困難地域」という
　　　　　イメージの形成と再生産 ……… 72
山本薫子

1　「福祉の街」に向けられた新たな注目　72
2　寿町における福祉化の進展と地域課題の変化　74
3　事業者の新規参入と「地域活性化」　76
4　創造都市施策の展開と寿町　80
5　寿町におけるアート団体の活動展開　83
6　「活性化される困難地域」というイメージの形成と再生産　86

第 6 章　「移動」から防災・災害復興を捉え直す ……… 92
高木竜輔

1　「災害と移動」という問い　92
2　現代社会と移動　94
3　災害をめぐる移動の重要性　97
4　移動から防災・災害復興を捉え直す　103
5　移動から地域コミュニティを捉え直す　105

第7章　町内会を中心とする
　　　　　コミュニティ・ガバナンスの転回　　　　　　　　　110
　　　　　　　　　　　　　　　　　　　　　　　　　　　小山弘美

　1　地域社会の変化と協働への要請　110
　2　町内会とローカル・ガバナンス　111
　3　コミュニティ・ガバナンスと行政との関係　116
　4　町内会とNPOの協働　118
　5　地域協働による地域独自の地区防災計画の策定　122
　6　住民主体のローカル・ガバナンス成立に向けて　125

第8章　住民ニーズからみる
　　　　　スマートシティにおける課題　　　　　　　　　　128
　　　　　　　　　　　　　　　　　　　　　　　　　　　菅沼若菜

　1　スマートシティの課題——コミュニティの枠組みから　128
　2　ハワードの田園都市構想　130
　3　サイドウォーク・トロント——データ活用に関する課題　132
　4　裾野市——住民目線のICT活用　133
　5　藤沢SST——住民のニーズからサービスが生まれるまち　136
　6　「市民中心主義」の都市のために　142

第9章　浜松市政教分離訴訟にみる
　　　　　自治会と神社の政教分離問題　　　　　　　　　　144
　　　　　　　　　　　　　　　　　　　　　　　　　　　鈴木颯太

　1　町内会・自治会活動にかかわる政教分離の問題　144
　2　町内会・自治会活動と神社　145
　3　浜松市における神社と自治会の関係史　150
　4　行政の自治会の利用と政教分離　160

目次_v

第Ⅲ部　都市空間をめぐるポリティクス

第10章　インフォーマル・セクターと女性による空間の生産 ……………… 164
佐藤　裕

1　はじめに——インフォーマル・セクターと女性の周縁化　164
2　途上国都市における空間の生産と女性労働力　166
3　フォーマルな政治からインフォーマルな政治へ——SEWA運動の淵源と展開　168
4　女性労働者の可視化と権利要求——1980年代までのSEWAによる都市的効果　174
5　結語——女性労働者の「生きられた空間」に向けて　180

第11章　高密度化する死者の都市空間 ……………………………… 183
辻井敦大

1　はじめに——都市の建造環境の拡大と納骨堂　183
2　死者を埋葬し，弔う空間の高密度化に向けた構想（1980年代）　187
3　バブル崩壊後の墓地開発と自動搬送式納骨堂の技術的な成立（1990年代）　191
4　墓地開発・経営への規制強化と自動搬送式納骨堂の開発（2000年代）　193
5　東京都における自動搬送式納骨堂の増加とその限界点（2010年代）　197
6　死者を埋葬し，弔うための都市空間はいかに変化したのか　199

第12章　日本都市におけるジェントリフィケーション批判に向けて ……………… 204
金澤良太

1　日本の都市研究とジェントリフィケーション　204
2　政治性をもった概念としてのジェントリフィケーション　206

3　立ち退きについての理解の展開　211
　4　日本都市におけるジェントリフィケーション批判の可能性　217

第13章　東京における野宿者排除にみる　　　　　　　　　　220
　　　　懲罰と福祉の両輪　　　　　　　　　　北川由紀彦

　1　野宿者排除とは　220
　2　東京における野宿者排除の基本動向　223
　3　野宿者排除と支援策　226
　4　福祉的対策と懲罰的対策の連動　232

あとがき　235

文　献　239

索　引　257

目　次__VII

執筆者紹介

(執筆順, ◆は編者)

◆ 北川由紀彦 (きたがわ ゆきひこ) 　　　　　　　　　【まえがき, 第13章】
放送大学教養学部教授
主要業績に, 『移動と定住の社会学』(丹野清人と共著) 放送大学教育振興会, 2016年。"Homeless Policy as a Policy for Controlling Poverty in Tokyo: Considering the Relationship between Welfare Measures and Punitive Measures," *Critical Sociology*, 47(1): 91-110, 2020。『新訂 都市と地域の社会学』(玉野和志と共著) 放送大学教育振興会, 2024年。

林浩一郎 (はやし こういちろう) 　　　　　　　　　【第1章】
名古屋市立大学人文社会学部准教授
主要業績に, 『多摩ニュータウン開発の構想と現実——都市計画と地域政治の社会学』首都大学東京人文科学研究科博士論文, 2012年。「リニア開発主義の構造と主体——名古屋駅西地区におけるリノベーション事業と〈草の根の新自由主義〉」『日本都市社会学会年報』38：116-131, 2020年。「名古屋駅裏のまなざし——戦後闇市の創造的破壊」『日本都市社会学会年報』41：70-87, 2023年。

◆ 山口恵子 (やまぐち けいこ) 　　　　　　　　　【第2章】
東京学芸大学教育学部教授
主要業績に, 『地域・都市の社会学——実感から問いを深める理論と方法』(平井太郎・松尾浩一郎と共著) 有斐閣, 2022年。『グローバル化のなかの都市貧困——大都市におけるホームレスの国際比較』(青木秀男と共編) ミネルヴァ書房, 2020年。

仁井田典子 (にいた のりこ) 　　　　　　　　　【第3章】
広島修道大学人文学部准教授
主要業績に, 「個人的なやりがいや楽しみが活動へとつながる——女性組合員たちのユニオン活動への参加動機」文貞實編著『コミュニティ・ユニオン——社会をつくる労働運動』松籟社, 2019年。「脆弱で, 不安定で, 曖昧な連帯の可能性——ある女性コミュニティ・ユニオンを事例として」『解放社会学研究』28：94-108, 2014年。「若年不安定就労者の関係形成——ある若者就業支援施設を介した自発的な集まりの事例から」『ソシオロゴス』37：90-101, 2013年。

原田利恵（はらだ　りえ）　　　　　　　　　　　　　　　　　【第4章】
　国立水俣病総合研究センター主任研究員
　主要業績に、「水俣病患者第二世代のアイデンティティ――水俣病を語り始めた『奇病の子』の生活史より」『環境社会学研究』3：213-228, 1997年。「胎児性水俣病患者が置かれた社会的環境に関する考察――過去のヒアリングデータ分析より」『環境社会学研究』27：160-175, 2021年。

◆ **山本薫子**（やまもと　かほるこ）　　　　　　　　　　　　　　【第5章】
　東京都立大学都市環境学部准教授
　主要業績に、『横浜・寿町と外国人――グローバル化する大都市インナーエリア』福村出版、2008年。『原発避難者の声を聞く』（高木竜輔・佐藤彰彦・山下祐介との共著）岩波書店、2015年。『立ち退かされるのは誰か？――ジェントリフィケーションと脅かされるコミュニティ』慶應義塾大学出版会、2024年。

高木竜輔（たかき　りょうすけ）　　　　　　　　　　　　　　　【第6章】
　尚絅学院大学総合人間科学系准教授
　主要業績に、『原発事故被災自治体の再生と苦悩――富岡町10年の記録』（佐藤彰彦・金井利之と共編）第一法規、2021年。『原発避難者の声を聞く』（山本薫子・佐藤彰彦・山下祐介と共著）岩波書店、2015年。

小山弘美（こやま　ひろみ）　　　　　　　　　　　　　　　　　【第7章】
　関東学院大学社会学部教授
　主要業績に、『自治と協働からみた現代コミュニティ論――世田谷まちづくり活動の軌跡』晃洋書房、2018年。『「まちづくり」に踏みこむ意義と限界』『社会にひらく社会調査入門』（文貞實・山口恵子・山本薫子と共編）ミネルヴァ書房、2023年。「危機に対応するネットワーク型コミュニティ」祐成保志・武田俊輔編『コミュニティの社会学』有斐閣、2023年。

菅沼若菜（すがぬま　わかな）　　　　　　　　　　　　　　　　【第8章】
　東京都立大学人文科学研究科博士研究員
　主要業績に、「交錯するアートの公共性――横浜黄金町『アートのまち』のその後に着目して」『社会学論考』40：69-92, 2019年。「ICTを活用したまちづくりと近隣地域とのつながりに関する考察――横浜綱島スマートタウンを事例に」『地域社会学会年報』32：136-150, 2020年。「コロナは都市の暮らしにどのような影響を与えたか――デジタル化とまちづくりに着目して」『日本都市社会学会年報』41：54-69, 2023年。

鈴木颯太(すずき そうた)　　　　　　　　　　　　　　　　　【第9章】
東京都立大学大学院博士後期課程，せたがや自治政策研究所特別研究員
主要業績に，「都市における相互扶助的処理としてのごみ集積所管理と町内会・自治会——浜松市の事例」『日本都市社会学会年報』2024年。

佐藤　裕(さとう ゆたか)　　　　　　　　　　　　　　　　　【第10章】
都留文科大学教養学部教授
主要業績に，「都市再開発，スラム撤去と再定住の社会過程——インド，アフマダーバード市における『ジェントリフィケーション』の再検討」『日本都市社会学会年報』38：47-64, 2020年。「インド社会学における貧困問題の研究動向——開発政策・言説・実践とのかかわりから」『ソシオサイエンス』29(1)：98-117, 2023年。"Vocational Training as a Neoliberal Means of Inclusive Resilience: Capitalist Discipline and Masculinity among Low-income Youths in Urban India," in C. Hofmann and T. Bazzani (eds.), *Interdisciplinary Perspectives on Resilience and the Welfare State*, Nomos, 2025（in press）。

辻井敦大(つじい あつひろ)　　　　　　　　　　　　　　　　【第11章】
甲南大学文学部講師
主要業績に，『墓の建立と継承——「家」の解体と祭祀の永続性をめぐる社会学』晃洋書房，2023年。「なにが伴侶動物の「家族化」を促進しているのか——動物葬儀・霊園の増加の経営・技術的背景」『社会学評論』74(4)：734-750, 2024年。

金澤良太(かなざわ りょうた)　　　　　　　　　　　　　　　【第12章】
東洋大学社会学部社会学科助教
主要業績に，「市街地再開発における周辺住民への対応——太子堂・三軒茶屋4丁目地区第一種市街地再開発事業を事例として」『せたがや自治政策』11：115-137, 2019年。「二子玉川の再開発過程——調査報告」(玉野和志と共著)『人文学報』513：87-111, 2017年。「都市間競争とイデオロギーとしての創造都市——グローカル化と企業家的都市の台頭」『年報社会学論集』26：75-86, 2013年。

◆ **玉野和志**(たまの かずし)　　　　　　　　　　　　　　　【あとがき】
放送大学教養学部教授
『東京のローカル・コミュニティ——ある町の物語 1900-80』東京大学出版会，2005年。『町内会——コミュニティからみる日本近代』筑摩書房，2024年。『実践社会調査入門——今すぐ調査を始めたい人へ』世界思想社，2008年。

第Ⅰ部
生活史から考える社会的世界

第1章 〈まなざし〉を介した構造分析

林 浩一郎

1 社会学は「虚学」か「実学」か

　社会学という学問のひとつの使命は，個人（ミクロ），集団（メゾ），社会構造（マクロ）を連関して捉えることにある。社会学は，私たちのちっぽけだが切実な問題を，巨大な社会の仕組みと結びつけて捉える，私たちが生き延びるための「実学」である。
　一般に，「実学」とは，経験科学や技術に基づく実用的な学問を指す。一方で，社会学は非実用的な「虚学」と位置づけられることさえある。はたして，社会学や都市・地域社会学は，実学たりえないのだろうか。
　ギデンズの「構造化理論」によれば，「構造」とは，社会的再生産に関わる規則と資源である（Giddens 1984＝2015：20）。ある社会構造（規則）は，個人や集団という行為主体を拘束し，その社会構造（資源）は，その主体に能力を付与する。その一方で，個人や集団の行為の積み重ねが，社会構造を変動させる。その変動した新たな社会構造が，ふたたび個人や集団を拘束し，能力を付与する（図1-1）。ミクロ，メゾ，マクロにわたる「構造と主体」のダイナミズム（構造化の過程）を捉えることこそ，社会学の醍醐味である。都市・地域社会学においても，「構造と主体」のダイナミズムを捉えることは不可欠なはずである。

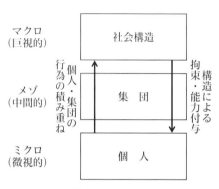

図1-1　構造と主体のダイナミズム

当初2027年開業予定だった東京－名古屋間を結ぶリニア新幹線が，暗中模索のなか建設されている（図1-2）。今から60年前，名古屋駅西地区は，もうひとつの新幹線開発に直面していた。東海道新幹線である。ここに，名古屋市が編纂した『駅西都市改造のあゆみ』（1964）という冊子がある。表紙を開くと，事業区域全域を捉えた上空写真が広がる。大河のように流れる名古屋駅の路線が東西を分断し，その西側には無数の狭小バラックがひしめき合っている。上空から駅西を俯瞰する行政の「都市計画的なまなざし」（吉見 2016）である。同書の緒論では，こう宣言されるのである。

（2016年3月18日筆者撮影）
図1-2　リニア開発が迫る名古屋駅西地区

　　　終戦後の駅裏は，駅の東側とは実に対照的で，すなわち，東側は大名古屋の象徴ともいわれるほど，美しく明るく，繁華で，また文化的であるのに引き換え，西側，すなわち，駅裏は犯罪の温床とまでいわれ，闇市，愚連隊，暴力，売春などの巣窟をなし，白昼堂々と犯罪が行われ，しかも一般人に，ある程度の関心と興味を持たれ，多くの不法建築物があって，その間に怪しげな旅館，アパートなどが櫛比し，都市計画上，文字通り癌となっていた（名古屋市編 1964：1）。

　駅裏を「癌」と評価し，それを取り除こうとする行政権力の強い否定的な〈まなざし〉が読み取れる。こうした都市のうごめきを捉えるには，構造や主体だけ捉えても不十分である。都市・地域社会学において，構造と主体の双方を循環して捉えるには，どのような方法論が考えられるか。本章では，都市・地域社会学で展開されてきた「構造と主体」を媒介する都市・地域研究の系譜を検討する。そのうえで，「〈まなざし〉を介した構造分析」という私なりの方法論を提起したい。

第1章　〈まなざし〉を介した構造分析　3

2 構造と主体を媒介する都市研究の系譜

2-1 地域社会学の原点としての「構造分析」

「構造分析」とは，日本の地域社会学で培われてきた地域研究の方法論である。それは，農村社会学における「村落構造」分析に端を発する。すなわち，「生産諸関係の総体たる経済構造のうえに成立する村落の政治的（＝階級的）支配構造」（河村・蓮見 1958：上・55）を解明しようとするものだ。ここには，明確にマルクス主義の影響がある。

その後，急激な都市化が進み，農村社会が解体されていくなか，農村社会学者は「構造分析」を「都市・地域」へ適用しようとする。それが，地域社会学の始まりである。『地域開発の構想と現実』（福武編 1965）はその代表例である。

本章では，「構造分析」を「農村社会学の実証研究経験をベースにしながら，家族や生活といったミクロな単位から積み上げて，対象自治体を構成する諸要素間の関係構造を社会学的に記述・説明しようとする研究者集団による，多面的な特定地方自治体分析」（中澤 2007：171）と，さしあたり捉えておく。

2-2 似田貝香門──〈住民運動〉を介した構造分析

「構造と主体」を媒介した地域社会学者として，似田貝香門がいる。似田貝は『住民運動の論理』（1976）で，当時一世を風靡した，都市社会学者の奥田道大による「コミュニティ研究」をこう批判する。

> たとえばある論者は，コミュニティ形成の「具体的可能態」をさぐる作業として住民運動研究が位置づけられているのだが，そこでは，(1) 特定のイッシューを通して，(2) 住民運動の「発展段階」を論じている。この場合，特殊なイッシュー追求から，住民主体のまちづくり運動という，(3) 住民共有の「生活価値」に照らした，そしてコミュニティという住民的として位置づけられた「イッシュー総体」を課題とする住民の主体性が問題となっている。
>
> このように現実の住民運動をダイナミックにみていくこと自体は，われわれとしてはおおいに賛成である。しかしながら，住民運動の社会学的規

定を「体制についてなにかがおかしいという素朴な疑念，批判を起点として，個人問題と地域問題とを総体としてとらえ，解決しようとする住民の思想と行動」（中略）とし，こうした内容の住民運動を「価値指向型運動」へと収斂させてしまうことに問題がある（松原・似田貝編 1976：7）。

　似田貝は，住民運動を前にして，「コミュニティモデル」の構築にのみ収斂していく都市社会学者に苛立ちを隠さない。

　　だとすれば，研究の方法においては，そもそも何故，特殊的なイシュー自体が，また運動の展開による「イッシュー総体」が，地域社会で顕在化してこざるをえないのか，を解明することこそが，コミュニティ（そう呼びたければ）研究者における住民運動研究の任務であろう。すなわち，コミュニティ研究（中略）の一つの方法として，現実に起っている住民運動を認識的媒介に，「地域」の総体的把握を迫っていくものとして住民運動研究の位置づけがあるはずである。
　　したがってここでは，住民運動の把握が，地域の構造の「総体」を捉える媒介的手段としての意味を有するはずである。この場合，地域社会研究の一手段である，こうした住民運動→地域の構造把握という点は，コミュニティ論者のいう，「コミュニティ形成」の「具体的可能態」の実証研究の基本をなすはずであろう（同上）。

　ここでは，「住民運動」を構造把握のための手段として捉えている。そして，構造を突破する条件を探ろうとしている。その後，似田貝はこのアプローチを「イシューを介した構造分析」と名づけ直している。興味深いのは，「イシュー」を「出来事」と捉え直していることである。

　　イシュー（issue）という出来事は，あるいはこの出来事のなかで人々によって表現されている行為は，主体と構造がまさに交叉している局面，と考えるべきなのです。研究者が主体と構造を予め理論的に結びつけているのではありません。ひとびとが今や否応なく経済・政治・社会の厳とした仕組み（構造）に巻き込まれているのです。仕組み（構造）に〈取り込ま

れ〉ようとするのか，あるいはそこから脱するのか。それが住民運動という集合的行為であったわけです。しかも大切なことは，人々は，この仕組み（構造）への〈取り込まれ〉を，自覚し，さらにこれを受難・苦しみ（pathos）として表明していることでした（似田貝 2007：114）。

「住民運動」という集合行為のなかに，イシュー（issue）という出来事のなかに，構造と主体の交叉を見出している。それは，住民運動が「地域の構造の『総体』を捉える媒介的手段」（松原・似田貝編 1976：8）だというかつての見方とは異なる。

別な言い方をすると，イシュー（issue）とは，出来事とは，新たなる行為とは，すでに主体と構造がまさに交叉している局面なのです。一方で，高度成長政策のように，新たな構造的テーマに直面した構造のエージェント（agent）が人々を，法制度・行政のルール等を駆使しながら人々を取り込もうとする。そして新たなる社会の構造を編成しようとする。他方で，人々は主体として，このエージェントに「異議申し立て」，「権利要求」をし，新たな社会の共同（構造）を，思念する。〈イシュー（issue）を介した構造分析〉という方法は，こうした交叉局面，最もホットに主体と構造のborder が深く相互に浸透した局面から，あらためて主体と構造の布置状況を腑分けしようとした方法，といえます（似田貝 2007：114）。

構造のエージェントが主体を構造へと取り込もうとする。主体は，住民運動のように異議申し立てを起こし，新たな社会構造を思念する。この構造化のダイナミズムを捉える。この時の出来事からイシューを捉えようというのである。

視点を，構造から出発するのでなく，したがってカテゴリーから出発するのでなく，それらを一旦括って，いま起きている「生活」事象，とりわけ，人々の苦しみの事象，人々が問題提起している事象を〈行為〉と考え，あるいは〈出来事〉として考え，そこから逆に，生活を規定している様々な構造的変数を想定し，次第に，より抽象的な構造（カテゴリーの配列）に関連づけていき，理論的仮説的に社会の構造を編成させていく，という方

法を私は重視いたしました（似田貝 2006：113）。

　地域社会学が確立した「構造分析」のように，構造から出発するのではない。生活事象を行為として，出来事として捉え，そこから主体を規定する構造に迫っていく。これが，イシューを介した構造分析である。

2-3　町村敬志──〈開発主義〉の構造と主体論

　町村敬志『開発主義の構造と心性』（2011）は，「経済成長とそこからもたらされるはずの物質的豊かさの実現を優先することによって，人びとを動員し社会の統合をめざす方法」を「開発主義」と呼ぶ。その上で，「開発という現象を正当化し，それに向けて人びとの行為を動員させていく作用をもつ言説や象徴の総体」を，「開発主義イデオロギー」とする。町村は，開発という現象を「出来事の連鎖」として捉える。

　　第1に，開発という現象とは，富の蓄積や豊かさの実現を求めてインフラを整備したり，生産力を拡充したりする政治的・経済的過程を指すだけではない。開発という現象は同時に，さまざまな主体が身の回りに起こる個別の出来事に意味を与え，それら出来事の間につながりをみつけていくなかで意識的・無意識的に構成していく主観的過程によって支えられている。（中略）
　　したがって第2に，開発主義とは外部から注入されてそのまま力を発揮するものではない。開発主義が一つのイデオロギーとして，先住の人びとによる主観的現実構成の過程に影響を及ぼし結果的に動員力をもつとしても，それはあくまでも，人びとが日常のなかで保持してきた生活倫理やエートスと結合して初めて可能になる。ここから開発主義における「主体」という問題が浮上してくる（町村 2011：132-133）。

　こうした試みには，地域社会学の「構造分析」の系譜が明確に意識されている。

　　筆者がめざすのは，構造分析を単純に捨て去り，語りや表象の世界に沈

潜することではない。そうではなく，構造分析がその存在を明らかにしようとした「構造的なるもの」を，それが埋め込まれていた「時間と空間」のなかにもう一度「根づかせていく」ことこそが求められる。すでに構造化されてしまった「構造」ではなく，不断に構造化されつつある「構造」の分析へと，構造分析を改めて開いていくこと，こう言い換えてもよいだろう（町村 2011：19）。

静態的な構造を捉えた「構造分析」を超えて，開発という動態的な出来事の連鎖から，構造生成のダイナミクス，構造化の過程を捉えようとする視座が提示されている。

2-4 吉見俊哉 ──〈盛り場〉のドラマトゥルギー

都市社会学や地域社会学から明確に距離を取った都市論として，吉見俊哉『都市のドラマトゥルギー』(1987) がある。吉見は，盛り場を〈出来事〉として捉える。

> 「盛り場」とは，もともとは流動的で一時的な「盛（サカリ）」を，他の場所よりも濃密に抱えた空間であり，したがってこの言葉の本来の重心は，「容器」である商業施設や娯楽施設よりもまず，「中身」である「盛」そのものにあるのである。換言するなら，「盛り場」は，施設の集合や特定の機能をもった地域としてある以前にまず〈出来事〉としてあるのだ。
> 　盛り場を特定の機能を担った地区としてよりも〈出来事〉として捉えていく以上，われわれは，いかなる都市構造なり産業構造なりがこれを生み出しているのか，といったことに問いを還元するのではなく，むしろ，ある盛り場がそこに集った人びとによってどのように生きられ，そこでどんな社会関係が結ばれ，いかにしてその盛り場固有の集合的な気分が醸成されていったのか，といった点を問題にしていかなければならない（吉見 1987：24）。

ここでは，流動的で一時的な「盛（サカリ）」を捉える方法が提起されている。そもそも，「出来事」とは何なのか。吉見はこう述べている。

われわれの社会生活は多数の大小の出来事から構成されており，それらの上演が重層的に複合することで，宗教や法，それに国家といったより大きなドラマの上演を織りあげているのだ。したがって，出来事は構造やシステムに対してその整合的な働きを阻害する夾雑物としてあるのではない。むしろ，出来事は「それ自身の論理と構造」を内包しており，それらの重なり合いのなかから構造なりシステムなりは生成してくるのだ（吉見1987：21）。

　つまり，盛り場の出来事の集積から，社会の構造やシステムが生成されると捉える。同時に，盛り場の出来事には，その社会の構造やシステムの論理が刻印されているのだ。

　盛り場における諸々の事象を，何らかの外的なシステムの論理に還元してしまうのではなく，むしろ，盛り場に集う人びとが，その集っている盛り場との相互作用のなかで紡ぎだしていく固有の磁場（ないし社会的なコード）に基づくものとして把握していかなければならない。つまり，盛り場を〈出来事〉として捉え，そうした出来事自体を秩序づけている意味論的な機制を，出来事の担い手となっている人びとの相互媒介的な身体性において問うていかなければならない（吉見1987：101）。

　地域社会学も都市社会学も，固定的な土地／空間に根差した住民やコミュニティを通して，構造に接近した。より流動的な都市社会の構造と主体を捉えるためには，都市空間で生起する出来事への着目が肝要であることを吉見の方法論は教えてくれる。

2-5　玉野和志──〈コミュニティ〉を介した構造と主体論
　玉野和志（1996）は，コミュニティと都市社会構造を架橋して分析する方法論を提起した。都市社会学では，「都市をより広い視野から位置づける全体性の視点を堅持しながら，そのうえで社会学的研究の独自性はどこにあるのか」という問題が提起されてきた。すなわち，「都市の外枠を規定する『広義の社会構造』と社会学の独自の対象としての『狭義の社会構造』をいかに媒介する

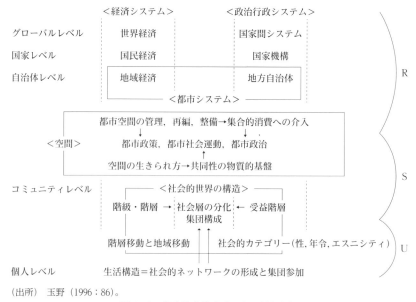

図 1-3　都市社会構造論研究の対象領域

のか」という問題である。

　しかし、1960年代以降、日本社会の都市化が本格的に展開していくにつれて、都市社会構造の把握が困難な状況があらわになっていく。「都市化が本格化する過程で、人々の社会的世界の分化が生産面での集団・階層の分化と単純に結びつかなくなるにつれて、都市システムとの関連はおろか、社会的世界の把握すらも困難になっていった。そこに都市社会学の危機を招来し、ニュー・アーバン・ソシオロジーの批判をまねく由縁があったわけである」(玉野 1996：78)。

　そこで、玉野が着目したのは、「都市システム」と「社会的世界の構造」の媒介項としての「土地／空間」であり、そこで展開される「都市政策」の争点(イシュー)である。都市システムとは、鈴木広のいう経済過程と政治過程、中島龍太郎のいう都市の外枠を規定する経済的契機と政治行政的契機に対応する「広義の社会構造」のことである。一方、「『社会的世界』の構造」とは「狭義の社会構造」に対応するものである。

　そして、空間における都市政策と都市社会運動のせめぎあいに、「都市システム」の介入と「社会的世界の構造」の双方を捉えようとする(図1-3)。

都市システムのレベルからは都市空間の管理・再編・整備という側面が，社会的世界の構造というレベルからは生きられた空間のあり様が問題とされる。都市空間の管理・再編・整備とは，具体的には都市計画にもとづく行政や第三セクター方式による都市政策の展開や民間ディベロッパーなどによる住宅地開発などを意味している。それらは集合的消費や社会的共同消費への介入を通して住民生活の物的基盤に変更を迫る。そのため，ときとして地元住民からの異議申し立てが都市社会運動となって惹起し，都市政治の過程が展開する。その際に共同性の物質的基盤を形成するのが，社会的世界における空間の生きられ方なのである（玉野 1996：86）。

　この空間論（S領域）は，マルクス主義・新都市社会学からシカゴ学派・都市社会学への批判に対するリプライであった。同時に，構造論的視角を失っていた日本の都市社会学（U領域）の「コミュニティ研究」と，それらと緊張関係を持ち展開されていた地域社会学（R領域）の「構造分析」の架橋でもあった。

　　このような状況において，筆者がここで提起したい空間のプロブレマティークは，次のような利点を有している。まず第一にあげられるのが，都市システムと社会的世界との関連を空間という一点にしぼって問題にするという，戦略的な課題領域の限定をおこなっている点である。そもそも社会的世界の構造を把握するには，シカゴスタイルの参与観察を典型としたインテンシィブで長期間にわたるモノグラフ研究を不可欠としている（玉野 1996：87-88）。

　地域社会学の基盤となった宮本憲一の「社会的共同消費」概念も，新都市社会学のカステルによる「集合的消費」概念も，国家の市民生活への介入というレベルで問題にされるにとどまっていた。介入を受ける住民生活の側での空間の具体的な生きられ方については，ほとんど言及されない。シカゴ学派的な意味での空間と人間，空間と社会との関わりが，都市社会構造の分析に位置づけられる必要があるというのである。

　　ルフェーブルにとっての空間のプロブレマティークは，資本主義社会に

おいて交換価値の視点から自由に操作可能な存在として観念されている空間に，人間と人間の具体的で歴史的な関わりあいの只中から沸き上がる，生き生きとした象徴的な力をいかにして回復させるかという弁証法的な過程の分析に焦点が合わされている。この意味でも，都市システムのレベルでの空間の再編に関する議論に偏してきたきらいの強いわが国の都市・地域研究においては，むしろ社会的世界における空間の具体的な生きられ方に関する綿密なモノグラフ研究こそが求められているといえよう（玉野1996：84）。

このように，〈土地／空間〉を介して，「構造と主体」を媒介させるのが玉野の方法論である。この方法論の成果として，玉野和志『東京のローカル・コミュニティ——ある町の物語一九〇〇－八〇』(2005)というモノグラフがまとめられた。

3 〈まなざし〉を介した構造分析

似田貝は〈住民運動〉を，町村は〈開発主義〉を，吉見は〈盛り場〉を，玉野は〈コミュニティ〉を介して，構造と主体のダイナミズムを捉えようとした。そこでは，空間で生起するさまざまな〈出来事〉に目が向けられていた。本章では，最後に〈まなざし〉を介して，構造と主体を媒介することを提案したい。この方法論を「〈まなざし〉を介した構造分析」と呼ぶ。

吉見はいう。盛り場の〈出来事〉の集積を，そこに生きる人びとの身体の内側から捉えるのが〈まなざし〉なのだと。「『都市の感受性』は，近代化日本の歴史的展開のなかで，われわれの身体に特定の文化コードが刻み込まれ，そのまなざしが組織され，われわれが自身を認識する仕方が変容していったことのひとつの帰結なのだ」(吉見1987：15)。

より明確に定義しておこう。〈まなざし〉とは，身体が対象を認識し，理解する見方である。「見る」ということは，見られる側に，見る側の評価基準や価値観を押しつけることである。「見られる」ということは，他者によって評価されることであり，規範や評価基準を押しつけられることである。都市開発

において，この「見る＝見られる」という関係性はきわめて重要だ。なぜなら，見る側の〈まなざし〉，すなわち評価基準，価値観，規範の押しつけが，見られる側の自己評価や都市開発の方向性を左右するからだ。

ただし，「まなざしは社会的に構造化され組織化されている」(Urry 1990＝1995：2)。ある

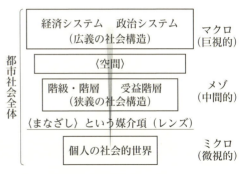

(出所) 筆者作成。
図1-4 〈まなざし〉を介した構造分析

対象を「こう見るべきだ」という認識の仕方は，社会的に規定されているわけだ。それゆえ，「見る＝見られる」という社会関係を捉えるだけでなく，〈まなざし〉を構造化，組織化する権力の場を捉えることが重要である。

つまり，都市をまなざす権力主体だけでも，都市の人びとが権力をまなざし返す情景だけでもなく，都市においてまなざしが交錯し，衝突し，共鳴する政治的な場を捉える必要があるのだ。その場をめぐる力のせめぎあいが，都市空間の変動を方向づけるからである。従来の都市・地域社会学が取りこぼしてきたのは，この点にある（林 2023）。

まなざしを介した構造分析は，これまでの構造分析と何が異なるのか。従来の固定的・静態的な構造分析に比べ，まなざしを介した構造分析は，流動化・個人化した社会の構造生成のダイナミクスを動態的に析出する。無数の個人のまなざしの集積によって，社会の内部から構造を可視化できるのである。

①行政・資本といった構造のエージェント（他者）が，個人（自己）を監視し，評価し，統治する。②しかし，個人も構造をまなざし返す。③同時に，他者のまなざしが，個人の身体のうちに内面化されていく。④最後に，研究者が諸主体の交錯するまなざしをまとめ上げ，この構造化の過程，都市社会の「構造と主体」を照射する（図1-4）。

〈まなざし〉を「構造と主体」を媒介するものとして捉え直し，各主体の〈まなざし〉の歪みから，構造を分析するのである。まなざしの歪みとは，空間や出来事に対する人びとの見方の屈折の仕方である。憧れ，侮蔑，恥，誇り，郷愁……。そこには，対象との関係性が投影される。しかもそれは，社会構造

(出所) 名古屋市編（1964：85）。
図1-5　國際マーケットの立て看板

に規定されているのだから，そのまなざしの歪みから構造を析出することができる。都市に生きる無数の流動的な人びとのまなざしから，都市の構造に迫るのである。

　冒頭の「名古屋駅裏のまなざし」に立ち返ろう。名古屋市行政は，駅裏を「癌」としてまなざし，それを取り除こうとした。行政の都市改造事業に直面した駅西のマーケット住民は，立て看板を用いて無数の市民の〈まなざし〉を受け止め，「不公平な立退き」に対抗する。そこには，「市民の皆さんに訴える！駅西國際マーケット誕生の由来と立ち退きの問題」とある（図1-5）。

　　全国の大都市に同様

　一，我々は市の都市美化計画に協力する
　一，我々は環境の改善と明るい街造りに協力する
　一，我々は東海道新幹線の敷設を歓迎する
　一，我々は生活権を固く守り抜く
　一，住民の生活を脅かす市当局の一方的な不公平な立退要求には断じて反對す

　　　　　　　　　　　　　國際マーケット住民一同（名古屋市編 1964：85）

　たしかに，マーケット住民は「不公平な立退き」に対抗した。だが，立ち退きにあう住民さえも，「都市美化計画」には反対していない。「東海道新幹線の

敷設を歓迎」していたのだ。マーケットの住民は，新幹線開発の担い手として主体化されていったのではないか。行政や世間から駅裏へ向けられた〈まなざし〉は，駅裏の人びとの身体のなかで反転し，〈駅裏のまなざし〉を形作る。そこには，「大都市」になりたいという夢や欲望があった。この〈駅裏のまなざし〉が，資本の論理を背景に，戦後闇市の創造的破壊を内から加速させた。これが私の解釈である（林 2023）。

　開発という出来事の連鎖のなかで，時に，都市住民は権力に従属し，時に住民運動によって抗う。さまざまな出来事が生起する流動的な盛り場のなかで，無数の主体のまなざしによって構造が立ち現れ，構造の拘束によってまなざす主体が立ち上がる。その構造と主体の再帰的な構造化のダイナミズムを研究者がまなざす。これが，〈まなざし〉を介した構造分析である。

4　都市・地域社会学とは何か

　あらためて，都市・地域社会学とは，どのような学問領域なのか考えてみよう。それは，(1) 国家・自治体による地域政策の執行過程（マクロ），(2) 地域の社会構成と社会関係（メゾ），(3) 地域政策に対する諸個人の意志や価値観（ミクロ）を明らかにするものである。

　(1) まず，国家・自治体という政策主体が，いかにその政策を実行するかを巨視的に考察する。(2) 加えて，地域にいかなる人びとが住み，働き，遊ぶのか。それらの各集団がどのような関係性を取り結んでいるかを明らかにする。さまざまな縁が絡まりあい，地域社会に協調関係，対立関係，支配−従属関係が生まれる。それら中間的な領域を捉える。

　(3) そのうえで，国家・自治体が進める地域政策に対して，諸個人がどのような意志や態度を示すかを微視的に明らかにする。ある地域政策に対して賛成なのか，反対なのか，個人によって異なるだろう。そのような意志や態度が，なぜ生まれるのか。その個人の価値観を理解し，明らかにする。マクロ，メゾ，ミクロの3層を横断的に理解し，地域社会の問題点を解決することが都市・地域社会学の課題である。さもなければ，地域政策と地域社会のミスマッチを生むだけであり，政策効果は期待できない。これが，都市・地域社会学という学

問の私なりの骨子である。

　都市計画や都市開発（空間のプランニング）は，地域住民の人生設計（人生のプランニング）を規定する。だからこそ，都市計画や開発政策を進めるならば，人びとの生活史に寄り添い行うことが不可欠である（林 2012）。

　建築・都市計画分野の研究は，施設の機能や空間的な配置に焦点がある。そこでは，その地域の空間構造と社会構造の関連を捉えながらも，そこに生きる人びとの社会的世界，都市の体験や盛り，街への愛着や誇りといったものがこぼれ落ちていることが多い。だからこそ，都市・地域社会学はハード面からの考察に加えて，そこに住み，通い，交流する流動的な人びとの社会的世界，主観的な意味を捉える必要がある。

　かつて見田宗介は，都市に生きる一人の少年の人生を見つめた。「まなざしの地獄――都市社会学への試論」(1973) である。半世紀たって，見田は自身の社会学的立場をこう振り返っている。

　　学生時代のぼくは，集団や社会を抽象的に概念規定したり分類したりするだけの社会学をつまらないと感じていました。／社会とは，一人一人の人間たちが野望とか絶望とか愛とか怒りとか孤独とかを持って1回限りの生を生きている，その関係の絡まり合い，ひしめき合いであるはずです。切れば血の出る社会学，〈人生の社会学〉を作りたいと願っていた。1人の人生に光を当て，その人が生きている社会の構造の中で徹底的に分析する。その最初のサンプルを提示するつもりで書きました（見田 2018）。

　都市は，人びとによっていかに生きられているのか。人びとが，都市開発に対していかなる意志や価値観を持っており，その開発政策をいかに受けとめ，いかにアクションを起こしているか。人びとは，いかに都市開発に参入し，動員されていくのか。これらをくみ取らない限り，商業地の振興も，市民や住民が主体となったまちづくりも不可能である。

　都市・地域社会学者の玉野和志は，「社会学の場合，法学や工学のような実学ではないので，社会学的な知識や技術がそのまま活用できるわけではない」としている（玉野 2015：235）。たしかに，社会学の実用性は，法学，経済学，工学などのそれとは異なるだろう。法学は，国家・行政にとっての実学であり，

経済学は，市場・資本にとっての実学である。しかし，社会学は，市民・住民にとっての実学なのである。なぜなら，社会学は，その知識や技術を使って，市民の声を聴き，市民が取り結ぶ社会関係を捉え，市民が埋め込まれている社会構造を暴く。その知見は，市民にとって極めて実用的なものだからである。

　だからこそ，私たち都市・地域社会学者は，人びとの生き様を通して，彼・彼女がいかに都市を生き延びているかを明らかにしなければならない。「切れば血の出る社会学」。それができれば，都市・地域社会学は市民・住民のための「実学」となるのである。

第2章 東京におけるホームレス経験者の生活実践とモビリティ

山口 恵子

1 ホームレス経験者のモビリティと大都市

1-1 大都市の空間・場所とホームレス経験

　大都市は大量の人口を吸収し，掃き出し，再生産しながら歴史を刻んでいる。その過程で一部の人びとは低賃金や不利な労働条件のもとで働くなかで貧困状態になり，また，ずっと貧困状態に留め置かれる。安定的な住居・住所の喪失や不安定化のもとにあるホームレス状態とは，そのなかでも最も厳しい生活状態である。日本は所属・帰属が大きな意味を持ち，住居・住所の喪失や不安定化はあらゆる生活場面での制約につながるのである（岩田 2008）。飢え，病気，追いたて，差別など，大きな困難を抱え，常にモビリティ（移動・流動）のなかに生活がおかれる。流動的な生活のなかで，人びとは積極的にせよ消極的にせよ，生きるための資源の確保を模索し，都市の空間・場所を利用する。それは同時に都市の空間・場所に規定されて，生活が構造化されていくことでもある。

　たとえば，東京において貧困・ホームレス層が利用する傾向が強い，伝統的な日雇労働市場である「寄せ場」や安く泊まれる簡易宿泊所（ドヤ），建設業の作業員宿舎である「飯場」[1]，低家賃住宅，福祉・支援施設，サウナ・インターネットカフェなどの商業施設は大都市にバラバラに配置されているわけではなく，都市政策・管理や再開発が進むうちに集積していく特徴がある。またそれらの場所とつながりがありつつ，支援・運動団体の炊き出し・共同炊事や仕事を見つける場所，野宿生活ができる場所がある。そこには必要な資源が集積しており，そこに集まることでつかの間にせよ共同性が生まれたり，そこが中間集団的な役割を果たしたりする場合がある。ただし，それらは現代では携帯

電話・スマートフォンやWi-Fiの利用によって大きく変容している。

　本章はこうした現代のホームレス経験者の空間・場所の利用について，とくに人びとのモビリティの過程に焦点を当てることから，それを規定し，また生きられる東京という大都市の空間・場所の変容について，ケーススタディから検討するものである。

　ホームレス経験者とは，過去または現在に居住が不安定である人びとであり，広義のホームレス層を含む。具体的には，路上生活，会社寮などの職住一体化した仕事で働く，ネットカフェや漫画喫茶などに寝泊まり，政府・民間の福祉施設やシェルター，ホームレス自立支援センターなどで生活する，生活保護を受給して（または申請中で）簡易宿泊所や賃貸アパート，公的シェルターで生活する人びとが含まれる。日本で一時でもホームレス状態になるということは相当の困難に直面し，共通に大きな不利な状態におかれる人びとといえる。

　また，ここでのモビリティとは，主要には地域移動や階層移動を念頭においている。しかし，現代社会は，J・アーリが指摘したように，交通や情報通信技術の進展のなかで，ヒト，モノ，イメージ，情報，廃棄物も含め，物理的近接性を伴わないフローとしてある（Urry 2000=2006）。もともとホームレス層の経験は階層移動・地域移動と切り離せないものであるが，さらに非正規雇用化が進み，細切れの雇用が増大したり，さまざまな福祉支援メニューが短期で提供されたりするなど，生活が流動化しやすく，施設での生活を含めて居住なのか，一時滞在・利用なのか，判別が難しいような状態も少なくない。さらに，スマートフォンや携帯電話，Wi-Fiなどのインターネット利用が生活に大きな影響を与え，サイバー空間は欠かせないものとなった。そうした変化をとらえるためにも，モビリティという用語を使用する。移住を念頭においた都道府県や市区町村の行政界を超える地域移動のみならず，大都市内での場所や地点のモビリティについても射程に入れてモビリティの経験を記述する。

1-2　東京のホームレス現象をとらえる

　そもそも各国において，19世紀初頭の近代都市の形成期から大都市への人びとの地域移動と貧困の解明は大きな焦点であり，東京の貧困・ホームレス現象にも焦点があてられてきた。たとえば，戦後の階層・地域移動として，経済の高度成長期を通じて，関東圏で最大の日雇労働市場・寄せ場である「山谷（さんや）」

の日雇労働者の社会的形成について，インタビューデータから類型が指摘され（江口ほか編 1979），また東京の福祉施設利用者のデータ分析から「不定住的貧困」の形成過程が明らかにされた（岩田 1995）。

　1990 年代前半から野宿者が増大すると，なぜ野宿状態に至っているのか，その析出過程に注目した調査・研究が数多くなされた。たとえば，野宿者へのインタビューデータから安定型・労働宿舎型・不安定型のパターンがあること（岩田 2007），さらに近年になると野宿状態を経験しないなど広義のホームレス層，若者や女性にも焦点をあて，ホームレス化の経路が多様化していることが指摘されている（堤 2010；村上 2020）。加えて，行政・民間の福祉的な支援が増えたこともあり，野宿状態からの退出過程や福祉利用に着目した研究も少なくない（北川 2005；後藤 2020）。しかしこれらの研究は，賃労働の移動経験や福祉利用の実態，その制度的背景等に焦点をあてる傾向が強く，生活してきた空間・場所そのものへの注目は十分ではないと思われる。

　他方で，移動や社会関係を含めて，大都市における野宿者の日常生活の実践に着目した研究も積み重ねられてきた（山口 1998；北川 2001；林 2014 ほか）。野宿者の存在は空間・場所とのコンフリクトが起こりやすく，ゆえにそのポリティクスに注目することから空間・場所（あるいは都市）の意味を明らかにした。しかし，これらの研究の多くは野宿者を対象としているがゆえに，その空間・場所との関わりについても公園や河川敷などとの局所的な関わりに注目する場合が多い。（必ずしも野宿者に限定されない）ホームレス経験者と都市の空間・場所との関わりがどのような広がりを持っているかについては，なお検討の余地がある。

　加えて，本人のスマートフォンやインターネット利用はもちろんのこと，それを通じた支援が増大するなど，近年の東京のホームレス現象を取り巻く状況は大きく変容しており，生きる空間・場所やそれへのアクセス方法を含めて，人びとの経験は複雑になっている。本章はそうしたモビリティの現代的な変容をとらえつつ，都市の空間・場所の変容について検討を行う。

　以下，第 2 節で東京という都市と貧困・ホームレス問題の経過について振り返ったうえで，それへ対処してきた国家・都市政策による貧困管理の実態を確認する。次に第 3 節では具体的なケーススタディとして，主に年齢層や野宿経験の有無に注目して人生行路の経験を記述する。最後に第 4 節でまとめを行う。

2 東京の形成と都市底辺の扱い

2-1 東京の拡大と変容

　まずは東京という都市の形成過程とそこでどのように政策的に貧困層が取り扱われてきたのか，そして現在どのような状況にあるのか，簡単に確認しておこう。

　東京は明治以降，日本の首都として，常に中心に位置づけられてきた。世界資本主義の時期区分にしたがって都市の歴史的展開を，帝国主義と都市化の時代，1929年の世界恐慌を契機としたフォーディズムと郊外化の時代，1973年のオイルショック以降のポスト・フォーディズムと世界都市の時代と重ね合わせると（玉野編2020），東京はいわゆる1955年以降の経済の高度成長期に，産業化・都市化・近代化が進むなかで，地方からの流入者を含めて大きな人口集中が起こり，外へ外へと郊外化が進んだ。1990年代前半のバブル経済期が終わってからは長引く不況が続くが，同時に新自由主義的政策のなかで規制緩和が続き，「都市再生」を掲げる都政のもとで，2000年前後からは東京は都心回帰現象が指摘されるようになった。東京は日本のなかで一人勝ちのプライメイト・シティ（首位都市）であり，現在も活発な投資と再開発のもとにある。

　同時に，東京は常に貧困・ホームレス層を含む都市底辺を抱えながら歴史を重ねてきた。高度経済成長と都市の拡大を支えるためには，膨大な低賃金労働力が必要であり，建設業や製造業は地方から大量の出稼ぎ労働者を動員した。中小零細企業に労働力を供給する集団就職制度により，農村部の若い中卒者を動員した。そもそも東京のような大都市には流入者を受け入れる「窓口・受け皿」という装置がさまざまな形態である（岩田1995：282）。寄せ場は拡大し，建設日雇労働力の供給拠点となった。関東圏では東京の山谷や横浜の寿町などは簡易宿泊所が100軒以上集積する大きな市場としてあった。

　1990年代以降はバブル経済の崩壊と軌を一にして野宿者が目に見えて増大し，同時に積極的な雇用の流動化政策のもとで非正規雇用率が高まった。その後は，2008年のリーマン・ショックによる派遣労働者の大量解雇や，ひとり親家庭の貧困問題，2020年からの新型コロナウイルス感染症問題なども含めて，貧困や格差がさまざまなかたちで社会問題化されている。一方，山谷や寿町は

再開発の波が押し寄せるなかで，簡易宿泊所の多くは生活保護層の居住空間となっている（山本 2013a, 2016；結城 2019）。

2-2　東京のホームレス層をめぐる貧困管理とその帰結について

　1990 年代以降のこうした現象に対して，日本政府および東京都はさまざまな「貧困管理」（DeVerteuil et al. 2009＝2016）の政策を進めた。大都市の中心部で目に見えて増加した野宿者は「ホームレス問題」として大きな都市問題とされ，国家のリスケーリング（国家による政策や計画などのガバナンスの単位をグローバル，ローカルなどに再編成すること）のなかで，福祉や住宅，労働面での対応がとられていった（北川 2005；林 2014；Hayashi 2023；結城 2023）。その結果，東京の野宿者の数は過去 25 年間で激減した。限定的なものではあるが政府の目視カウントによれば，東京都心部（東京 23 区）の路上で生活するホームレス層の数は 1999 年の 5798 人から 2023 年には 604 人に減少した（厚生労働省 2023）。東京都心部では公園にテントやブルーシートの仮設小屋が密集する光景は珍しくなり，夜間に駅の地下街で寝泊まりする人も以前より明らかに減っている。

　こうした野宿者の減少に最も大きな影響を与えたのは，各種支援策と生活保護受給の増大である。1990 年前後には窓口に生活保護の申請に行っても追い返されるなどの扱いが頻繁にみられたが，2003 年に「ホームレスの自立の支援等に関する特別措置法」が成立し，同時期に厚生労働省から生活保護を適正に実施する通達などもあり，政府・民間ともに支援・運動団体もそのメニューが増大した。

　とりわけ都内においては民間の無料低額宿泊所が生活保護層の事実上の受け皿として急増し，施設の定員数でのカウントではあるが，1998 年から 2011 年までに 2.5 倍に増大している（北川 2020：55）。それらの一部は「貧困ビジネス」として社会問題にもなったが，都市インフォーマリティ（都市空間の統制をめぐる合法・違法等の線引きのせめぎあい）のなかでその線引きを変えながら，福祉受給者の受け皿として利用されている（結城 2023）。同時に，とりわけ東京都心では公共空間で寝泊まりすることや滞在することへの管理・規制が強まり，ますます野宿者を目にすることが少なくなっている。

　ただし，いったん施設やアパートにたどり着いても，さまざまな事情のなか

で出入りを繰り返すケースは決して少なくない。さらに，現代は2008年頃を境に生活保護が適用されやすくなっているが，これまでの歴史で繰り返されてきたように，厳格運用がされるようになると一気に野宿者が可視化することが予想されるものである。

3 人びとの人生行路と空間・場所利用

こうした東京とホームレス状態の変容を念頭におきつつ，2018年から実施したインタビュー調査によるケーススタディから検討しよう[2]。ホームレス経験者はどのような場所（地点・組織）を，どのような経緯で，どのように利用してきているのだろうか，移動をめぐる生活実践に注目する。なお，女性やセクシュアルマイノリティ，海外にルーツを持つ移民層については，ケースが十分に確保されていないことや背景がさらに複雑であることから，本章での直接の対象とはしていない。

具体的に男性のホームレス経験者の属性や利用した場所（地点・組織，東京や関東圏への出入りの移動も含む）の変化や生活条件をみていくと，年齢層や野宿経験の有無，出身地で特徴がみられるようであった。年齢は当然のことながら，高年齢層（およそ60代以上）と若・中年層（50代以下）ではその時代時代の社会・経済，政策，出来事などのインパクトが異なり，人生行路に大きく影響を受けている。屋外での野宿経験は，野宿するような状況になったことがある人ほど困窮度が高く，不利な生活条件にある場合が多かった。出身地については地方出身者が当初は大都市での財・住まい・ネットワークの資源にやはり不利がみられるようであるが，関東圏出身であっても実家等を頼れず，資源が乏しい人がほとんどである。ただ，それまでの居住経験は土地勘として影響があるようであった。

これらを踏まえ，以下では（1）地方出身で野宿経験がある高年齢層，（2）都内出身で野宿経験がない層，（3）地方出身で野宿経験がない若・中年層，（4）野宿経験がある若・中年層の4つに分けて，その人生行路と生活実践について，とりわけ空間・場所の移動に注目しながらみていこう。もちろん，ホームレス経験者のすべてがこの4層に分類されるものではないが，典型例として

検討するものである。なお，紹介するケースは適宜に要約や情報の取捨選択をしており，個人名や団体名などの固有名詞はすべて匿名としている。ケース紹介のなかの丸カッコは筆者の補足であり，×××は匿名化したものである。

3-1 地方出身で野宿経験がある高年齢層

　まず，高年齢層で野宿経験があり，東京東部を中心に生活空間が広がるパターンである。典型的には東京都外の出身で，寄せ場や飯場を通じての建設業やそのほか職人的な仕事で働いてきている。たとえば，60代で地方出身の東田さん（調査時は野宿生活）のケースをみてみよう。

　　　九州地方の田舎の生まれ。工業高校の紹介で九州に本店のある建設会社で東京支店の配属となり，千葉で就職した。千葉・埼玉・茨城の飯場をずっと回ってきた。山谷はもう長くて，仕事の条件が良いと思う。今は隅田川沿いの高速道路の高架下で野宿している。野宿が長くなった今でも毎日2時に起きて山谷に行く。A団体（山谷内で活動する支援・運動団体）の会館の裏に荷物を置いてから身支度をする。「土方があれば……」「もしあれば……」「立ちんぼで……」（4時くらいに仕事行けるかどうか決まる，でも実際には仕事はないから）「通るだけだけどね」。服などの着るものはキリスト教の伝道所を，食べるものは上野公園やB教会の炊き出しを週4回は利用している。山谷の中で過ごすときはCセンター（娯楽室があって日中は無料で利用できる）にも行く。D団体（山谷内で活動する支援・運動団体）には最近は行っていない。ここにいると行政がしょっちゅう来る。足立区や東京都の人，施設に入らないか，と。民間の人も来る。アパート代6万，2万円だけ，とか。わかってるけど，向こうも必要があるだろうから，一応聞いてあげる。

　東田さんは典型的な寄せ場・飯場労働者の人生行路である。地方出身で関東圏のさまざまな飯場を渡り歩いて，建設業の日雇労働でずっと生活してきた。とくに山谷は仕事の条件が良いと感じており，長く利用してきたという。

　こうした山谷などの寄せ場を利用して建設業の労働に従事してきた人びとは，東京東部に広がる支援の資源をよく知っており，日常生活のルーティンとして

「ホームレス・サーキット」(Wardhaugh 1996) がみられる。つまり、ホームレス層の日々の活動は住居、食料、仕事や金、社会サービスや社会的支援を提供する場所と関連してパターンがみられる (Wolch and Rowe 1992; Snow and Anderson 1993; Jackson 2012)。少なくとも東京23区内には16の食料支援をする団体があり、そのうち半数は東京東部で活動を行う(認定NPO法人ビッグイシュー基金 2023)。とりわけ伝統的な寄せ場には労働・福祉に関わる支援や社会運動が集積しており、仲間からの口コミや支援・運動団体が発信するチラシ、相談事業などを含めて情報に触れる機会は多く、「インフォーマルなセーフティネットの集積」(白波瀬 2017) がある。

東田さんの場合は山谷に仕事を探しに行っていた生活から現在は野宿状態で、おそらく仕事がないことがわかっていても、荷物を置きに毎日のように山谷に足を運ぶ。たえまない移動を強いられる生活のなかですべての身の回り品がつまった大きな荷物をどうするかは切実な問題であるが、東田さんはなじみの山谷の特別な場所を利用することでそれを軽減している。

全体としては山谷にある施設や機関を利用したことがある人は減少傾向ではあるが、けっして激減しているわけではない。野宿者を対象とした厚生労働省の全国実態調査によると、回答数は多いものではないが、山谷で仕事をしたり探したりした経験がある人は2003年31.3%、2012年37.5%であったが、2021年は27.7%となっている (厚生労働省 2022：40)。それなりにコンスタントに利用があることが推測される。

そうした生活のなかで、屋外の公共空間にいるからこそ、いろいろな勧誘の声がかかる。支援策の利用を勧める行政、入居者を募集する無料低額宿泊所の関係者、またインタビューをしたいというわれわれのような研究者も、である。それは生きていくための資源につながる可能性もあるが、同時に劣悪な仕事や施設に誘われるなど、罠であることもありうるだろう。

3-2 都内出身で野宿経験がない層

次に、都内出身でかろうじて野宿の経験はないが、居住や生活が不安定な層である。まず、広く関東圏を利用してきており野宿経験がない、70代という高年齢の大竹さん(調査時はアパート居住)の例をみてみよう。

生まれは中部地方であるが，小学校の時には東京 23 区西部に住んでいた。大学を中退してアルバイトからそのまま就職し，新宿，箱根，軽井沢，品川，幕張，甲府などの関東圏のいろいろなホテルで配膳会を通じてずっとウェイターとして働いてきた。途中で結婚して東京西部の公団住宅に住んでいたこともある。60 代になってからは仕事が減り，収入減を補うために東京東部の郵便局で真夜中に郵便物の仕分けの仕事などでも働いた。郵便局を辞めた後にギャンブルで知り合った社長に勧められて生活保護を受給し，またその社長の経営するアパートに住むことができた。しかし大家がアパートを売却したことで立ち退きにあい，引っ越しを余儀なくされた。生活保護費とわずかな年金，仕事があればウェイターの収入，とあっても苦しく，切り詰めて生活している。本当に食べ物がなくて困ったときに，何の気なしにネット（携帯）で「炊き出し」を調べたら，新宿で活動する E 団体が出てきたことをきっかけに支援物資配布を利用するようになった。さらに，そこにたまたま来ている人から池袋の F 団体のことを聞いてそちらも利用するようになった。支援・運動団体が作成した炊き出しのチラシにあるスケジュール表も見ながら，なんとか生活している。

　大竹さんは，関東圏のさまざまなホテルでのサービス業でベテランのウェイターとして長らく働いてきた。しかし高齢で仕事が減り，深夜の仕事とのダブルワークを経て，生活保護を受給した。途中でアパートの立ち退きにあうが，そのときにはすでに知人の助けで生活保護を受給しており，比較的スムーズに次のアパートに移ることができたのではないかと思われる。
　しかし生活は苦しく，東京西部にサーキットを持ち，なんとかやりくりして生活している。大竹さんが炊き出しなどの支援につながったきっかけはネット検索だった。先述した東京を拠点に広く貧困支援活動を行う「もやい」に関して，誰・何を通じてそこを知ったのかについて，2004～15 年の相談者 3267 人の分析によると，「友人」や「支援者」を挙げる人の割合が減少する一方で，明らかに「インターネット」の割合が増加している（北川 2018：39）。
　支援・運動団体も SNS を含めたインターネット上の情報発信などの広報活動や相談活動に力を入れており，たとえばチャットやメールでの相談ができるところもある。また公共空間での支援物資の配布などの活動時にもフリー

Wi-Fiを用意し，誰でも利用できる場合もある。大竹さんは新宿のE団体に足を運び，そこでたまたま出会った人からの情報や入手したチラシなども大いに利用して食料を調達するなど，何とか生き抜いていた。

　他方で，若年層は野宿を経験せずによりスムーズに支援や生活保護につながっているケースも少なくない。都内出身の20代・男性・三国さん（現在はシェアハウス居住）の例をみてみよう。三国さんはネットを活用して支援を利用し，すぐに生活保護を申請したケースである。

　　　東京の西部出身で，地元の普通科の高校を卒業後，実家で生活しながら，機械を扱うベンチャー企業や短期間の仕事でアルバイトをしていた。幼少期から親にずっと虐待を受けており，ついに大喧嘩をして，家を出ることにした。当初はアパートも考えていたが，未成年で契約ができないことや，初期費用がかなりかかること，連帯保証人がいらないこと等を考えて，インターネットで調べた東京東部のシェアハウスを契約した。そこに移ってからはウーバーイーツの仕事をはじめたが精神的にも身体的にも厳しくなり，所持金も減少したために，生活保護の申請を考えるようになった。インターネットのYou Tubeの動画でG団体を知って相談に行き，アドバイスも受けて生活保護の申請を行った。東京西部の心療内科に通い，障害者手帳の申請も行っている。茨城県で森林関連の仕事があるのをみつけて，そこに何回か働きに行ったこともある。

　三国さんも先の大竹さんと同様に，ネットを駆使して能動的に情報を得て動く。深刻な状態にいたる前に生活保護を申請したり福祉支援につながったりするケースである。彼は家を出て最初の居住先としたシェアハウスもネットで検索して決めている。シェアハウスを選んだのはアパートより契約のハードルが低かったという。なぜ東京東部を選んだのかについて詳細な理由は不明であるものの，おそらく家賃が低いことは重要な要素の一つであると考えられる。

　三国さんは東京西部出身で近くの病院なども利用しているが，それほど地域的なこだわりがあるわけではなく，目的に応じて広く利用していると考えられる。基本的な情報収集のツールはネットであり，もはや支援の場所も居住地にもそれほど拘束されていないようにみえる。それはもちろん三国さんが都内出

身で，もともとどの地域も利用していたであろうこと，まだ離家したばかりで年若く，支援・運動団体の炊き出しを利用するような困難な状況にはないことは大きいだろう。

それにしても三国さんは情報検索能力に長け，家族との不和や体調不良などはあるものの，積極的に支援を手繰り寄せている。このような若者のケースは能動的にネット検索して情報を収集し，リスク少なく使える資源を最大化して生き抜いているといえよう。

3-3 地方出身で野宿経験がない若・中年層

次に，同じく野宿経験はないが，地方出身の若年者のケースである。地方から移動してきて職住一体化した仕事で働いてきた30代の豊川さん（現在はアパート居住）の例をみてみよう。

> 九州地方の生まれで，両親から虐待を受けて育つ。中卒で和食料理店につとめたのち，三重県の派遣会社で自動車組み立ての工場で働く。しかし新型コロナの感染拡大で仕事が減り，真っ先に派遣は契約解除になった。地元に帰ってアパートに住み，工場での検品のアルバイトに就くが単調で精神的に辛かったときに，池袋の居酒屋で雇われ店長をやっていた先輩から誘われて上京した。すぐ近くでアパートに住んでいる。仕事はその個人経営の居酒屋での調理だったが，半年ほどの間にまん延防止措置が始まり，短時間営業で客が減って閉店した。その後，F団体，G団体，それに渋谷を中心に活動するH団体などの支援・運動団体の炊き出しに通うようになった。豊島区の福祉事務所に相談に行ったこともある。あと2カ月の家賃が払えないとアパートを追い出されるので，現在は生活保護の申請を検討している。

豊川さんは，低学歴で家族との関係が悪いので実家を頼れずにおり，職住一体化した仕事に就いていくケースである。ずっと非正規雇用で働いて真っ先に失業するなど，ダイレクトに景気や雇用状態の影響を受けている。東京には飲食店の多い池袋に先輩の伝手でやってきており，アパートは職場のすぐ近くで借りた。失業後は池袋のF団体の炊き出しを利用したことをきっかけに，東京

西部の支援・運動団体のいくつかの炊き出しを利用するようになった。豊川さんがこのＦ団体と出会ったのは，店で充電していた時にたまたま見かけたことだった。

〈炊き出しをみかける〉
聞き手：池袋はどういうきっかけで知ったんですか？
豊川：池袋はもう，たまったまですね。夜の，あの水曜日の，夜の9時ぐらいに，あのー，×××公園，の，斜め前に，ファミリーマートがあるんですよ。でその，ファミマの，イートインのスペースで，あの充電ができるんで。
聞き手：あー，携帯の。
豊川：そうですそうですそうです。でー，あの Wi-Fi もあるんで，そのー Wi-Fi さえあればスマホがいじれるんで。でそこでいじってたら，人が，×××公園に，並んでて。で，でそのボランティアの人に聞いたら，おにぎり渡しますよーっていうのを聞いて，あっじゃあもらおうって思って。
聞き手：そっかそっか，じゃあほんとに偶然。
豊川：偶然です。

とりわけ若者にとってスマートフォンの利用は重要であり，どこで Wi-Fi に接続できるか，充電できるのか，を人びとはよく把握している。Ｊ・ハンフリーは，ホームレス生活において情報やコミュニケーションへのアクセスをスマートフォンに依存することが，都市空間の設計や規制と相まって，ホームレスの若者のモビリティを構造化し，その結果，独特の接続性のニーズや障壁を生み出しているという (Humphry 2021, 2022)。豊川さんはまだかろうじてアパートを維持しており，それに過度に生活が縛られる状況にはないと考えられるが，この先，家を失うなどの事態が生じた場合には難しくなることが予想される。

なお，豊川さんがこの列を見かけたのは偶然かもしれないが，この列が池袋にあるのは偶然ではなく，継続的なホームレス支援活動がその場で行われてきたことの結果である。池袋の駅周辺の公園はもともと野宿生活をする人びとが

多く生活しており，F団体の支援活動もスタートした。今は多くの公園が大きくリニューアルされ，野宿者は排除された。また先述したE団体の活動も，もともと新宿駅周辺や近くの大規模な公園で多くの野宿者が生活しており，運動・支援が行われていた（山口 2006）。炊き出しが大規模な公園から締め出されたことを契機に，公園の外ではあるが，すぐ近くでE団体の物資配布の支援がスタートしたのである。これらの場所の記憶はそうして現在も息づいている。

3-4　野宿経験がある若・中年層

本節の最後に，苦しい野宿経験がある若・中年層のケースをとりあげる。30代の戸井田さん（調査時は施設入所）の経験をみてみよう。

> 戸井田さんは北関東出身で，高校を卒業後に「フリーター」でピザの宅配のアルバイトを数年行ったのち，「独り暮らししようかな」と思い，上京した。ネットで賃貸住宅を調べて，安いアパートを東京23区西部で見つけて住みはじめ，2年後には引っ越しした。アパートの近くでずっと宅配ピザのアルバイトをして働いていた。その後，あまり家族とは仲が良くなかったが実家に戻り，派遣会社を通じて食品工場やイベントスタッフ，宅配便の仕分けなどの仕事で働いた。そのあとはネットで調べて，まとまったお金がドカンと入るのが魅力だったことから愛知県内で自動車関係の仕事でも働いた。ブログから情報を得て滋賀県で働いたり，茨城県の自動車部品工場で働いたこともある。住み込みの種類を変えようと，仕事量が多いと感じた東京に出てきて探したが，難しかった。最初は漫画喫茶に泊まっていたが，所持金が尽きて野宿するようになる。秋の寒い時期から，昼間は図書館，夜は新宿や池袋で野宿し，炊き出しをめぐった。炊き出しで出会った生活保護を受けている人からの情報でG団体を知り，その支援を受けて，仕事で土地勘のあった23区西部の区で生活保護を申請した。東京西部のI施設で待機後に，現在は別の東京西部にあるJ更生施設に入所して求職中である。

戸井田さんのケースは，北関東のほど近いところにある実家にときおり出入りはしているが，何らかの事情で仲がよくなくて家族には頼りにくいという，

若年のホームレス経験層には典型的なものである（岩田 2008）。当初は引っ越してアパートを借りてアルバイトをしたり，実家に戻って派遣の軽作業でいろいろな場所で働いたりしたが，おそらく家族との関係があり，寮付きの派遣会社を通じて地方に働きに出た。しかし最後は仕事が途切れて生活が苦しく，野宿状態になっている。

彼の野宿経験はけっして長いものではなくて数カ月間の短いものであったが，寒さで起きてしまい，座っていても疲れるので，歩いて時間をつぶし，「僕はもうてんてんと，もう移動しながらというか，場所を探しながらというか」，野宿する場所を探す苦しい日々だったという。彼の人生行路は，先の豊川さんと同様に，短期間で住まいも仕事内容も移動を繰り返し，職住一体化した仕事を必要とした。

ただし，彼は 23 区西部に住んでいたことがあり，仕事で土地勘もあったことから，生活保護の申請もその後の入所した支援施設も東京西部の機関を利用しており，東京西部に生活空間が広がっているようであった。

4　大都市の空間・場所の変容

4-1　都市の重層的な空間構造

以上のようなホームレス経験者のたどる人生行路と生活からは，産業特性などを含めた都市構造との結びつきがよくみてとれた。

それはたとえば，以前は日雇労働市場として，現代では生活保護層の集積地として都市の中心（インナーエリア）で利用される山谷であり，建設業の飯場は埼玉や千葉などのより郊外部の立地が語られる。池袋や新宿は低賃金サービス労働を必要とする飲食店の密集する繁華街であり，同時にそこにはインターネットカフェや漫画喫茶も密集している。生活保護層の住居は低家賃アパートが多い地域に多い。多くの生活保護受給者を受け入れる無料低額宿泊所は地価が安い郊外・周辺部で増加している（結城 2023）。関東圏以外では，愛知県や三重県の自動車工場の寮つきの製造業派遣がよく経由されていた。そうした都市・産業基盤は，人びとの人生行路を構造化していく大きな要素の一つである。

そして，こうした背景のもとに，さまざまな団体や行政による支援活動が広

がる。とくに集積するのは，東京では東部にあって地域として長い歴史的背景をもつ山谷であるが，その周辺の上野公園や浅草，隅田川べりなどの一帯には，広く炊き出し・共同炊事や支援物資配布，医療相談などの支援の網が広がる。行政や無料低額宿泊所の関係者もまた，その地域をターゲットとしたアウトリーチ活動を行う。他方，池袋，新宿（含む高田馬場），渋谷などの西側の巨大な駅ターミナルの近くは，大きな繁華街であり，もともと駅手配の仕事の声がかかる場所であり，野宿者が多く生活する場所だった。それらを対象として支援活動はその場所でスタートしており，再開発が進んで公園の作り変えや野宿者の排除が進んでも，継続されている。

こうして東部にも西部にも支援・運動団体の炊き出し・共同炊事や支援物資の配布，行政の窓口などの所定の場所と時間があった。とくに支援・運動団体の活動は定例化しており，それを利用した生活実践としてのホームレス・サーキットがみられるようであった。このサーキットの作られ方は人びとの人生行路とも無関係ではなく，都市空間に特徴を持って広がっている様子がみてとれた。ずっと建設労働者として働いて野宿生活をしている東田さんは東京東部に生活空間が広がる。都内出身でサービス業にて関東一円で働いてきた大竹さんは都内を広く利用し，また都内出身の三国さんも同様である。若・中年層で地方出身の豊川さんは上京後の初職の地である東京西部に生活空間があって何とか野宿生活の手前でとどまっているが，北関東出身の戸井田さんは一時野宿生活となり，仕事等でなじみのあった東京西部を中心になんとか生き抜いていた。

このように都市・産業基盤の広がりに支援活動の広がり，そしてホームレス経験者による生活空間の広がりがあり，重層的な空間構造がみてとれた。

4-2　モビリティのなかでの生きる空間・場所の変容

もっとも，先述したように野宿者の数は明らかに減少しており，野宿生活ができる空間も縮小している。他方で，サイバー空間は大いに利用されるようになり，スマートフォンや携帯電話，Wi-Fi などのオンラインを駆使して生き抜く人びとの姿があった。人びとは能動的に検索し，個別にダイレクトに，仕事を渡り歩き，アパートを探し，支援・運動団体などが提供する資源にもたどり着いていた。とりわけ若・中年層にはそれが重要な生きるための資源であり，検索であらゆる情報を得て使えそうな資源をたぐり寄せる。それはアクセスポ

イントとしての一時的な利用で，そこで共同性が生まれる余地はあまりないが，生活はなんとか維持されていく可能性がある。

　現代の情報通信技術が発達したモビリティの浸透する社会においては，物理的な空間・場所と，情報や社会関係としての共同性が以前のようには結びつかなくなり，空間・場所の移動形態，および意味そのものも変容してきている。

　ホームレス経験者の事例に照らせば，もともと場所や居住の激しいモビリティのなかにあった生活であり，利用できる支援や仕事などの資源の情報収集は対面での口コミ等が主な手段であった。よって，対面で集まることには大きな意味があり，社会関係のなかで共同性が育まれ，またさまざまな契機をへて，社会運動への経路もあった。しかし，現代はオンライン利用によって資源の情報にダイレクトにたどり着きやすくなり，また集まる場所にも制限がかかり，対面で集まる機会が減った。つまり，情報と対面での集まる場所，そして共同性の創出のセットが弱くなった。それは，とりわけ若年ホームレス層の「個人化」の傾向に拍車をかけていくのかもしれない（林 2014）。

　ただし，物理的な空間・場所に意味がなくなったわけではもちろんない。人びとの身体は常に都市で物理的な空間・場所を必要とし，先述したようなマテリアルな都市構造の側面は生活を規定する。加えて，支援が行われる場所のコンタクトゾーン（多様な人びとが遭遇して共存を迫られるような場）としての役割は小さくない。そのスポットには物資だけではなくてさまざまな情報があり，配られるチラシや口コミを得て，また支援者に相談をするなどして人びとは利用していた。先の大竹さんや戸井田さんは支援・運動団体の物資配布の場で，たまたま出会った同じ困難を抱えている人から情報を得ていたし，豊川さんは炊き出しの行列をたまたま見かけたことで支援を知った。

　町村敬志は「多様な集まりの創出は現代都市の隠れたイノベーションのかたちでもある。行きずりの人間も含めミニマムな共同性を支える基盤として，都市は確かに他にはない価値を持つ」（町村 2020：315）と指摘している。支援の集まりというコンタクトゾーンは，確かにミニマムな共同性の基盤としての役割があると考えられる。それが「都市への権利」を訴える大きな声となっていく可能性はないわけではない。

　しかし，こうしたコンタクトゾーンとなりうる支援活動の一部は公共空間で行われており，管理者の厳しい管理や排除，および住民からのクレームという

建前のもとで，ギリギリで続いているところも少なくない。たとえば，東京都庁下で行われるE団体の支援物資配布は，活動中ずっと警備員が近くを巡視している。都庁の空間に入ってはいけないとのことで，何百人という列は都庁下の空間に作られるが，支援物資の受け渡しそのものはそのギリギリ外側の公道で行い，都庁の空間に少しでもはみ出ないようにと支援者からも声がかかる。また山谷のA団体の共同炊事は，炊事場所周辺に新築マンションの建設が増え，住民，警察，近くのセンターからも立ち退き要請が強まっている。先述したように，野宿者自身の公共空間での追い出しが強まっていることはいうまでもない。

繰り返すように，もともとホームレス状態とは頻繁な移動を余儀なくされる強いモビリティの生活状態であり，住所・住居が存在証明として重要な日本においては，大きな不利のなかにあった。そのうえで現代はサイバー空間が大いに活用されて支援や仕事などの資源にたどり着く重要なツールとなり，同時に生活保護受給や無料低額施設などの増加も相まって，野宿する身体は減った。ただし，支援を受けて施設やアパートに住んでも，何らかの事情で退去して再び支援を必要とするなど，繰り返しの制度利用者が少なくなく，その途中で一時的にでも野宿状態になることもある。強制されたモビリティのなかでの不安定な生活はそう変わらず，加えて，ますます物理的な公共空間からは野宿者も支援・運動団体も排除される傾向が強まっている。こうして都市のコンタクトゾーンと共同性の創出は大きく減退させられているが，消滅したわけではない。モビリティが強まるなかで，連帯の可能性がどのように開けるのか，考えていく必要がある。

注

1 寄せ場は日雇労働市場として長らく主要な駅ターミナルの近辺などに存在してきた。早朝にその日に必要な労働力を探す業者と仕事を探す労働者が集まり，交渉が行われて，現場の仕事に行く，という場であった。飯場はいわゆる建設業の作業員宿舎であるが，「人夫出し飯場」と呼ばれるような，その日必要な労働者を現場に派遣するための場である。なお，山谷は東京東部に位置するが，現在は正式な地名としては消滅している。また飯場という言葉は差別用語とみなす向きもあるが，人びとの語りのなかでの重要な経験として出てくる言葉であること，建設業の重層的な下請け構造のなかで利用された歴史的事実があることから使用する。

2 主に用いるデータは，2018年より実施した「東京貧困調査」のインタビュー記録である。調査は田巻松雄・北川由紀彦・結城翼・山口恵子の共同研究として実施し，基本的に

1人につき1回，30分〜2時間のインタビューを行った。大半は対面で実施したが，一部は電話も利用している。対象者は路上や公園での直接的な依頼と2つのNPOからの紹介等によって協力を得た。調査は倫理的配慮を十分に行いながら実施された。最終的に，調査時に関東圏在住の34人の貧困・ホームレス経験者に協力を得た。年齢は30代以下7人，40代2人，50代3人，60代12人，70代以上10人となる。生活状態は野宿状態11人，生活保護受給20人，年金生活2人，収入なし1人であった。本調査はJSPS科研費17H01657「グローバル都市の底辺層の構造と変容」の助成を受けたものである。すべての調査協力者や関係者のみなさまに深く感謝する。

第3章 「女性と貧困ネットワーク」の30代の女性たちにみる「女性の貧困問題」

仁井田 典子

1 女性の貧困問題

　2007年10月に誕生した「反貧困ネットワーク」は，リーマン・ショックの影響で製造業の派遣労働者が路上に押し出されていく状況を問題として捉え，日比谷公園における「年越し派遣村」などの活動を展開した。当時，女性の貧困は女性個人の人生の選択の結果として捉えられ[1]，反貧困ネットワークは男性を中心とした運動体で，主に男性を対象とした支援を行っていた。

　反貧困ネットワークには「女性」や「貧困」にかかわる活動を行う女性たちが数多くかかわっていたが，彼女たちは，「運動体内において女性に対する配慮がなされていないこと」「女性が支援の対象として十分に想定されていないこと」「女性の貧困が社会構造的な問題によって生じているという認識がなされていないこと」に強い不満を抱いていた[2]。

　そうした不満を抱えた女性たちが「女性と貧困ネットワーク」（以下，「女性と貧困」）を2008年9月に立ち上げた。「女性と貧困」は，2012年10月に公式のブログ上で事実上の活動終了が発表されるまで，女性の貧困を可視化することを目的として「貧乏でも安心，女性で安心」といったスローガンを掲げ，女性たちがひとりの参加者として臆することなく集まれる場所をつくりだしていった。

　次第に「女性と貧困」には，当時30代前後の単身の女性たちが数多く集まってきた。当時30歳手前の博士課程の大学院生だった私も「女性と貧困」のデモやイベントの参加者だった。2004年に地方の大学を卒業後，大学院への進学を機に上京し，都会で受けた性暴力やハラスメントの被害による強い自己否定感に苛まれていた私は，将来の生活の見通しがまったく立たないなかで，

「現実に圧し潰されたくない」「負けたくない」と思い，都会でどうにか大学院生を続けようと踏ん張っていた。

　今日の日本社会においては，社会運動や労働運動に対する社会的な関心が著しく低い一方，人とのつながりを目的とした運動がみられることが指摘されている（大畑 2004）。そうしたなかで，私を含めた30代前後の女性たちは，「女性と貧困」をどのようなものとして意味づけ，なぜそこに集まっていたであろうのか。

　本章[3]では，これらの点について明らかにすることにより，「女性と貧困」に集まってきた30代前後の女性たちの立場から，女性の貧困問題とはいかなるものであるのかについて考察することを目的とする。本章のこうした試みは，「女性の貧困」を社会的に対処すべき問題として捉えていくためのものであるとともに，今日の日本社会において，それぞれの女性たちが「個人的な問題」であると認識している困難が，いかに「女性として生きる」なかで社会的につくられているのかについて，あらためて認識するための試みでもある。

2　失望と怒り

　「女性と貧困」の当時30代前後の女性たちの集まりが，彼女たちにとってどのような意味を持つものだったのかについて明らかするために，「女性と貧困」に積極的にかかわっていた女性たちへのインタビューを行った[4]。また，彼女たちそれぞれが出版した書籍などについても参照した。インタビュー協力者の彼女たちはみな，1970年前後に生まれた，単身または子どもを持たない女性たち，最終学歴はまちまちである。

2-1　路上での生活から

　いちむらみさこさん（1971年生まれ）は，関西地方で生まれ育つ。幼少期は川のほとりや空き地で絵を描いたり，落ちているものを拾ってきてものをつくったりして過ごしていたという。いちむらさんは，母親が子育てに追われるだけでなく，夫の暴言や侮蔑的な態度に悩まされる様子をみていた（いちむら 2013：151）。そのためか，きょうだいのなかで唯一の女性である彼女は，結婚

や家というものに肯定的なイメージを描けなかったという。

いちむらさんは美術系の大学から大学院へと進学し，修了後はアルバイトをしながら創作活動を続けた。しかしながら，賃労働において生産性を上げて「上」を目指して生きていく競争を強いられることに強い疑問を抱いていた（いちむら 2024：12）。そうしたなかで，彼女は都心にある大規模な公園のテント村の存在を知った。テント村での生活が「大きなお金の動きになるべくかかわらず，生きることを真ん中に置いた暮らし」であり，「それまでの暮らしよりも，テント村のほうがずっと希望がある」と感じた彼女は，30代前半（2003年）から路上での生活を始める（いちむら 2024：12-14）。

路上での生活は，あらゆる暴力が向かってくるだけでなく，女であるがゆえに路上で生活していることが好奇の目に晒された（いちむら 2012）。女性である自分が路上で生活を続けていくためには，テント村で暮らす他の女性たちがどのように暮らしているのかを知り，女性たち同士でつながりをつくって，女性が路上での生活で抱える「不自由」さや「居心地」の悪さに対処していくことが必要であると考えた（いちむら 2024：24）。そこで彼女は，公園で暮らす女性たちと「女性のためのティーパーティー」を毎月開くことにした（いちむら 2024：23-26）。

その後，2004年から東京都などによって行われた「ホームレス地域生活移行支援事業」によりテント村で暮らす人の数が少なくなるなかで，いちむらさんは路上や公園で生活する女性たちが「安心していられる場所をつくる」必要があると考えるようになった（いちむら 2024：51-53）。そのため，彼女は路上や公園で生活する女性たちのグループ「ノラ」[5]を立ち上げ，女性たちが集まってごはんをつくって一緒に食べながら，食べ物や炊き出し，寝る場所などについての情報交換を行うことにした（いちむら 2024：51-58）。

また，いちむらさんは野宿者支援の運動とかかわりを持つようになるなかで，ジェンダーにかかわる問題が置き去りにされていることに気づき，運動体における連帯が女性を排除したつながりであることに違和感を抱いていた。彼女はこうした思いを同じくする女性たちと一緒に，「女性と貧困」の呼びかけ人として立ち上げからかかわった。

2-2 非正規労働とフェミニズムから

栗田隆子さん（1973年生まれ）は，父母と姉の4人家族の次女として東京都に生まれ，鎌倉市で育った。母親は，住宅ローンの支払いのためにフルタイムのパートとして働きながら家事をこなしており，娘である彼女に愚痴を言い続けていた（栗田 2014：127-129）。そんな母親に対して父親は，余計なことを何ひとつ言わないで家族の平和を保とうとした（栗田 2014：128）。

栗田さんはこうした家族のなかで育ったためか，子どものころから結婚や子どもを持つことに希望を抱くことができなかった。他方で，労働市場において男性並みの女性になることについても，憧れるより大変そうと思っていた（栗田 2014：131）。そんな彼女は，高校時代に不登校[6]を経験した際に，地元からほど近いところにある女性センターの講座に参加して，フェミニズムに出会う[7]。

高校を退学してからも，通信制高校に転校して予備校へ通いながら勉強した栗田さんは，国立大学に入学して哲学を専攻する。彼女は大学院に進学して研究を続けたが，「苦しみの現場を選別する場所に，授業料を払って行く必要ないな」と，大学における学問のあり方と自らが求める学びとのあいだに齟齬があると感じたことから，2002年に大学院を退学する。

地元に戻って就職先を探し始めた栗田さんであったが，就職氷河期ということもあってみつけることが難しく，はじめて就いた仕事は期間の定めのある派遣労働だった。派遣労働者として働いたことをきっかけに，彼女は労働や貧困の問題に関心を持ち始めた。彼女が寿町（横浜市）へ足を運んだのは，「派遣で働いていたらいつお金がなくなってもおかしくないので，その場合にどうやって生きていけばいいのか知りたい」という思いからだった。彼女は，貧乏になれば生活保護を受ければよいことを学ぶと同時に，寄せ場の運動は男性が中心で，女性は支援者として位置づけられることに違和感を抱いた。

また，栗田さんは派遣労働のシステムについて，働き終えてから次の仕事を探すのは「おかしい」と思ったことから，自らが経験した労働の問題をメールマガジンに書きつづるようになる。それがきっかけとなって，大学院時代の知人の紹介で，フリーターの当事者が声をあげることを目的とした雑誌の創刊にかかわる。彼女は独身で非正規の女性の立場から文章を書いて，フェミニストや女性活動家と知り合う機会が増えていった。

栗田さんがフェミニストや活動家の女性たちとのつながりを深めるなかで，

雑誌づくりを一緒に行っていた男性たちからは「フェミニストに染まった」と言われ，彼らとのあいだに齟齬が生じるようになる。そうしたなかで，彼女は呼びかけ人として「女性と貧困」の立ち上げにかかわり，その後も積極的にかかわっていった。

2-3 女性役割による疲弊から

うてつあきこさんは 1969 年に山形で生まれる。地元で看護専門学校を修了した後，保健師の資格を取得して訪問看護の仕事を始める。24 歳のときに自衛隊員の男性と結婚し，その後 1997 年に夫の転勤に伴って上京する。上京してからも訪問看護の仕事を続けたが，「自分が頑張れば頑張るほどに空回りしていくような感覚を覚え」て「何もかもが嫌」になったことから退職する（うてつ 2012：24-25）。

訪問看護の仕事を辞めたうてつさんは，「看護ケアや支援というもの」を「もう一度基礎から勉強してその意味を問い直そう」（うてつ 2012：24-25）と，2002 年に大学で社会福祉学を学ぶことにする。しかしながら，人に必要されることに飢えていたこともあって，大学での学びに物足りなさを感じていた。

大学の授業で出された課題をきっかけに，路上で暮らす人たちがアパートを借りる際の身元保証人として活動する NPO 団体にかかわり始めた彼女は，大学を退学し，山谷にある訪問看護ステーションでアルバイトをしながら「路上支援一色」の生活を送るようになる。

NPO 団体においてうてつさんは，アパートに入居して孤独に苛まれている人たちの居場所づくりとして，喫茶店の立ち上げから運営まで精力的に行った（うてつ 2009）。当時の彼女は，その喫茶店に集まってくる人たちの話し相手や体の調子を心配するといった，母親的な役割を自ら引き受けていた。

他方で，そうした母親的な役割のポジションに身を置くことは，そこに集まる人たちから母親（もしくは妻や娘）として特別な感情を抱かれたり，過度に依存されたりすることから，なるべく密接な関係をつくらないように細心の注意を払う必要が生じ，そのことに「ひどい疲れを感じる」ようになっていった（うてつ 2012：36）。

また，NPO 団体においては，男性スタッフが講演や相談業務を行うのに対し，片付けや皿洗いなどといった家事や雑事，人の世話といった女性役割を，

彼女を含めた女性スタッフが担っていた。うてつさんは組織のなかで女性役割を担うことに疑問を感じ，次第にそのようにふるまうことに嫌悪感を抱くようになるなかで，「女性と貧困」の女性たちと出会う。

2-4 「男性への依存」と性被害から

根来祐さんは，1972年に岡山県倉敷市に生まれ，大企業の正社員として働く父親，専業主婦の母親のもと，父方の祖母が同居する環境で育つ。子育てや夫の世話，夫の母親や自分の母親の介護により「キャリアを断たれた」という思いを抱えながらも，それを口に出さないで夫に尽くす母親の姿をみて，きょうだいで唯一の女である彼女は，「男の皿1枚洗うのも洗濯も嫌だ」という思いを抱くようになっていった。

根来さんは短大を卒業後，アパレル販売員を経て，地元のテレビ局で派遣の事務職として働き始める。ある有名女性監督と出会ったことをきっかけに上京し，テレビプロダクションや映画製作の現場でフリーのアシスタント・ディレクターとして働き始める。

根来さんは，映像製作のスキルを身につけて「何とか自立しなければ」という強迫観念に駆られるなか（Our Planet-TV 2010），ハラスメントが横行するこの業界において，男性上司の性的対象になるような女性としての「美しさ」がなければ，次の仕事をもらえないのではないかと思い込んでいた。他方で，女性としての性的魅力によって仕事を得たとしても，実力では仕事を手に入れることのできない「無価値」な者であると思えてしまうことにも悩んでいた。

こうしたジレンマを抱えるなかで，根来さんは過食と嘔吐を繰り返すようになる。そこで彼女は，自分と同じような症状に悩む人たちの自助グループに参加し，「フラットな関係」が構築されている集まりで活動するなかで（ウィメンズアクションネットワーク 2013），次第に症状は治まっていった。

また，根来さんは2008年当時，働いていた映像製作会社での不当解雇をきっかけに労働組合にかかわり始め，映像製作にかかわる人たちのための個人加盟の労働組合の分会である「ムービーユニオン」を結成する。労働組合にかかわるようになったことで，組合活動において，自分がひどい状態にあるときには誰かに助けてもらって，回復したら今どん底にある人に寄り添うといったサイクルが成り立っていることを知った（Our Planet-TV 2010）。それにより，

「何とか自立しなければ」という強迫観念に駆られることがなくなっていった（Our Planet-TV 2010）。

映像製作の仕事が入っていないときには，クラブやキャバクラで働いて生計を成り立たせていた根来さんは，あるコミュニティ・ユニオンのなかの「水商売」で働く女性たちの分会に 2009 年からかかわり始め，彼女自身も使用者側との争議を行った。労働争議の現場では，労働法の知識や争議の経験値が勝敗を分けるものと彼女は認識しており，当事者である彼女が争議の担当者である男性に対等な立場で意見を言える雰囲気ではなかった。そうした状況のなか，彼女は争議の担当者の男性から性被害を受ける。彼女はその被害を組織に訴えたが，彼女が嘘をついているのだとののしられ，取り合ってもらえなかった。

このように，根来さんは性加害者の男性だけでなく，加害者男性を守り，被害を受けた彼女の訴えを聞き入れない組織にも強い怒りを感じるなかで「女性と貧困」に出会う。

3 居場所と集まり

「女性と貧困」が活動していた時期は，宮下公園のナイキ化計画の反対運動の時期と重なる[8]。「女性と貧困」の活動において宮下公園は，デモの集散場所であると同時に，シンボルであるパペットを保管する場所でもあり，「女性と貧困」の 30 代の女性たちの活動が立ち上がる拠点でもあったようである[9]。

宮下公園では，暴力や性被害，ハラスメントにかかわるもの（「ボーボー」「叫ぶ会」「映画製作」）のほか，運動体におけるジェンダー問題について話し合う「穴あきの会」が開かれていた。

「ボーボー」では，宮下公園で暴力防止のワークショップが行われていた。「叫ぶ会」では，性暴力や痴漢に遭ったときに声を出せるようにと，宮下公園の入り口やフェンス前，宮下公園が封鎖されてからは近くの歩道橋で，ジェンダー規範に縛られて普段の生活のなかでは出さない声や，言葉にならない声を出したりすることが試みられていた。また，「女が夜道をひとりで歩けないのはおかしい」との思いから，電飾つきのコスプレ姿で「夜道を返せ」と叫ぶデモなどが開催された。

根来さんは,「女性と貧困」の30代前後の女性たちとかかわりを持つようになるなかで, コミュニティ・ユニオンで労働争議を主導する男性から性被害を受けたのは,「支配される側」の自分が「支援する側」の相手に「依存」してしまったからだと認識するようになった (ウィメンズアクションネットワーク 2013)。そのような考えに至るなかで, 彼女はセクシュアル・ハラスメントや性暴力の被害者への二次加害に焦点をあてて,「女性と貧困」の数名の女性たちの語りと自分自身の被害体験を重ね合わせ,「回復とは何か」「尊厳と自尊心を取り戻すとは何か」について問いかける映画を製作した (ウィメンズアクションネットワーク 2013)。

　「アナーキー」とかけて名付けられた穴あきの会は, 2010年にナイキ化計画の工事を阻止する運動におけるジェンダーの問題について話すことをきっかけとしてできた集まりである。この集まりでは, 第2節で取り上げた全員を含めた30名もの女性たちが車座になって, 公園が女性たちに開かれていないことについて考えるフェミニズム運動が行われた[10]。

　そのほか, 宮下公園で開催されていたわけではないが,「女性と貧困」の30代前後の女性たちの集まりとして挙げられるのが,「かたりれん」である。かたりれんは活動が始まったばかりの時期に,「女性が自分たちのことを話せる場」としてつくられ, 都内の区民会館などで毎月開催されていた。

　うてつさんはかたりれんに初めて参加した際に, 貧困問題にかかわるNPO団体で女性役割を担わされることに対する嫌悪感について語った。それに対して, その場に集まる女性たちがうなずいて共感しながら耳を傾けてくれたことに「すごく感動」したと語る[11]。その後のうてつさんは,「自分が女の人たちが集まって悩みを話せる場がほしい」との思いから, いちむらさんや栗田さんとともにかたりれんを主宰する。

　宮下公園のほかに「女性と貧困」の30代前後の女性たちが集まっていた場所としては,「乙女ハウス」[12]が挙げられる。乙女ハウスは栗田さんが「女性と貧困」とかかわりのある組織で活動する女性のひとりから個人で借り受けた, 都心近郊にある一軒家のことを指す。乙女ハウスでは, 映画の上映会やデモなどで使う横断幕などの裁縫作業を集まって行う「ちくちく縫いものとおしゃべりの会」などが開催されたほか, 金銭的に一人暮らしができない女性に対する住み家の提供も行った (朝日新聞 2014年2月4日)。

4 異議をとなえる

　彼女たちは，現状に異議をとなえ，自分たちへの社会的な評価に対して「どこが悪いのか！」といった抵抗を示す活動を積極的に行った。彼女たちが現状に異議をとなえて抵抗する場面としては，「女性と貧困」の主催するデモが挙げられる。ここでは「女性と貧困」のデモの様子を中心にみていきたい。

　2010年5月16日に「女性と貧困」が開催した「女のメーデー」には，手づくりの衣装を身にまとった女性が数多くみられた。女性への家事労働の押し付け反対を訴えて手拭いと狐のお面をかぶり，フェルトペンで胸の部分にうんこマークを描いた割烹着を着て，おたまと菜箸を持って歩く女性，色とりどりのフェルトで「男は男社会と向き合え」というメッセージを一文字ずつ切り抜いて縫い付けた羽織をまとう女性などがいた。

　また，「女性と貧困」のデモの参加者たちが路上を歩きながら歌った有名な歌謡曲の替え歌は，次のようなものであった。①越路吹雪の「ろくでなし」の替え歌で「職場で女性が洗いものをしに行ったら，それに気づいた男性が代わりにやった。そんな男性はましなだけでほめられることではない」といった内容の，職場で補助的な労働を担わされる女性の抗議を表したもの。②ザ・ブルーハーツの「TRAIN TRAIN」の替え歌で，労働者派遣法が働く人たちにとってひどい法律なので「ぶっつぶせ」と歌ったもの。③同じくザ・ブルーハーツの「終わらない歌」の替え歌で，労働者派遣法が働く人たちにとってひどい法律で，そうした法律がつくられる世の中を「くそったれの世界」と歌ったもの。④ザ・クラッシュによってカバーされた「I Fought the Law」の替え歌で，「アホーな派遣法 Oh No！」と歌ったもの。⑤RCサクセションの「宝くじは買わない」の替え歌で，宮下公園のナイキ化計画に反対し，「ナイキの靴はいらない」と歌ったものである。

　私と栗田さんとある女性コミュニティ・ユニオンの専従職員の当時40代の女性の3人は，The W-Band（WはWomenに由来する）と称して「女性と貧困」のデモや労働者が集まるイベントなどでこれらの替え歌を歌った[13]。

　「女性と貧困」の女性たちが参加するデモに必ず登場するパペットは，「ビンさん・ボーさん」と呼ばれる，竹の棒の先にダンボールを丸く切り取ったもの

に顔を描いて貼り付けた2体の案山子のようなものである。端切れでつくられた手の部分で2体はつなぎ合わされており「女性貧乏集団」と書かれている。それぞれの体の部分には白い半紙が無数に貼り付けられ、その1枚1枚に黒い墨でメッセージが書かれている。

いちむらさんによれば、ビンさん・ボーさんは「女性と貧困」の女性たちを表現するものであることから、「貧乏でも安心、女性で安心」というスローガンにあうように、なるべく自分たちの生活に身近なものを使ってつくることを心掛けたという。このように、ビンさん・ボーさんは「貧乏くささ」を感じさせるいでたちであり、「女性と貧困」の女性たちはそうしたパペットをシンボルとして掲げて練り歩いた。

また、黒い墨で文字が書かれた半紙が無数に張り付けられているビンさん・ボーさんの体の部分には、「男は男社会に向き合え」「夜道を女に返せ」「女を安く使うな」「パートのおばさんと呼ぶな、名前で呼べ」「女の声を聞け」「おんなの貧困を二の次にするな」といった彼女たちの怒りの感情がストレートに表現されたメッセージが書かれている。これらのメッセージは、デモの際のシュプレヒコールでも訴えられた[14]。

彼女たちは「女性と貧困」のデモだけでなく、それ以外のデモにも出かけて行って、積極的に異議をとなえるメッセージを発することがあった。2010年に「レインボープライド」が開催された際、30代前後の女性たち数人は、「マリアージュ」をテーマとした女性のみの隊列の最後尾でビンさん・ボーさんを掲げて「反婚」を叫んだ。これには、日本の婚姻制度が男子に家系を継承していく家父長制の規範をかたちづくっており、外国人や婚外子に対する差別や、貧困につながる問題を生み出すことへの異議申し立ての意味が込められていた。

デモの場面のほかにも、「女性と貧困」以外の団体が開催するイベントにおいて彼女たちが異議申し立てのメッセージを発する場面がみられた。

「女性と貧困」以前から野宿者運動にかかわりを持ついちむらさんと栗田さんは、女性が「支援者の役割」を担わされることに「違和感」を覚えており、「性が理由になっている暴力が全然解決」せず「過剰になってゆく」（過剰姉妹2009：40）ことを問題視していた。そこで、男性には受け入れられにくいファッションで登場し、男性により女性が「母」や「ロリータ」として女性性をかすめ取られることに対して怒る「過剰姉妹」と名乗るユニットを結成する。

「いちむらみさこ氏激似」とされる 2000 年前後に流行ったガングロファッションの山姥「ババババ」は，緑色のルーズソックスを履き，「身体立ち入り禁止」の掛け札を胸元に掲げている（過剰姉妹 2009：40）。「栗田隆子にそっくり」とされる「イマノキヨコ」は，「SEX ボランティア」と書かれたヘルメットやサングラスを身に付け，ハートマークの付いた手拭いを顔に巻き，ブルマーやスパッツを履いている（過剰姉妹 2009：40）。また，腕や太腿には栗田さんが「寄せ場」を訪れた際に言われたとされる「デブ」「ブス」「金貸してくれ」などが書かれている（過剰姉妹 2009：40）。彼女たちはこのようないでたちで「寄せ場交流会」などのイベントに参加し，その場にいる男性たちを黙らせた。

　また，2010 年に東京大学文学部で「ジェンダーから展望する新しい社会のしくみ：女性の貧困・雇用・年金」と題したシンポジウムが開催された際，栗田さんはパネリストのひとりとして登壇した。かねて彼女は，このシンポジウムにかかわる研究者たちのプロジェクトに対して不信感を抱いていた。彼女が抱いていた不信感とは，このプロジェクトで製作された女性の貧困問題を広く啓蒙するためのビデオにおいて，女性の貧困問題が笑顔で紹介されていること，ビデオに登場するインタビューの対象者に同意がとられていないこと，登壇者のなかで「女性の貧困問題の当事者が自分だけ」であることによるものであった。これらによって彼女は「貧乏であることを搾取されているような気持ちになった」と語る[15]。

　栗田さんといちむらさんを中心に，うてつさんを含めたその場に参加した 30 代前後の女性たち数名は，貧乏な自分たちのことを好奇の対象とするような場の雰囲気を変えようと，「貧乏人も見てるぞ」というアピールや，「飯のネタにするなよ」といった抗議の意味を込めて「暴れる」ことにする。

　シンポジウム当日，栗田さんはスーツ姿にヘルメットを被って，壇上で淡々と話した。会場の階段教室の一番後ろには，30 代前後の女性たち数名が「貧乏を飯の種にするな」といった毛筆書きの半紙を付けたビンさん・ボーさんを掲げ，弁当を食べながらシンポジウムの様子を見張り続けた。休憩時間には「ババババ」がステージ上に登場し，紙芝居を使って「女性と貧困」について話した。

5 女性の貧困を社会問題として捉えていくための課題

　これまで本章では，当時30代前後の女性たちが，どのような思いを抱えて「女性と貧困」に集まり，どのような活動をしていたのかについてみてきた。
　彼女たちは，女として生きることに失望感を抱いたり，暴力や性被害，ハラスメントを受けたり，組織のなかで女性役割を押し付けられたりするなかで「女性と貧困」に出会っている。そんな彼女たちは，宮下公園や乙女ハウスなどの自分たちが集まる場所をみいだし，それぞれが抱える悩みを話して共感し合うことで，自らが抱える困難を「女」として生きるなかで共通に抱える問題として認識し，自分たちで対処していくための活動を行っていた。
　また，デモやイベントといった対外的な場面において彼女たちは，手づくりの衣装や替え歌，パペットにメッセージ性を込めたり，パフォーマンスを行ったりした。彼女たちの対外的な場面におけるこうしたふるまいは，女性にジェンダー役割を担わせたり，貧困状態におかれている女性たちのことを自己責任として個人化する社会や，「貧乏」な人たちを生みだす社会制度や構造に対して，異議をとなえて抵抗を示すためのものであった。
　このように，彼女たちにとって「女性と貧困」は，共に活動を行っていくことをとおして，「個人的な問題」として認識していた困難は「貧乏」な「女」として生きるなかで生みだされた「社会的な問題」であり，「自分だけではない」「自分が悪いわけではない」ものと認識することができるつながりであった。同時に，彼女たちが「貧乏」な「女」の立場からみた日本社会が抱える問題を，社会に対してストレートな言葉で発することのできるプラットフォームでもあった。それゆえに彼女たちは「女性と貧困」に集まっていたのである。
　近年は「女性と貧困」が活動していたころに比べると，宮下公園や乙女ハウスのような女性たちが集まれる場所をみいだすことは難しくなっている。また，コロナ禍においては，「女性と貧困」が活動していたリーマン・ショック直後とは対照的に，貧困の状態にある女性たちの存在が社会的な問題として認識された。そうしたなかで，新型コロナウイルス感染拡大による経済的な影響が特に女性に強く表れているとして（厚生労働省 2021），貧困の状態にある女性たちへの支援が各地で行われ，「困難女性支援法」の成立・施行へとつながってい

った。

　コロナ禍以後，「女性の貧困」についての報道はかなり目立たなくなっているものの，妊娠中から出産後1年以内に自殺する女性が増加しているとの報道からは，「女性の貧困問題」が存在しなくなったわけではないことがうかがえる（『朝日新聞』2024年7月12日）。

　このように，今日においては女性の貧困が社会的な問題として認識され，法制度がつくられる一方で，「女性と貧困」のような女性たちが集まれる場所がなくなり，彼女たちが自分について語ったり，貧乏な自分たちに問題があるとされることに異議をとなえたりするのが難しくなっている。そうしたなかにあっても，どうにかして貧困の状態にある女性たちが集まる場面をみいだし，個々バラバラに分断された彼女たちの声にならない声を拾い集め，「女性の貧困」が問題として存在し続けていると明示していくことが，私の今後の課題である。

注

1　江原由美子（2015）は，女性の貧困は「社会構造次元」の問題であるにもかかわらず，「若年女性の未婚の選択」や「安易な離婚の選択」といったように，「個人のライフスタイル選択」の結果として捉えられやすいことから，「自己責任論」に結びつけられてきたのだと論じている。

2　この部分は「女性と貧困ネットワーク」に中心的にかかわっていた女性たち11人へインタビューを行い，呼びかけ人としてかかわっていた女性たちが立ち上げの理由について語った内容をまとめたものである。インタビューは2017年から20年にかけて実施した。

3　本章は，2019〜2022年度科学研究費助成事業，研究活動スタート支援「個人化における女性による女性の貧困を問題とする社会運動に関する社会学的研究」（課題番号19K23248，研究代表者：仁井田典子）による成果である。

4　いちむらさんへのインタビューは2019年8月18日，栗田さんへのインタビューは同年8月8日，うてつさんへのインタビューは同年9月14日，根来さんへのインタビューは2020年3月23日に行った。次節以降で特に注記がない部分は，これらのインタビューに基づいている。

5　「ノラ」では，そこに集まる女性たちが現金収入を得ることを目的として布ナプキンの製作・販売も行われ，「女性と貧困」などの集会やイベントなどで販売された（いちむら2024：51-58）。

6　栗田さんは，高校時代に「不登校」になったことについて，子どものころから「わけのわからない規律・規範に縛られることが苦手」で，地元の公立高校に進学後，学校に「もう行きたくない」と思って通えなくなったと語る。

7　フェミニズムのほかに，栗田さんが大きな影響を受けたものとして，カトリック修道院との出会いを挙げている。

8　宮下公園のナイキ化計画とは，渋谷区立の公園である宮下公園を，株式会社ナイキジャパンが渋谷区とネーミングライツ基本協定を結んで宮下NIKEパークとすると同時に，

公園を全面的に改修し，スポーツ公園とする計画のことを指す（戸叶 2010：5）。
　いちむらさんは，宮下公園ナイキ化計画が「野宿者排除につながる」との思いから，2008 年にこの反対運動が始まった当初からかかわっていた。宮下公園では，2010 年 3 月 15 日から半年間，ナイキ化計画の工事を阻止することを目的として，野宿者，活動家，アーティスト，フリーターなどが宮下公園に泊まり込んで，展覧会，シンポジウム，ライブ，上映会，ワークショップ，カフェなどを企画し，対話の契機を生み出すことで，「みんなの公園」を実践していく，宮下公園「アーティスト・イン・レジデンス（A．I．R）」が開催された（みんなの宮下公園をナイキ化計画から守る会 2010）。
　2010 年 9 月 15 日に，渋谷区により宮下公園が全面的にフェンスによって封鎖され，同月 24 日の行政代執行により，「女性と貧困」のパペットを含め，反対運動を行っていた人たちの荷物や作品などが撤去された（みんなの宮下公園をナイキ化計画から守る会 2024）。
　行政代執行後，宮下公園ナイキ化計画反対運動にかかわってきた人たちは，渋谷区を相手どり，行政代執行手続きの意図的な不備と，ナイキ化計画の問題点を明らかにするための国家賠償裁判を提起した（みんなの宮下公園をナイキ化計画から守る会 2024）。勝利判決を受けたが，裁判は 2015 年 9 月まで続き，「女性と貧困」の活動がなくなってからも，いちむらさんと栗田さんはかかわり続けた。

9　私は宮下公園で行われていた 30 代の女性たちを中心とした集まりには参加していなかったことから，第 3 節については，当時私が「女性と貧困」のデモやイベントに参加するなかで見聞きしたことや，本章のインタビュー協力者の女性たちの話を中心に構成している。
10　穴あきの会はすでに存在しない集まりである。
11　根来さんも同様に，「自分のことを話せるのはうれしかった」と語る。
12　栗田さんによれば，乙女ハウスという呼び名は，家の外観が「乙女チック」であることに由来し，「女性は乙女チックでは生きていけない」という皮肉を込めて名付けられた（朝日新聞 2014 年 2 月 4 日）。
13　2010 年 4 月に労働者のイベントに The W-Band として参加し，「ましなだけ」を歌った。男性の観客たちは手拍子をしながら聴いていたが，次第に彼らの手拍子がまばらになっていったことを，ある女性コミュニティ・ユニオンの組合員である私は，機関紙に「楽しかった」と記している。
14　シュプレヒコールを叫ぶ女性たちに対し，デモの見物人たちから「女は感情的である」といったステレオタイプに則って「感情的に叫んでる声が嫌」だといった声が聞かれた。
15　いちむらさんも同様に，「女性と貧困」を撮影したビデオについて「研究対象としてしかみられていない」と感じ「モルモット的」だと述べている。また，いちむらさんは女性の貧困をフェミニズムによる女性間の分断によって生みだされたものと認識していることから，日本のアカデミズムの頂点とされ，女性の経済的地位の向上を是とする東京大学で女性の貧困にかかわるシンポジウムが開催されること自体が「眉唾」だと語る。

第 4 章　1955 年，水俣に生まれたある女性の生活史

原田 利恵

1 高度経済成長期に傷つけられた命たち

1-1 胎児性水俣病世代の被害

　1955 年，日本は高度経済成長期に突入した。その年，九州の南，熊本県と鹿児島県の県境，不知火海（八代海）に面する水俣市周辺で小児麻痺と診断された赤ん坊がたくさん生まれていた。後に，胎児性水俣病と判明する子どもたちである。最初に胎児性水俣病と診断された 17 人は，死亡したケースも含め，その症状は重篤であった。また，生存できた子どもたちも，多くは幼少期から家族と離れて医療施設で育ち，常にメディアに晒されるなど，特殊な環境下に置かれた。彼ら・彼女らの困難は身体被害だけではなく，社会生活，家族関係すべてに及んだ（原田 2021）。

　一方，胎児性水俣病の患者は実際には行政に認定されたような重症者ばかりではない。水俣病を最初に引き起こした新日本窒素肥料株式会社（現チッソ株式会社，以下チッソ）のアセトアルデヒド生産ピークは 1960 年で，工場排水が止まったのは 1968 年のことである。チッソが成長し，水俣市の生産年齢人口が増加していたこの時期に，水俣市の出生率は低下し，男女の出生性比が逆転するなど（Sakamoto et al. 2001），死産・流産が多発していたのである（Itai et al. 2004）。

　それほど激しいメチル水銀汚染が水俣湾から不知火海に広がっていたときに，この地域で生まれた子どもたちにメチル水銀の影響がなかったとは考えにくい。ましてや胎児や小児は最も感受性の高いグループである。水俣病と診断されなかった子どもたちの中には，注意深く観察すると，感覚障害，運動失調，振戦，視野狭窄，頭痛，痺れなどの症状を抱えた子たちがいた。こうした子どもたち

は見逃され，放置されてきたのである。今，行政認定を求めて裁判で争われているのは，こうした胎児性・小児性水俣病世代の未認定問題であるともいえる。

　本章では，メチル水銀濃厚汚染時期の1955年に水俣市に生まれたある女性の生活史をひもとく。胎児期・小児期にメチル水銀曝露し，さまざまな症候を抱えながらも，水俣病患者として行政認定されることのなかったこの世代の子どもたちの多くは，各種補償制度の枠外に置かれてきた。この女性も長年「健常者」として暮らし，自らの症状と水俣病との関連に無自覚であったがゆえに，見えづらい障害，原因不明の不調，周囲の無理解や不当な評価などに苦しんできた。

　これから紹介するのは，こうした諸困難が水俣病に起因する被害であったと認識し，そこから裁判原告になるなどして加害構造へ闘いを挑むことにした一人の女性の生活史である。

1-2　彼女との出会いと水俣病の再発見

　2022年10月，私は胎児性水俣病認定患者と同年代の一人の女性（ここでは仮に渕上佳奈さんと呼ぶ）に出会った。

　まず，佳奈さんが話してくれた幼少期からのさまざまな困難に打ちのめされたのと同時に，彼女のナラティブの強さに圧倒され，生活世界の豊かさと彩りに魅了された。それから，ご自宅に通うようになり，ひたすら彼女の話を聴き，自然といろいろなサポートをするようになった。

　佳奈さんは足が不自由なために障害者手帳を持っている。水俣病については，複数の医師から水俣病と診断され，公害健康被害の補償等に関する法律（以下，公健法）に則って認定申請をしたが，棄却された。その後，行政不服審査請求をしたが，それも棄却され，現在，認定義務付けを求めた裁判の原告になっている。いわゆる未認定患者である。

　歩行以外の彼女の障害は，見た目にはわかりづらい。しかし，何度も家に足を運び，彼女の日々の暮らしぶりを観察すれば，その症状や生活上の困難が決して軽いものではないことに気づく。水俣病といえば，映像や写真の被写体となっているような症状の重い人たちのことであると，思わないように心掛けていたにも拘らず，やはりいつの間にか刷り込まれていた私にとって，彼女との出会いは，まさに水俣病の再発見でもあった。

1-3　調査の経緯と方法について

　当初，彼女を調査対象者にすることはあまり考えていなかった。出会った頃，私は死産・流産に関する調査をしていて，そのとき，想定していた対象者から少しずれていたからである。

　ただ，佳奈さんは，今まで自分の話を私ほど一生懸命聴いて理解してくれる人はいなかったと喜び，いくらでも話をしてくれた。その一つひとつのエピソードが大変興味深く引き込まれて，途中から彼女のライフヒストリーをまとめたいと思うようになった。

　その目的は，行政認定された胎児性水俣病患者たちと同世代で，見えづらい水俣病の症状とさまざまな困難を抱えて生きてきた一人の女性の生活史から，胎児性水俣病世代，「水俣病第二世代」といわれる人たちの被害の実態を少しでも可視化することであった。

　ただし，この間，メモや録音はほとんど取っていない。ある程度，信頼関係を築いてから，半構造化インタビューのスタイルに移ろうと思っているうちに，次々と彼女に降りかかってくる問題に巻き込まれて，一緒に解決方法を考えていくアクションリサーチ的なアプローチになり，1年半が過ぎた。ほぼ毎日のように電話かメールでやりとりをし，実際に会った回数も，50回は超えるであろう。

　そのうちに，彼女の好みや思考，時には感情までもが自分の中に入り込んでくると錯覚するまでになった。このような感覚は今まで経験したことがなかった。ここまで深く関わった対象者がいなかったともいえるが，少なくとも彼女の語りの意味と背景を正しく理解できると確信できるくらいにはなった。

　また，彼女の記憶力は確からしく，何度同じ話をしてもブレることがない。内容は詳細で，場面が映像として浮かび上がるほどのディテールの細かさで語る。そして，彼女は，さまざまなメディアの取材を受けており，裁判などで提出した公的な文書があり，それらを二次資料として利用することができた。

1-4　水俣病の症状と診断について

　水俣病とは，事業活動に伴って生じた相当範囲の水質の汚濁によって，人の健康および生活環境に被害が生じた公害である。その前提として，水俣病は原因食品のメチル水銀の蓄積した魚介類を口から摂取することによって発症する

食中毒であるということを押さえる必要がある（原田 2024）。

　食品衛生法上，食中毒の病因物質の分類は，細菌，ウイルス，寄生虫，化学物質，自然物質などに区分され，化学物質区分の中に有機水銀が明記されている。水俣病は化学物質（有機水銀）を病因物質とする食中毒と定義される。水俣病が食中毒であることは，水俣病が公式に確認された 1956 年以来，当時の厚生省も現在の厚生労働省においても公式見解である[1]。

　水俣病が食中毒である以上，食品衛生法が適用されなければならないが，この法律がメチル水銀汚染地域に適用されることはなかった。

　熊本県は 1957 年に食品衛生法を適用すべきかどうか厚生省に問い合わせ，9月 11 日の厚生省公衆衛生局長の回答「水俣湾内特定海域の全魚介類が有毒化している明白な証拠がないから，該特定海域で漁獲された魚介類全てに対し，食品衛生法は適用できない」をもって，地方自治体の権限である食品衛生法の適用を見送った。

　その理由は，チッソの企業城下町である水俣市への経済的な打撃を避けるためと，化学産業の主要原料であったアセトアルデヒドやオクタノール生産で国内首位を占めていたチッソへの影響，すなわち，日本の経済全体への影響を懸念したからである（石原 2016）。

　また，水俣病の所管が厚生省から 1971 年に新しくできた環境庁（現環境省）に移り，対策の根拠とする法律も食品衛生法ではなく，環境庁発足後に成立した公健法を軸とするようになった。

　食品衛生法において食中毒かどうかは調査データで決めることになっているが，公健法においては公害病（水俣病）の診断方法は書かれていない。都道府県知事が任命した公害健康被害認定審査会が判定するということだけである[2]。つまり，食品衛生法はデータが決めるが，公健法は人が決めるということである。

　公害の加害責任を負う当事者で，裁判では被告となる国や県が関与する認定審査会が，厳密な意味で中立といえるかどうかは留意すべきであろう。認定審査会の判定結果が，後に裁判で覆された確率は 70％以上に上る。

　ここで強調しておきたいのは，水俣病問題が，2 度にわたる大規模な政治決着がはかられてもなお，解決していないのは，水俣病を医学的に判断することが難しいからではない。

第 4 章　1955 年，水俣に生まれたある女性の生活史＿53

水俣病の症状は，中枢神経を損傷されたことによる感覚障害，手足の痺れ，震え，からす曲がり（こむら返り），視野狭窄，構音障害，頭痛，めまいや運動失調等々である。身体が海老反りするほどの激しい痙攣，物もつかめないくらいの酷い震えなど，初期の急性劇症型患者の症状があまりにも重篤だったので，水俣病は何か特別な病気で症状も特殊なもの，といった印象を持つ人がいるかもしれないが，各症状はいずれも他の病気でも見られる「非特異的」なものである。

　つまり，水俣病に罹患しているかどうかは，症状を見ただけではわからない。したがって，症状に加え，汚染された魚介類を食べた曝露歴を併せて判定する。

　なお，水俣病における曝露（原因）と症状（結果）の因果関係は，日本精神神経学会などで98％以上の蓋然性で証明されており，政府の認定基準に医学的根拠がないことも，学会の公式見解としてウェブサイトに公開されている[3]。水俣病は食中毒事件であり，「汚染魚を食べて症状が一つでもあれば水俣病である」と診断することが，医学的・科学的に正しい方法論なのである。

2 生活史の概要

2-1　個人史と事件史

　表4-1は，佳奈さんの個人史と水俣病の事件史を重ねてみたものである。チッソのアセトアルデヒド生産のピークは1960年で彼女が5歳のときである。1956年，水俣病が初めて公式確認された年に佳奈さんは1歳であった。その半年後の11月には，水俣の漁村を中心に多発していた疾患は，水俣湾内産の魚介類を喫食したことによる食中毒事件であることが判明していたが，食品衛生法が適用されることはなかった。漁獲禁止も魚介類の販売禁止もされないまま，メチル水銀を含む工場廃水は，佳奈さんが中学に上がる1968年まで垂れ流され続けた。

　言い方を換えれば，チッソがアセトアルデヒドの生産を中止した1968年になって，政府は水俣病を公害として認定した。チッソは当時，プラスチックの原材料であるアセトアルデヒドの国内生産トップシェアを誇り，日本の高度経済成長を支える重要な企業の一つであった。

表4-1　佳奈さんの個人史と水俣病事件史

年（年齢）	個人史	水俣病事件史
		魚の浮上，猫の狂死相次ぐ。5歳の女児（水俣病認定1号患者，8歳で死亡）が発病（1953）
1955（0歳）	海辺近くで魚を多食していた両親の元に出生。乳児期から痙攣発作。	F地区内に小児麻痺と診断される子ども（胎児性水俣病児）が次々と生まれる（1955）
1956（1歳）	魚介類を摂取し続ける。	5歳と2歳の姉妹が続けて発症。水俣病公式確認（1956）
1957（2歳）	転んで額に大怪我。痕が残る。	
1958（3歳）	頭痛に悩まされる。	
1959（4歳）	体が弱く主に室内で遊ぶ。	食品衛生調査会解散，厚生省の食品衛生法停止，チッソが水銀除去効果のないサイクレーター設置（1959）
1960（5歳）	極度の平衡感覚の欠如。	アセトアルデヒド生産のピーク（1960）
1961（6歳）	小学校入学。病院通い。虚弱。入退院を繰り返す。小児チックを疑われ，九大病院まで検査に行くが原因不明とされた。	小児麻痺様症状の17名が胎児性水俣病患者と診断される（1961）
1968（13歳）	中学校入学。病院通い。入退院を繰り返す。	チッソ，アセトアルデヒド製造を終了。廃水停止。政府が水俣病を公害認定（1968）
1971（16歳）	水俣高校入学。虚弱。病院通い。	
1973（18歳）	高校卒業後，服飾専門学校入学のため上京。	
1975（20歳）	専門学校卒業。就職。	昭和52年判断条件。認定の門戸が狭まる（1977）
1981（26歳）	体調を崩し帰郷。入退院を繰り返す。	
1984（29歳）	結婚。首都圏に移住。	
1985（30歳）	長男出産。	
1988（33歳）	次男出産。	政治決着（1995）
1998（43歳）	自身の体調悪化と介護のためUターン。	
2001（46歳）	6カ月入院。歩行困難，車椅子生活になる。初めて水俣病と診断される。	
2002（47歳）	水俣病認定申請。	
2004（49歳）	1回目の公的検診。母，認定申請，死去。	関西訴訟最高裁判決で国と県の責任が確定（2004）
2005（50歳）	父，認定申請。裁判提訴。	
2007（52歳）	母，認定棄却。本人，国賠提訴。	
2009（54歳）	母，異議申立棄却。	水俣病特別措置法成立（2009）
2011（56歳）	父，裁判和解。被害者手帳交付。	
2012（57歳）	父，死去。	
2015（60歳）	本人，認定義務付提訴。	
2016（61歳）	本人，認定棄却。本人と母，行政不服審査請求。	
2018（63歳）	母の行政不服棄却。母の認定義務付提訴。	
2019（64歳）	本人，国賠高裁敗訴。	
2022（67歳）	本人，行政不服棄訴。国賠最高裁敗訴。認定義務付地裁敗訴。	

第4章　1955年，水俣に生まれたある女性の生活史__55

佳奈さんの家は漁業者ではなかったが、生家は海辺の近くにあり、釣り船を所有するほど魚好きの両親の元で魚を多食して育った。海辺とはいえ、最初の水俣病多発地域の漁村から離れていたため、水俣病の情報はなく、自分たちの集落には関係ないと、家で魚を食べ控えるということもなかった。また魚介類の販売をしていた親戚から毎日のように魚介類が届けられてもいた。
　先述したように、行政は当時、魚介類を原因食品とする食中毒がこの地域に発生していながら、漁獲禁止も販売禁止も原因施設などの営業停止も何ら対策をしなかった。つまり佳奈さん世代は、胎児期から成長期の大切な時期にメチル水銀に曝され続けたということになる。
　佳奈さんは、乳児期から痙攣発作を起こし、物心ついた頃から親に頭痛などを訴えていた。身体が弱く、家の中で過ごすことが多かった。学校は休みがちで、病院と縁が切れない生活であった。
　高校卒業後は、東京の洋裁専門学校に進学する。その頃のことでよく覚えているのは、アルバイト先の飲食店でしばしば皿を落として割るので、皿洗いから配膳に異動されたということである。ピザを運んでいる最中、注文したお客さんの目の前で落とし、いたたまれなくなってバイト初日に自分から辞めたということもあった。
　専門学校卒業後、東京の会社に就職。待遇も良く、職場の人間関係にも恵まれ、仕事に満足していたが、1981年26歳のときに体調を崩し、水俣に帰郷。入退院を繰り返す。
　病状が落ち着いた1984年、会社員時代に知り合った人と29歳で結婚。千葉に移住する。30歳のときに長男を、33歳のときに次男を出産する。1999年、44歳のとき、一人娘で渕上家の跡取りだった佳奈さんは、親の介護と同時に、自身の体調悪化と育児の困難などのために子を連れて帰郷し、以来、千葉の自宅と水俣の実家での二拠点生活を続けている。

2-2　魚介類中心の食生活

　佳奈さんの家では、「毎日の三度の食事や弁当のおかずに、魚介類が登場しない日はないくらいに、海の物を好む家族でした。ビナ［貝］や牡蠣、小魚の唐揚げ、骨せんべい、ごまめ（田作り）はいつでも摘まめるように作り置きしてありました」というほど、魚介類中心の食生活であった。その魚介類の入手

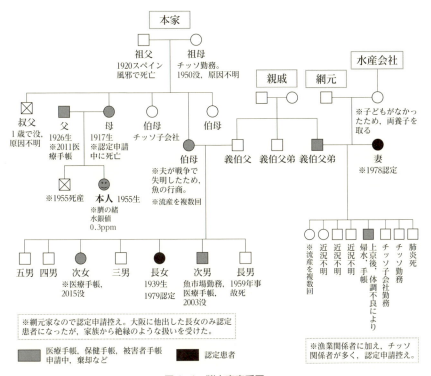

図4-1 渕上家家系図

経路は，主に親戚からであった（**図4-1**）。

裁判の陳述書では，家族の魚介類摂取について次のように説明している。

> 母の姉である伯母のサチは，我が家から4～5キロの漁業一家に嫁ぎました。そこには，漁港や魚市場もありました。伯母の家のすぐ裏には，狭い畑があって，その先は潮がヒタヒタと寄せる浜でした。鍋を竈にかけてから，浜に出て，アサリ貝を掘って，わかめを獲って来ても十分間に合うほどの近い距離でした。
>
> 嫁ぎ先の親族には，網子が20人はいる網元や水俣で一番大きい魚卸業をやっている家もあり，魚とは縁のある環境でした。叔父は戦後まもなく失明して，貧乏のどん底の時期には（伯母が）行商をしながら，必死で家庭を支えていたようです。

第4章　1955年，水俣に生まれたある女性の生活史___57

伯母は，魚市場で売れ残った物や，漁師さんから売れない物を分けて貰った物を，実家である私の家に毎日のように自転車やリヤカーで持ってきていました。母は自分の姉が気の毒な状態でしたから，少しでも助けようと，魚の代金として現金を渡す他，砂糖，塩，石けん，自家採取の卵を持たせていました。(中略)
　　伯母は，我が家の周りでたくさん採れる季節の恵みの山菜（蕗，ツワ，蕨，ゼンマイ，芹，タケノコ，椎茸，キクラゲなど）や，果実（ミカン，渋柿，甘柿，ビワ，梨，梅，アケビ，ムベ（アケビ），ナツメ，イグリモモ（プラム），ザクロ，桑の実など）を魚の返礼に持ち帰っていました。

　佳奈さんの実家は本家で経済的に安定していた。生活に困窮していた伯母から，魚を買い取り，お土産をいろいろと持たせることで，伯母たちの暮らしを補助的に支えていたのである。伯母の娘や息子たちは網元の手伝いをしており，息子2人は魚市場に勤めていたので，伯母が来ないときは息子たちが魚を届けていたので，「獲れたての魚介類が産地直送で我が家に運ばれて」「我が家は魚に溢れて」いたのである。
　また，佳奈さんの両親は，自分たちでもすぐ近くの湾や海岸から魚介類や海草類を獲ってきていた（図4-2，図4-3）。

　　ビナや牡蠣（殻を剝いた生牡蠣だけでなく，おて牡蠣と言って蠣殻ごと獲って来てそのまま殻ごと茹でて，殻から中身を外して食べます），アサリ貝，カラス貝，シャク，タコ，ウニ，ナマコ，蟹，あおさ，わかめ，ひじき，テングサ（ところてん）などを獲ってきていました。

　図4-2と図4-3は，1987年7月に佳奈さんの両親が不知火海で釣ってきたキス，アジ，カワハギなどを台所で調理している様子である。大人3人と幼児1人が夕食で食べた量だが，この日が特別な日だったわけではなく，日常の食事の様子だという。汚染時期の食事の写真ではないが，佳奈さんの家族は，このように魚介類を多食する食生活を長年，続けてきた。
　佳奈さんによると，1食あたり最低でも200〜300グラムの魚介類を食べていたというから，1日3食で600〜900グラム，1週間に換算すると4200〜

6300グラム摂取していることになる。

ちなみに、厚労省が妊婦に推奨する魚介類（比較的水銀値の高いマカジキ、ユメカサゴ、ミナミマグロなど）の摂取量は1食80グラム計算で週に2回、1週間当たり160グラムまでである。つまり、胎児の命と健康を守るためには、比較的水銀値の高い魚介類の摂取量はそのくらいに留めておくのが望ましいということである。ただし、水銀値が高いといっても安全基準を満たしていて市場に流通している魚介類である。

一方、渕上家の日常の食生活を垣間見れば、不知火海沿岸に住む人たちが、漁業者でなくとも、い

図4-2　渕上家が夕食で食べる魚（1987年）

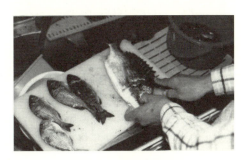

図4-3　魚を捌く父親

かに魚介類を多食していたかがわかる。彼ら・彼女らは、食生活が多様化した現在よりも、むしろ汚染が酷かった時期の方がより多くの魚介類を食べていた。しかも食べていたのは、現在の安全基準をはるかに超えるメチル水銀が高濃度に含まれた魚介類だったのである。

ところで、図4-2に写る小さな手は佳奈さんのお子さんのもので、図4-3は、父親が魚を捌いているところである。図4-3を注意して見ると、父親が魚の目玉の中に左手の親指の爪を立てるようにして入れ、魚が動かないように押さえていることがわかる。これは、指先の感覚が鈍くなっていて、爪を立ててひっかけないと、滑りやすい生魚を上手く押さえることができないからである。母親の写真やホームビデオの映像を見ても、同じように、指先ではなく爪を使って魚をつかんでいた。こうした何気ない家族写真の一コマにも水俣病の影響が見て取れる。

第4章　1955年、水俣に生まれたある女性の生活史　59

2-3 幼少期からの不調

　ここからは，実際に佳奈さんの言葉（本人が裁判の陳述書用に書いた文章など）に沿って，幼少期からどういう症状を抱え，生活上どういう困難を抱えていたのか見ていく。

　　母は病気がちだったので，乳飲み子の私をおんぶしてよく病院に行っていました。おんぶ紐で背中にくくった私が急に背中でガタガタと揺れて，足で突っぱって蹴るので下ろしてみると，白目をむいて，蟹のように泡を吹いて痙攣していて，そうしたことがひんぱんに起こるし，とても弱い赤ん坊だった私を病院に連れて行ったりして，とても心配しながらの手の掛かる子育てだったそうです。
　　歯が生え始めると，がくがくと口を鳴らして痙攣するので，舌をかまないように，割り箸に手拭いを巻いて，口に差し込んでいたそうです。

次は，運動失調に関する説明である。

　　私は1歳の頃から始まって中学に上がる頃迄の記憶では，身体が弱い，よく転ぶ，いつも怪我をする，ブランコに乗れない，早く走れない，足がもつれる，ボールを使う運動ができない，縄跳びができない，平均台を最後まで渡れないなどを覚えています。運動の能力がかなり劣る事をあげればキリがないほど，生活をする上で，悲しい想いやたくさんの困難を経験して，多感な子ども時代を過ごすしかありませんでした。
　　その幼子の私が1歳過ぎて歩けるようになって，花蝶々（リボン）のついた靴を買ってもらいましたが，靴を履いてもすぐに脱げるので，母は使い古した包帯で靴底からまわして甲の上で結んでくれました。それもリボンになって，花蝶々が二つ付いて嬉しかった事をかすかに覚えています。

また，頭痛は3歳くらいになったときには，すでに頻繁に起こっていた。

　　思い出せば，私，ほんの3歳の子どもなのに，何時も「頭ん痛かぁ」と口癖のように言ってました。父が（言うには），私が言葉をちゃんと話せる

ようになると、「ここん痛かぁ」（ここが痛い）と指で頭を押さえて「痛か」とよく言っていた。「佳奈は、『頭ん痛かぁ』と言うのが、口癖じゃった。子どもが頭ん痛かちあっとじゃろかね。（頭痛は）大人ん病気じゃろてと、お母さんとよう話よったっぞ」と、子どもに頭痛というのがあるのだろうか、頭痛は大人がなる病気だろうにと、両親は思って二人で話していたそうです。

3 社会生活において増幅する被害

3-1 学校生活における困難

佳奈さんの運動失調や平衡障害などは、学校生活を送る上で、更なる困難として顕在化してくる。

> 鉄棒、平均台、走ることも苦手、通信簿は、国語算数はよく出来ても、体育だけは、イッチニッイッチニ（1, 2, 1, 2）のあひるの行列でした。マット運動で前転をすると、直ぐにマットから外れて、真っ直ぐに行くことが出来ず、体育館の床にゴチーンと頭をぶつけて痛い思いをするばかりでした。縄跳びも足がひっかかってばかりいて、ろくにできませんでした。
> 朝礼では、ジッとして静かに立っていられなくて、身体がグラグラ動き、しゃがみ込んで、いつも教頭先生から怒られていました。（中略）とにかく、運動以外にも、出来ない事も多く、一時限の授業の間、椅子にジッと座っていることが、なかなか出来なくて、通信簿に「落ち着きがありません」と書かれていました。

「気を付け（直立不動の姿勢を取る）」「礼（お辞儀をする）」「前に倣え（隊列を整える）」などの号令に代表されるように、軍隊式の規律によって子どもたちを統制している学校という場においては、真っすぐに立てない、身体がゆらゆら揺れる、指示通り素早く動けない、走れない子どもは矯正の対象となり、言葉の暴力や体罰を受けることが多かった。

以下は、佳奈さんの小学校時代の過酷な体験の一つである。この体験は、裁

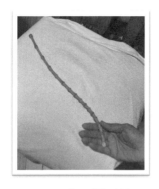

図4-4 竹の"躾け棒"

判をはじめ，フィールドスタディで訪れる学生さんなどにも彼女が繰り返し話しているものであるが，私に初めて話してくれたときは涙を流しながら，絞り出すようにして語った。

極めつけの苦い辛い記憶は，小学校の6年生のとき，担任の若い男の先生が，えこひいきをする人で，学級の腕白坊主や私のように落ちこぼれの何をやってもトロイ生徒には特に厳しく，ある時に，この先生は，校庭の裏山にある，竹藪に生えている竹の根っこを，何人かの生徒達を取りに行かせました。その落ちこぼれ生徒達の"自分専用の躾け棒"(60年近い昔は，体罰という表現は存在せず，あくまでも"躾け"です）を，それぞれ各個人が鎌で伐って，取ってこなくてはなりませんでした。私は，取れなかったので，腕白坊主の見本みたいな男の子が，崖によじ登って，なるべく細いのを選んで，私の分を取ってくれました。これで，じっとしていられなくて動いたり，算数が出来なかったときに「ぼんくら頭」とか「ノータリン」とか「子は親の鏡」と言っては叩かれるのでした。

（中略）そのときの，嫌な思い出でしかない"躾け棒"を私は，なぜか捨てないで，長持ちの底に押し込んでいたのでした。（図4-4）

3-2 成人後の生活上の困難

佳奈さんの身体の不調や運動失調，感覚障害などは，親元を離れて社会人になって仕事をするとき，結婚して家庭を持ち，家事・育児をするなかで，社会生活・家庭生活上の困難として以下のように顕在化していく。

感覚障害　熱いものがわからない。鍋を平気で素手でつかむ。お風呂の温度がわからなくて乳児だった我が子に火傷をさせそうになる。自身の怪我，火傷などが頻発する。

よく物を落とす。食器を割る。細かい作業ができない。照明器具の紐のスイッチをつかむことができない。テーブルや床に落とした針を拾うことができない。針を拾うときは，針先を浮かせて指に刺して持ち上げる。

箪笥の取っ手を上手くつかむことができない。取っ手部分に穴を開け，テグスの先にそろばん玉をつけたものを通して，引っ張って引き出しを開けられるように工夫している。(図4-5)

視野狭窄　電柱などによくぶつかる。視野が狭いので歩いている先の障害物や段差に気づかず転倒することが多い。駅前に並んだ自転車の列に接触して，ドミノ倒しにしたことが何度もある。

図4-5　そろばん玉による取っ手の工夫

庭先の鉢植えの支柱に気づかず，先端部分で目を刺しそうになるので，先端を洗濯ばさみで挟んだり，ドリンクの空き容器を逆さにして先端に被せたりするなどの工夫が欠かせない。また，木の枝にも気づきにくく，顔を傷つけることなどがあるため，鈴をつけている。

空間認知能力の欠如　文字を書くときに漢字のバランスが取れないので，ハガキや申請書の欄などの限られたスペースに文字を書くことが苦手である。

鍋に入った料理がどれくらいの大きさの器に入るか目視で予測ができないので，常に夫に確認する。

高次脳機能障害的な能力のアンバランスさ　佳奈さんが特に不得意なことは，話を抽象化したり，要約したりすることである。知能検査のスコアはずば抜けて高く，読書量も多く，語彙も豊富で言語能力も高いが，話を抽象化できない。

彼女は，何かを伝えようとするときに，まずディテールについて事細かに話し始めて，途中何度も横道に逸れる。それでも辛抱強く最後まで聴いていると，趣旨がわかるという話し方である。話がとても長い。電話で3時間くらいも珍しくない。

話を要約するのは，単なる「苦手」というレベルではない。試しに「子どもの頃，学校の課題などで，本を読んで要約することはできましたか？」と質問したところ，「一度もできたことがない」という答えが返ってきた。

何かを説明するときに，場面を一枚一枚の絵や写真のカードのように提示するが，その一枚一枚のカードの関係性，まとまりが何を意味するかは，こちらの判断，解釈に委ねられる。そこに彼女の話の魅力と面白さがあるが，それを

評価できる人とは関係性が築けるが，評価しない人との関係性には困難が生じている。

3-3 医療現場における二次被害

ここでは佳奈さんが病院で医療関係者から受けた二次被害について，彼女がトラウマとして記憶しているものを時系列に記述していく。

モルモットになった気分　小学校6年生のとき，学校で身体が揺れて静止していられないので，小児チック症を疑われ，九州大学病院の子どもの心療内科で精密検査を受けることを勧められ，診てもらうが，小児チック症ではなかった。結局，原因も病名もわからなかった。

検査のとき，一人で検査室に入れられ，パンツ一枚になって診察台に寝かされた。その場には，医学部の学生がたくさんいて，自分を覗き込んでいて，モルモットになったような感じでとても嫌だったのを覚えている。

病院嫌いになったトラウマ　27歳のとき，慢性すい炎で入院した際，インターンだった医師と看護師から酷いイジメを受けた。点滴の際，看護師から「動くと漏れるから，動かないでジッとしていなさい」と言われたが，身体がジッとしていられなくて動いてしまったために，点滴液が血管内に漏れてパンパンに腫れた。

すると，その看護師から「動くからでしょ」と怒鳴られ，パンと手を叩かれるなど，乱暴な扱いを受けたので，それがトラウマになり，それ以降，点滴を受けようとするとパニックになるようになった。

また，担当のインターン医師は，日に何度も佳奈さんの回診に来るなど，熱心に対応してくれていたが，見舞いに来た両親が，娘は退院したら結婚する，という話をしたところ，「あんな身体で結婚なんてできるはずがない」などと，自分を侮辱するようなことを散々言って，それを境に全く回診に来なくなった。

あるとき，隣のベッドの人が食事中にも拘らずヘアスプレーを頭にかけ，それが自分の食べ物にかかったので，食べる気がせず残していたら，そのインターン医師が「そんなんだから治らないんだ」と言って，無理やり口を開けさせ，スプーンでご飯を口に押し込んで飲ませるなどの暴力行為を行った。

看護師や医師からの暴力的な言動により，弱り切っていたところ，福岡で看護部長をしている従姉が見舞いに来て，「このまま入院を続けていたら，病院

から殺される」と退院を勧められたので，治療途中であったが，退院した。その後，自分で食事療法に取り組み，症状が改善した。

点滴パニック　30歳のとき，慢性すい炎を再発し，入院した。点滴の際，パニックを起こし，主治医から「点滴ができない事で命に関わる事態になるかもしれないので，病院で診て貰いなさい」と勧められるが，医者嫌いなので行かなかった。

40歳のとき，目の手術で順天堂大学附属病院の眼科にかかる。点滴に対して2度目のパニック障害を起こす。佳奈さんによると，注射は大丈夫だが，チューブが見えるとダメだということであった。

そのときの主治医から，今後，場合によっては命に関わることだから，と言われ，同病院の精神科にかかる。そこで，トラウマの原因が13年前の看護師であることがわかった。

抑圧構造の中で増幅する被害　本来，佳奈さんはメチル水銀中毒症患者として，医療機関において適切な対応が取られるべきであったが，生まれたときからの虚弱，体調不良，数々の障害は「原因不明」として，いろいろな病院にかかることになる。そこで患者の尊厳を踏みにじるような理不尽な扱いを受け，医療機関と医療従事者への嫌悪と苦手意識で，適切な診療を受けることなく，長らく医療機関から遠ざかることとなるのである。

また，水俣病の認定申請後の審査や，棄却された後の行政不服審査請求や裁判の過程において，いろいろな病院で水俣病の専門家でない医師からさまざまな診断名をつけられたことが，彼女の水俣病認定をより一層困難なものとしているのである。医療者と患者の抑圧構造の中で受けた被害が，行政や司法の場と連動し，増幅しているのである。

4　不可視化する被害

4-1　なぜ症状に気づきにくいのか

まず，マスコミ報道やニュース映像，映画，写真などの影響がある。そこでは，重篤な患者ばかりがクローズアップされるため，水俣病の被害地域に住んでいる人たち，水俣病患者が身内にいる人でさえ，重症者だけが患者だと思っ

ているのである。

　また，広い地域が汚染された公害病であるがゆえに，家族や親戚，近所の人たちの症状が皆同じで，学童の場合は，学校の友だちまでもが似たような症状を抱えているので，自分の症状はごく普通のことで，異常とは感じないのである。

　ある水俣病患者の息子さんと話したときに，からす曲がり（水俣の言葉で「こむら返り」のこと）は毎日起こるものだと思っていた。普通はそういうことはないと否定したところ，その方が驚かれた。家族がみんなそうだから，それが当たり前だと思っていたとのことだった。

　佳奈さんも，結婚して初めて，からす曲がりは毎日起こるものではないということを知ったという。彼女は千葉の人と結婚したから気づいたが，同じ地域内の人であれば，結婚後も気づくことがなかったかもしれない。

　他に，彼女も両親も，電灯から垂れ下がる紐のスイッチを上手くつかむことができなかったので，家中の紐スイッチを工事して，壁スイッチに替えている。

　また，自分や母親，伯母，地域内の友人は熱い物に平気で触れることができるが，夫は触ることができない。自分たちが異常だとは思わず，夫に「なぜこれくらい触れないのか」と言って笑ったことがある。

　地域が丸ごと汚染されたからこそ，その中にいる人たちは自分たちの症状に気づきにくい。認定申請のための公的検診において，かつて「皆が揃って同じ症状なのはおかしい。口裏を合わせている」と決めつけた医師がいたらしいが，同一地域に同じ症状の患者がいるのは公害病であるから当然である。

4-2　努力やバイアスによって目立たなくなる

　佳奈さんには，言われないと気づかない程度の構音障害がある。少し舌足らずな，間延びしたような話し方である。過去の病院のカルテに「甘えたような話し方をする」と書かれたことがある。

　構音障害は，舌の動きが鈍いのである。実際に佳奈さんに舌の動きを見せてもらったが，口から舌を出して，上下には普通の人よりゆっくりであれば動かせるが，左右にはほとんど上手く動かせない。左右に舌を動かそうとすると顔もそのままついていってしまうのである。

　あるとき，ご自宅で「話し方」の本を見つけたので，それに関して尋ねてみ

ると，上手く話せないので，大人になってアナウンサーが講師を務める「話し方教室」に通ったことがあるという答えが返ってきた。佳奈さんは常に発音しづらい言葉は用心深く，別の単語に置き換える努力をしていて，それが習慣になっている。

幼少期はおとなしい子どもで，学生時代からずっと「聞き役」で物静かで，あまり話さなかったという。話し出すと，言葉が出にくかったり，詰まったり，舌をかんだりということで，それを見せないように黙っていた面もあったという。

むしろ，寡黙さは，病弱でか弱いことと合わせて，女性として好ましいと思われた。ジェンダーバイアスが彼女の障害を見えづらくしたといえる。

また，感覚障害や運動失調によって，よく物を落とす，失敗する，転んだり，躓いたりすることすら，「ドジな子」（時に「かわいい」と同義）として，他者に対して「失敗」する自分について，「またドジしちゃった」「私はおっちょこちょいだから」と説明し，自分自身も納得させてきた。ただし，後日，自身が水俣病とわかってから，失敗は自分のせいではなく，「水俣病のせいだったんだ」と腑に落ちたと語った。

5　水俣病の闘い

5-1　裁判原告となる

佳奈さんは体調不良により水俣市の病院に入院していた2001年，46歳のとき，小学校時代の担任に連絡をしたところ，「あぁ，それは水俣病よ」と言われた。その教師は日吉フミ子，後に市議会議員となり，水俣病対策市民会議を立ち上げた初代会長で水俣病支援に尽力した人物であった。そして，日吉氏の勧めでその年の11月に水俣病の診察を受け，初めて水俣病と診断される。

水俣に帰ってきたことで，長い間，病院に行ってもよくわからなかった原因不明の不調は水俣病であるということがわかり，翌2002年の1月，46歳のときに認定申請をする。しかし，14年後の2016年，61歳のときに棄却され，行政不服審査請求を行う。それも退けられたため，水俣病被害者団体による国家賠償請求，水俣病認定義務付け行政訴訟の原告となる。

団体訴訟の進め方，支援の在り方に徐々に違和感を抱き始める。2018年，63歳のときに，母親の患者認定を求める訴訟を提訴する。

この間，国家賠償請求訴訟は敗訴が確定し，認定義務付訴訟も2022年熊本地裁で敗訴し福岡高裁で係争中である。母親の裁判は熊本地裁において係争中で判決は出ていない。

5-2 支援・運動の抑圧構造

現在，佳奈さんが原告となっている裁判の争点は「水俣病患者と認めるかどうか」ということで，被告は認定業務を担う行政である。水俣病は食中毒事件なので，食品衛生法を適用すれば，認定基準も認定審査会も不要なのであるが，そもそも認定基準や認定審査会の審査方法には医学的根拠がない。このことについては1-4で書いたとおりであるが，ここでは裁判の内容ではなく，原告側，つまり支援や運動の問題点について言及する。

裁判原告になることの困難は，いうまでもなく，裁判に割かなければならない膨大な時間や労力，費用とストレスの大きさである。それに加え，佳奈さんが経験した数々の困難は，予期せぬ「身内」から受けたものであった。

その困難の一つは，まともに発言や提案を聞いてもらえないということである。原告団のなかで，親や祖父母の代から水俣病事件に関わってきた原告も少なくないなかで，彼女の両親は非漁業者の「まちの人」で，彼女の言葉を借りれば「どちらかというと水俣病を差別してきた側かもしれない」「新しく来た」患者である。

原告団に初めて参加したときに「なんで，お前がここにおっとや，漁師じゃなかっじゃろ」という排他的な言葉を投げつけられており，その後も複数名から同じようなことをいわれている。地域自治会などでも同じような構図が見受けられるが，組織の正式な構成員でありながら，インフォーマルには構成員として認められていない状況である。

それから，彼女は声が少し甲高く，話を抽象化して話すことができない（いわゆる論理的な話し方が苦手である）ことに加え，水俣病患者特有の構音障害の影響により，やや甘えたような話し方なので，男性優位主義傾向の強い運動組織内では，彼女の能力，知性が正当に評価されないのである。そもそも水俣病患者団体で，女性が代表になっているところはほとんどない。

いずれにしても，彼女が大事だと思うことを伝えようと思っても，常に話の途中で腰を折られ，打ち切られ，話を遮られるのである。

基本的に，水俣病患者として庇護される対象の枠内に収まっている限りは，丁重に扱われるが，モノ申す患者になった途端，団体行動ができない，専門家や支援者のいうことを聞かないクレーマーとして排除されるようになるのである。

ただし，佳奈さんは運動組織内でのハラスメントに耐え，同調圧力に抗いつつ，運動体の外に賛同者を少しずつ増やしながら，個人としての闘いを展開している。

彼女の言葉を聴き取り，サポートする研究者としての私もまた，そのポジショナリティを問われ，支援者や関係者との関係性に変化が生じるという経験をした。

6 水俣を共に生きる

本章では，日本の高度経済成長期がスタートした1955年に生まれた一人の水俣病患者の女性の生活史を見てきた。彼女は，水俣病を病む身体とどうにか折り合いをつけながら，まさに生き延びてきた。

幼少期から原因不明の不調や身体の不自由さに悩まされ，それでも自分がメチル水銀の影響を受けているなどとは思わず，まわりからも「健常者」として扱われ，不当な評価やイジメを受けてきた。彼女の半生は，「胎児性水俣病患者」としてのアイコンになった患者さんたちの生きづらさ（原田 2021）とは，また別の意味で過酷であった。

佳奈さんは，水俣病という診断がついた後も，水俣病をめぐる社会，制度，運動の枠組みの中で，障害者，未認定患者，女性といったマイノリティとして抑圧され続けるが，そのことに折り合いをつけることなく，抗ってきた。

日常の佳奈さんは，自身の身体の不自由さを日々の生活の工夫で補い，美しい庭，美味しいお茶とお菓子，友人とのおしゃべりや旅行などで生活に彩りを添え，苦難を脇に押しやりながら，何とかやりすごして暮らしている。そこに生活者としての強さを感じる。

渕上佳奈という個人の記録は，日本の経済発展のために傷つけられた命たちの存在証明でもある。そして，研究者として水俣に対峙する私は，この生き延びた子どもたちの語られた人生を語りえなかったこと（萩原 2009）も含めて記述することを通じて，水俣病を生きる彼ら・彼女らと一緒に水俣に関わる第二世代（原田 1997）として葛藤を分かち合いたいと思っている。

注

1　『昭和31年全国食中毒事件録』（厚生省 1956）の中に水俣病が収録されており，原因食品は水俣湾内産魚介類と示されている。また，第210回国会厚生労働委員会第12号（2022年12月7日）において，野間健・衆議院議員の「水俣病というのはそもそも食中毒であると思うが，その認識はあるか」という質問を受けて，厚労省大臣官房生活衛生・食品安全審議官の佐々木昌弘・政府参考人が，1956年11月12日に旧厚生省の食品衛生調査会において，水俣病は「水俣湾及びその周辺に生息する魚介類を多量に摂食することによって起こる主として中枢神経系統の障害される中毒性疾患である」との答申が行われたことを踏まえて，「私ども，現在も，水俣病は食中毒と認識しております」と回答した。
2　第45条　公害健康被害認定審査会は，医学，法律学その他公害に係る健康被害の補償に関し学識経験を有する者のうちから，都道府県知事（中略）が任命する委員をもって組織する。
3　日本精神神経学会ウェブサイト「水俣病関連の声明（2015年2月25日更新）」（2024年9月25日最終確認　https://www.jspn.or.jp/modules/advocacy/index.php?content_id=22）

第Ⅱ部
人々の活動とコミュニティ

第5章 「活性化される困難地域」というイメージの形成と再生産

山本 薫子

1 「福祉の街」に向けられた新たな注目

　今日，日本の都市下層地域は産業構造や雇用システムの変化のなかで様変わりし，高齢化や生活保護受給者が増加した。とりわけ，三大「寄せ場」と呼ばれてきた大阪・釜ヶ崎，東京・山谷，横浜・寿町では顕著にそうした現象が見られる。そのなかでも横浜・寿町（以下，寿町）は生活保護受給者が9割を占める地域へと変化し（表5-1，図5-1），「福祉の街」「福祉ニーズの高い地域」（横浜市）と呼ばれるようになった。寿町では，高齢者や障害者の増加，生活保護受給率の上昇にともなって介護事業所，作業所なども多数開設されてきた（山本 2013a：2013b）。

　このように地域における社会福祉の機能が増大していく過程（地域の福祉化）の一方で，それまでにはなかった種類の注目が寿町に寄せられるようになった。特に2010年前後の数年間は，新たな民間事業，現代アートの作品展示やパフォーマンスが寿町で積極的に行われ，地域外からも注目を集めた。そこで寿町に寄せられた注目や期待は何であったのか，またどのような背景があったのか。

　以下では，2000年以降の寿町において見られた外部者，とりわけまちづくりや地域活性を目的に掲げて新規に参入

表5-1　横浜・寿町の社会変化（1989年・2020年）

	1989年	2020年
高齢化率（65%以上）	7.5%	54.2%
生活保護受給率（生活保護住宅扶助受給者数/簡易宿泊所宿泊者数）	14.0%	91.0%
外国人居住者	533人	68人
中学生以下の子ども	78人	数人程度
求職者登録者数	7,185人	550人

（出所）横浜市健康福祉局生活福祉部生活支援課寿地区対策担当「令和3年版業務の概要」。

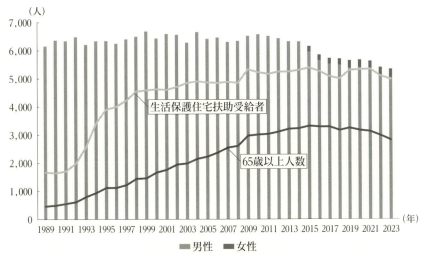

(出所) 横浜市健康福祉局生活福祉部生活支援課寿地区対策担当「令和5年度寿地区社会調査」。

図 5-1 横浜・寿町の簡易宿泊所宿泊者数推移

した民間事業者やアート関連団体に着目する。そして，福祉ニーズのきわめて高い地域へと変わったかつての寄せ場，「日雇い労働者の街」に対して新たに向けられた注目の背景，そこで形成・再生産された地域イメージについて，主に2010年代半ばまでを対象に考察する。

　第2節で寿町における福祉化の進展と地域課題の変化について概要をまとめた後，続く第3節では新規に参入した民間事業者の活動の経緯を確認する。特に，それがどのような枠組みに基づいて進められ，そのことによって寿町がどのような地域，対象として位置づけられるようになったか，確認する。第4節では寿町が横浜市の創造都市施策に位置づけられていった過程を説明し，そこで流通した言説と寿町に期待された役割がいかなるものであったのか検討する。第5節では寿町におけるアート団体の活動に焦点を当て，活動の展開過程や目的，参加アーティストの意識を明らかにし，創造都市施策との関連性の有無などについて確認する。最後に第6節では，前節までに確認した一連の現象について振り返り，「活性化される困難地域」という寿町に対するイメージの形成と再生産，およびそれがもたらした影響などについて検討する。

第5章　「活性化される困難地域」というイメージの形成と再生産＿73

2 寿町における福祉化の進展と地域課題の変化

　寿町は1950年代に形成された寄せ場，日雇い労働者の街である。横浜市中区の北西側に位置し，寿町2〜4丁目，松影町2〜4丁目，扇町の一部を合わせた一角に110軒以上（2024年現在）の簡易宿泊所が集中する一帯が寄せ場としての「寿町」と一般に呼ばれる。横浜市など行政機関は「寿地区」と呼ぶ。

　1950年代後半から寄せ場として形成された寿町では，1960年代後半頃から日雇い労働者や低所得の住民（主として簡易宿泊所の居住者）を支援する市民活動が行われてきた。労働問題に限らず，生活課題，障害者支援（居場所づくり，作業所など），医療，識字，子どもの居場所づくりなどの分野で活動が幅広く展開されてきた。

　1990年代以降の寿町では高齢者，障害者，生活保護受給者などいわゆる福祉ニーズの高い住民の増加が著しい（図5-2，表5-2）。その背景には，もともと寿町内で暮らしていた労働者の高齢化だけではなく，市内外の他地区で生活に困窮した単身高齢者（とりわけ男性）が生活保護受給にともなって寿町の簡易宿泊所へ移住する例が指摘できる。さらに，長期にわたって医療機関や福祉・更生施設に入所していた者のうち，退院・退施設後の行き場がない人々がケースワーカーなどの紹介を介して寿町の簡易宿泊所に定着し生活保護を受給して暮らす例も増加している。このような環境変化，とりわけ高齢者，障害者の増加，生活保護受給率の上昇と連動して介護事業所，作業所などの福祉施

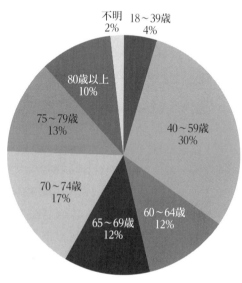

（出所）　横浜市健康福祉局生活福祉部生活支援課寿地区対策担当「令和5年度寿地区社会調査」より作成。
図5-2　簡易宿泊所宿泊者の年代構成（2023年11月）

設も増加した（山本 2013a）。現在，寿町および周辺地域には障害者・高齢者を対象とする高齢者（介護を含む），障害者（身体，知的，精神），医療・保健のいずれかに関連する施設・機関が多数存在する。

2000年の社会福祉事業法等改正にともなって社会福祉法に新たに追加された規定に基づき，全国の地方自治体に地域福祉計画策定が求められることとなった[1]。地域福祉保健計画策定に基づく高齢者，障害者に特化した地域福祉の制度化はこれらの人々の生活環境整備改善が進むという意味では地域に

表5-2 寿町の簡易宿泊所宿泊者に占める要介護度別認定者数（2023年11月）

区分	要介護	要支援
5	52	
4	130	
3	223	
2	310	144
1	136	48
計	851	192

（出所）横浜市健康福祉局生活福祉部生活支援課寿地区対策担当「令和5年度寿地区社会調査」。

とってプラスだと言えよう。しかし，そうした施策が進むことの裏面として，それ以外の人々（ホームレスなど）およびかれらが抱えるさまざまな困難[2]やその背景要因に関わる事象が地域の課題と切り離されていきかねない点が指摘できる。

現役の日雇い労働者が多数就労していた時代（およそバブル経済崩壊までの時期）の寿町は常に多数の人々が往来し，一時的，非定住的な暮らしは珍しいものではなかった。寿町に限らず，1980年代ごろまでは寄せ場などの日雇い労働者が就労期間と就労期間の間（失業期間）に一時的に路上や都市公園など屋外で野宿生活を送る状況も珍しいものではなかったが，そうした場合に寿町で利用されてきた公的支援の一つが横浜市の法外援護制度[3]であった。しかし，日雇い労働雇用機会の減少と合わせて，2012年に法外援護制度が廃止されたことで寿町およびその周辺で日雇い労働や都市雑業（アルミ缶回収など）で生活を維持してきた人々は大きな圧迫を受けることとなった。寿町はもはや日雇い労働や都市雑業では生計を成り立たせにくい地域へと変化した（山本 2013a：99-100）[4]。

今日の寿町では生活保護受給者を中心として簡易宿泊所で暮らす住民が増加したが，それだけが寿町に関わる人々ではない。ホームレスや居住・生活に困窮した人々にとって寿町は生きていくために必要なさまざまな資源（炊き出し，生活情報，居場所，コミュニケーションの機会など）が利用できる場でもあり続け

第5章 「活性化される困難地域」というイメージの形成と再生産_75

てきた。しかし，行政施策における地域課題が，定住する住民（簡易宿泊所で暮らす住民）を中心に把握されていくことは，ホームレスなどが地域内に存在するにもかかわらず，地域課題の対象から排除されることである。そして，そのことは寿町がそうした人々にとって過ごしにくい場所へ変化していくことにもつながりかねない。

3 事業者の新規参入と「地域活性化」

3-1 ホステル事業の開始

2000年代に入って寿町に生じた変化，とりわけ地域の外部から参入した活動とその影響について，まず事業者（企業）の事例から見ていこう。

寿町では数十年に及ぶ地域活動，支援活動の蓄積があるが，そのうちのひとつに1980年代から寿町および周辺で活動を行ってきたキリスト教系の支援団体Aがある。Aは1999年に町内でホームレスの居場所づくり（サロン）の活動を開始し，それをもとに2000年に新団体Bを立ち上げた（2001年にNPO法人化，2017年に解散）。

Bのメンバーは，1990年代後半から寿町での外国人支援，ホームレス支援などにボランティアとして関わってきた30歳代（当時）の女性C氏とともに2004年に事業者Dを設立し，寿町内の簡易宿泊所の空室を改装（リノベーション）したホステル運営に着手した。同様の事業はすでに東京・山谷で簡易宿泊所経営者らによって行われており，Dはそれを寿町に導入した。事業開始の背景には2000室近い簡易宿泊所の空室の存在があった。

当時，Dは「社会企業」としてマスメディアなど多数の媒体で紹介され（ヨコハマ経済新聞 2005；ライブドアニュース 2007），実質的にDの広報的な役割を務めていたC氏は注目を集め，日本青年会議所をはじめとする複数団体から表彰されるなどした[5]。一方で，現在の視点から見ると，当時のDの事業は社会的企業研究（米澤 2011；藤井ほか編 2013 など）におけるそれとは必ずしも一致しない部分も大きいことから，本章ではDを「社会的企業」「社会企業」とは呼ばず，一事業者として扱う。ただし，当時，Dを「社会企業」と呼び表した発言，記事などはそのまま掲載する。

3-2 「活性化される困難地域」として位置づけられた寿町

　C氏およびDを通じて流通した寿町のイメージはどのようなものであっただろうか。一言で言えば、「これまで行政も見向きもせず、地域活動、支援活動もほとんど行われてこなかった困難地域への『社会企業』の参入」である。ただし、先に触れたように、寿町では長年にわたって地域活動、支援活動が取り組まれてきており、ここで示されたイメージは必ずしも現実に沿ったものではなかった。以下は、C氏およびDの事業活動について第三者が紹介した講演（2007年8月）の記録の一部である。やや長くなるが、全体の様子がわかるので引用する。

　　高度成長時代に日雇い労働者の町として知られた寿町は、みなとみらいなどにも近く、とても立地の良いところですが、そこに暮らす、元日雇い労働者の高齢者の多くが生活保護を受けています。これまでにNPOが炊き出しなどの支援を行ってきましたが、地域の活性化にまでは至っていませんでした。暴力団関係者なども出入りし、風紀が悪く、かつては女性が一人で歩くなど考えられないような地域でした。他の地域からゴミを不法投棄に来る始末。それでも、生活保護を受ける人が多く税金が入らない地域なので、行政は人々の保護はするけれども積極的にまちに関与してきたとは言えませんでした。ここで立ち上がったのが、若い社会起業家たちです。老朽化した簡易宿泊所をホステルとして再利用するための会社を立ち上げたのです。最初に行ったのが情報発信です。バックパッカーと呼ばれる、長期滞在型の外国人観光客が受けとめました。彼等は高級ホテルより、安く泊まれる施設を望んでおり、そのニーズに見事にマッチしました。外国人観光客が寿町に押し寄せるようになると、ゴミの収集など、行政も動かざるを得ません。また、町の雰囲気が変わると、それまで避けて迂回していた人たちも通る人が出てきます。（生涯学習知の市庭、2007）

　ここで語られていることのなかには必ずしも事実とは言いがたい箇所もある。しかしほぼ同じような内容が事業の背景、効果としてD、およびマスメディアやそこから情報を得た人々によって語られてきた。その意味で、この内容は対外的に流通した寿町に関する説明（言説）と呼ぶことができる。この文章から

は寿町の住民や従来の地域活動の姿は一切読み取れない。むしろ，課題があるにもかかわらず積極的な取り組みがなされないまま放置された，「解決を必要としている困難地域」として寿町は位置づけられている。そして，「熱意を持った若い起業家の活動の場」「社会課題解決のための場」という新たな役割が寿町に付与され，期待されていることも指摘できる。

3-3 「なにも生み出せない町で奮闘」というストーリー

　2008年，C氏は突然，後見人的な存在でもあったスタッフとともに寿町での活動，事業から身を引き，同時にDも解散してしまう。その後，Dのスタッフの一人であった30歳代（当時）の男性E氏が中心となって2007年に合同会社が設立され，そこがホステル事業を引き継ぎ，現在に至るまで運営を続けている（2024年12月現在）。

　E氏が中心となって2005年に製作した寿町の「プロモーションビデオ」では，この地域について「なにも生み出せない町」と表現し（KOTOBUKI Promotion/KOTO-LAB 2012)[6]，大半が生活保護受給者となった寿町における日雇い労働の減退，生産性の喪失の現状を課題として提示している。以下は，E氏による寿町の状況，自らの運営に関する説明である。

　　　この町の現状は，日雇いのまちから福祉のまちに変わったこともあり，生産性の欠如，住民の高齢化，生活保護の増加，簡易宿泊所の空き部屋が多くなっていることなどです。また，この町には，廃車が町の外から闇の業者によって運び込まれるという不法投棄があり，外部環境が悪化しています。昔のイメージも色濃く残り，ステレオタイプのイメージが周辺住民の方の中に残っていて，まちが孤立化していることが問題だと思います。（中略）まちの中の空いている空き部屋をオーナーさんたちと協働して改装してもらい，そこに町の外から海外のツーリストやバックパッカーの人たちが入っていけるような安宿を提供しています。通常まちづくりというと，ボランティアなど収益性の取れないところが多いと思うのですが，オーナーさんとビジネスモデルを共有することによって，まちづくりの運営資金を自分たちで捻出しながら，それによって若い人たちが町に入り込んでイメージのチェンジを行っていければ，ゆくゆくは住民の人たちの雇用

も創出できるようになればと考えています。(横浜クリエイティブシティ・国際会議 2009 実行委員会 2009)

　厳密には各簡易宿泊所は私有であり地域全体の共有物ではないのだが，E氏はその空室を地域資源と位置づけ，それらを活用した新たな産業育成，雇用創出を寿町で推進していきたいと語っている。ここでは，生産性を喪失した地域に眠る資源を外部から参入した事業者が発見，活用することで地域に活気を取り戻すというストーリーとそのための取り組みについて語られている。

3-4　新たなイメージが引き寄せる来訪者たち
　それまで寿町で行われてきた地域活動とE氏らの活動との大きな違いとしてインターネットを通じた広報，とりわけ視覚的なメディアの活用とそれに関する外部専門家の参画が挙げられる。東京都内の大学院の情報系コースは，E氏らとともに「横浜市寿地区周辺の海外向け観光情報サイトの制作」に関するプロジェクトを教育の一環として実施した[7]。これはホステルを利用する外国人観光客を想定した情報提供であり，インターネットの活用によってそれまで寿町とつながりのなかった人々に対して観光地・横浜の安宿街として寿町の存在を伝えることを目的としていた。
　こうした一連の活動によって，E氏は地域課題解決に取り組む若手起業家として注目を集めるようになり，その活動範囲は寿町を超えて広がっていく[8]。E氏は寿町でのホステル事業に加え，各組織・団体との連携や共同事業にも精力的に取り組んでいくが，その中には大学など教育機関との連携，学生たちが現場体験を目的として寿町で活動するための機会づくりも含まれる[9]。
　寿町で続けられてきた支援活動など（炊き出しなど）に社会福祉専攻の大学生，キリスト教系の高校・大学などに通う学生たちが授業の一環として，またはボランティア活動として参加することはそれまでにもあった。しかし，教育機関とE氏との連携にともない，Dやその事業を通じた地域活性化に関心を持つ学生たちが寿町を訪れる機会も増えていった。東京都内の大学のゼミで寿町について学んだという大学生は，寿町について「社会的企業が積極的に様々な活動をしている点にとても興味」を持ち，「今も変化を続ける寿町についてもっと研究したいと思った」と語っている[10]。新たな事業が寿町に参入し，その活動

を外部に向けて積極的に伝えていくことで新たな地域イメージが形成され，それが広範囲に伝えられていくことで，それまでとは異なる目的や関心を持って寿町を訪れる人々の増加につながっていった。

3-5 行政との協働で進められる「地域活性化」

寿町でのそれまでの地域活動と比較すると，E氏らの活動は行政，とりわけ横浜市との協働が積極的になされたことが大きな特徴であった。Bは2009年4月に寿町内に食堂をオープンしているが[11]，この食堂はもともと寿町内にあった建物を改装したもので，従業員の一部の雇用は自立支援（ジョブトレーニング）を目的としていた。食堂のオープンに際しては，官民（公民）連携を担当する横浜市政策局共創推進室が支援し，厚生労働省の地域介護・福祉空間整備等交付金及び地域介護・福祉空間推進交付金（申請主体は自治体）を活用して，改装などの資金をまかなった。このほかにも，E氏らは寿町での朝市などを企画し，これは共創推進室の助成事業として実施された。

従来の地域団体の多くが行政に対して要求型・対抗型の運動を行ってきたこととは逆に，Dは助成金獲得，官民協働事業に積極的に応募，参加した。全体として，E氏らによる寿町での活動，事業は行政の枠組みから逸脱せず，行政の方向性に協調して実施されたものが大半であった。そして，横浜市の重点事業の一つである創造都市施策にも寿町は位置づけられていく。

4 創造都市施策の展開と寿町

4-1 横浜市における創造都市施策と都心部活性化

みなとみらい地区[12]の開発・発展の一方で，中区を中心とした都心部での経済活動の地盤沈下が課題であった横浜市は2000年に中心市街地活性化基本計画を策定した。中田宏市政下（2002年～2009年）の2004年1月に文化芸術・観光振興による都心部活性化検討委員会による「文化芸術創造都市——クリエイティブシティ・ヨコハマの形成に向けて」が提言され[13]，同年に市役所内に文化芸術都市創造事業本部が設置された。この提言に基づいて，横浜都心部を中心に展開された施策，とりわけ文化芸術などと関連したものを総じて創造都市

施策と呼ぶ。
　創造都市施策では，寿町とも近接する中区関内地区（JR関内駅やその周辺）・関外地区（伊勢佐木町やその周辺）を創造界隈（クリエイティブ・コア）と位置づけ，そこでの取り組みのひとつとして歴史建築物のリノベーションや再活用を通じてアーティスト（現代美術作家など），クリエイター（デザイナー，ウェブ製作者など），建築家などに事務所，アトリエ，作業所を低廉な家賃で提供することが進められた。
　そして，関内・関外地区の経済活性化と中小企業育成という観点では，2010年より横浜市ビジネスインキュベート拠点設置および起業家などネットワーク形成モデル事業が開始された。これらにおいて期待されていることは関内・関外地区への起業家，アーティストやクリエイター等の集積であり，また新規ビジネス，新規産業の創出と発展であった。

4-2　創造都市施策のなかに位置づけられていく寿町
　周辺地域の変化のなかで，関内・関外地区に近接している寿町は次第に創造都市施策の一画に位置づけられていく。横浜市の創造都市施策は，市民の文化芸術活動支援，次世代育成，創造性を活かしたまちづくり，賑わいづくり・観光MICE振興などを主な方針とし（横浜市文化観光局 2012），日雇い労働者の街であった寿町とは関連があるようには見えない。しかし，横浜市の創造都市施策に関する専門委員会である創造都市横浜推進協議会は，2010年に「クリエイティブシティ・ヨコハマの新たな展開に向けて」と題した提言書をまとめ，寿町を含む地域を「重点取組ゾーン：関内・関外創造デルタ」[14]と新規に位置づけた。そこでは「地域資源をアーティスト・クリエーターの活動の場や起業家，創造的産業のオフィスなどに活用し，文化芸術・まちづくり・創造的産業の三位一体による新たな取組を展開」などと記載されている（創造都市横浜推進協議会 2010：9）。
　ここで用いられている地域資源という語は空室，空き物件などの不動産を指しているが，これは簡易宿泊所の空室を地域資源と呼ぶE氏らの捉え方とも共通する。E氏や横浜市の説明のなかでは「生産性の欠如」「雇用創出」などがキーワードとして用いられ，新たな産業の創出と育成を進めていくことが「地域活性化」とほぼ同義とみなされている。

さらに、同提言書では「寿町など民間主導で創造的な取組が始まっているエリア」を「民間による創造的な活動や拠点形成の誘導を図ることが望ましい」「創造界隈誘導地区」とし、取り組み目標を「民間による創造的活動や拠点形成を誘導するとともに、公共的な事業を通じてダイナミックな都市の魅力を創出する」とした。特に寿町については「行政の手によらない活動が積極的に展開されており、創造都市を進める横浜市としても連携・支援を行い、文化芸術の分野を超えた都市政策として取り組んでいくことが必要」（同上：7-22）としている。

　ここで指摘される「行政の手によらない活動」の内容は具体的には明記されていないが、BやE氏による一連の事業をそのひとつとして指していると推測できる。先述のように、寿町では民間団体による地域活動、社会運動が長く実施されてきたが、同提言書でいう「行政の手によらない活動」にそれらが含まれているのかどうかは定かではない。

　さらに、創造都市横浜推進委員会委員長も務めた吉本光宏氏は、2010年に横浜市内で開催されたセミナー（文化庁・平成22年度文化芸術創造都市推進事業）において「創造拠点を作るのが横浜市の最初の創造都市政策だとすると、（中略）寿町という、負のエリアにまで創造都市政策が広がってきて」いる、と語っている（横浜市文化観光局 2012：32）。当初は創造都市施策（政策）の対象外であった寿町など「負のエリア」も徐々にその範囲に含まれてきている、という指摘である。実際に、横浜市の創造都市施策のひとつである「関内外OPEN! 5」（2013年11月）のウェブサイトでは、寿町および周辺地域について以下のように紹介されていた[15]。

> 　福祉の集中、戦後の歴史・記憶を残すこの町では、近年、老朽化した建物などをバックパッカーたちのゲストハウスへと再生するプロジェクトが進められ、多世代・多人種の交流が生まれつつあります。まちの活性化を目指し、活躍するアーティスト、クリエーターに声をかけてみれば、興味深い話が聞けるはず[16]。

　日雇い労働市場が衰退し、生活保護を受給して暮らす高齢者が増加した寿町は「福祉の街」とみなされる一方、文化芸術の拠点づくり、新規参入事業者に

よる新産業育成という観点から注目されると同時に，アーティスト，クリエイターが活動する町という新たな役割を期待されるようになった。そこで想定されるアーティスト，クリエイターは「まちの活性化を目指し，活躍する」存在として位置づけられている。このように，横浜市による創造都市施策と都心部活性化施策が展開していく過程で，地域外の主体を中心として，寿町の位置づけに関する読み替えが進められていった。

5 寿町におけるアート団体の活動展開

5-1 アート団体の活動とその内容

ほかの寄せ場や労働者地域と同様，寿町でもこれまで地域内での文化活動，芸術活動が行われてきた。1970年代には市職員などを中心とした社会教育活動の働きかけによって文芸創作活動，識字教育活動が実施された（野本 1996，大沢 2003）。また，1979年から現在に至るまで毎年，フリーコンサートが実施されている[17]。それ以外でも寿町での音楽，演劇，映像など文化・芸術の諸活動は幅広くなされている。その主体は外部からの参入もあるが，必ずしもそれだけではなく住民，地域内団体のメンバーによるものも多い。

そうした音楽家，アーティストはほかの寄せ場地域で演奏・活動する機会も多く，全体として社会的，政治的なメッセージ性を持つ楽曲などが多い。また，労働者，住民たちのなかには大衆演劇，大衆芸能に親しんできた者も多い。いずれにしても行政からの助成金を得て行われる文化・芸術活動と寿町での諸活動はこれまでほとんど接点を持ってこなかった。

これに対して，2008年から活動を開始したアート団体（任意団体）Fは，寿町において主に若手芸術家による現地滞在型制作（アーティストインレジデンス），町内での公開パフォーマンスなどを開催した。当時，Fの代表には寿町の自治会役員が就任していたが，実質的な運営者は総合プロデューサーであるG氏[18]とプロジェクトディレクターのH氏[19]が担い，そのほかに数名のボランティアスタッフが参加していた。

Fは，2008年に寿町地区内の住居用ビルの空き室を借り，すでに一定程度の知名度がある若手アーティスト[20]にアトリエとして貸し出し，同ビル内に事

務所を構えた。同年に開催された横浜トリエンナーレ[21]開催時期にあわせ、比較的知名度のあるアーティストのパフォーマンス型展示、インスタレーション（空間全体を作品として体験させる芸術）を寿町で開催すると同時に、主に美術関係者を中心としたまち歩きツアーを開催した。これらは主に首都圏の美術関係者から注目を集めたが、当時参加した美術関係者の大半は「作品の質よりも地域の特殊性に注目」（H氏）した。

その後、2009年以降は、若手アーティスト数名による町内での滞在制作とその成果の出版、パフォーマンス、展示などを複数回行った（KOTOBUKIクリエイティブアクション 2009-2011）。また、寿町内の公園、広場などの施設改修の際、G氏が住民ワークショップの運営を担い、プロジェクトディレクターとして参加している建築家（大学教員）とその大学の研究室が設計に携わった[22]。そして、2012年に行われた横浜トリエンナーレにおいて寿町での活動を紹介する展示を行い、さらに横浜トリエンナーレ期間中に創造界隈エリアを対象に行われた「関内外OPEN! 3」に参加した。寿町内の簡易宿泊所を改修して経営している民間ホステル（簡易宿泊所経営者が運営）の2室の内装を若手アーティストが担当した際、その仲介を行った。

寿町に拠点を置いたFの活動目的について、G氏は「寿町に存在する社会課題」を広く社会に知らしめるという社会的役割を強調している（河本 2016：189）。一方でH氏は「地域活性化、再生というのは最初から意識にはない」「もともと街のビジョンなんてつくれないという立場」だと語る。H氏は、寿町でのアート活動について「アーティストが来て活動するという環境ができることが何かの役に立つかもしれないし、立たないかもしれない、という程度」と述べ、「寿［町］に関わるなかで知り得たものやノウハウをほかの地域でのアート活動で展開できないか、そこに価値があるのではないか」という意識に立つと語っている[23]。

しかし、先述したように、Fは寿町で活動していることを自身の特性として打ち出しており、そのことは寿町の外からは「元・日雇い労働者の街でのアート活動」として注目を集めてきた。そのことゆえに「負のエリアにまで創造都市政策が広がって」いる（先述の吉本氏）という評価を受けたり、首都圏のアート関係者の強い関心を呼んだといえよう。文化、とりわけ現代アートとは関係がないと思われていた寿町にアーティストを呼び、展示を行うという試みと

世間の認識とのギャップがFへの注目の背景にあった。そして，Fが意図する，しないにかかわらず，その活動はすでに横浜市の創造都市施策の一環である都心部の活性化と再生という文脈のなかに位置づけられていた。

5-2 アーティストたちの意識と経験

　プロデューサーたちの意識に対し，寿町で活動したアーティストたちはどのように考えていたのか。2008年からFを通じて寿町でアート活動に関わってきた主要なアーティストの一人，I氏は活動を通じてホームレス支援などの地域活動の存在に気づき，自身の作品と地域とのつながりについて意識的になったと述べている。

　　[2008年の]「年末に，作品に手を加えるために再び寿を滞在しました。そうしたら街の雰囲気が以前と全然違いました。聞くと「越冬闘争」というものがあるとのこと。とても大事な行事だということは，生活館の慌しさでなんとなくわかりました。（中略）そして私は，寿町について何も知らないまま，アートの名のもとに作品を設置したこと，プロジェクトが街の人にほとんど知られていなかったことに違和感を覚えました。とにかく寿に通おう，と思いました」（寿オルタナティブネットワーク，2011：4-5。[ ] 内は引用者による）

　この経験の後，I氏はアーティスト仲間数名に声をかけ，アーティスト自身が寿町に一定期間滞在して作品制作のためのリサーチ，作品制作，成果発表を行うという一連のプロジェクトを企画し，自らがリーダーとなって実現させた。I氏に紹介されて寿町での滞在制作プロジェクトに参加した別のアーティストJ氏は，寿町で2週間の滞在制作を行った。その中で，J氏は簡易宿泊所で暮らす40歳代から60歳代の男性たちと知り合ったが，その経験についてJ氏は，寿町という地域，そこで暮らす人々と接することで「（相手を）人として見ることを学んだ」と語っている[24]。
　I氏，J氏のようにFを通じて寿町と関わったアーティストたちの多くは，寿町で地域団体関係者や住民たちと知り合い，人間関係を築くなかで得た経験を創作やその成果に反映させると同時に，人への接し方，ものの見方について

第5章　「活性化される困難地域」というイメージの形成と再生産__85

重要な気づきを得たと語っている[25]。これらは若いアーティストたちにとって成長過程の一つに数えられるだろうが、あくまでも個人的な範囲の経験である。それ自体は決して地域全体の活性化と呼べるものでなく、I氏、J氏の姿は創造都市施策で描かれたような「まちの活性化を目指し、活躍するアーティスト」では必ずしもない。このことは創造都市施策で期待されていた寿町のイメージ、役割との齟齬として指摘できよう。

6 「活性化される困難地域」というイメージの形成と再生産──

6-1 実際の状況とは異なるイメージの流通

　Fが自らのアート活動を外部に向けて発信することは、文化芸術の拠点づくりが寿町で進んでいるという認識を社会一般に広げた。つまり、寿町がアーティスト、クリエイターが活動する地域に変容しつつあるという認識の普及、および寿町に対するイメージの変化である。一方で、I氏、J氏のように実際に寿町のなかで住民たちと関わりを深めた若手アーティストたちは自身が地域から刺激を受けたという経験を語る。

　都市インナーエリアにおけるアート活動（とりわけ現代アート）の実践は、欧米をはじめとするポスト工業社会において広く見られると同時に、放置されていた社会的困難地域を文化芸術の力で活性化させるという社会的役割も期待されるようになった。加えて、社会における経済、産業、コミュニケーションなどの分野の活性化のための新たな原動力という期待も現代アートには向けられてきた。2009年9月に横浜開港150年事業と関連して横浜市で横浜クリエイティブシティ国際会議が開催されたが、このとき英国に拠点を置く芸術系の市民団体が寿町に招聘され、ワークショップを開催した（E氏が仲介）。この市民団体はソーシャルアート団体を名乗り、ホームレスとプロの芸術家との協働でのオペラ上演を行っていた。活動の本来の目的は上演そのものというよりは音楽ワークショップなどを通じたホームレスたちの自尊心回復、社会的自立の手助けであった（Streetwise Operaウェブサイト）。

　しかし、寿町内で開催されたワークショップはその英国団体がそれまでに経験したことがないものとなった。参加者のほぼ全員がホームレスではなく、ま

た半数近くは寿町の外からの参加者で,かつ生活困窮層ではない人々だった。「寿町の住民」として参加した人々は,実際には,依存症問題に取り組むNPOのメンバーたちで,個人としてではなく団体としての参加であった[26]。

　この背景には,ホームレスをワークショップに参加させることが困難であったE氏が寿町の自治会関係者に人集めを依頼したという事情があり,それが地域団体の組織的な参加につながった。しかし,対外的には,かつて寄せ場として知られ,ホームレスもいる寿町でその英国団体が音楽ワークショップを行ったということそのものがニュースとして扱われ,そこに参加していたのが実際には誰で,具体的にどのような成果があったのかということは重視されなかった(山下 2009)。

　筆者にはE氏やFらの活動を否定する意図は決してなく,寿町においてそれらが一定の役割を果たしてきたと考えている。そのうえで,これら団体の活動について外部に向けて広報されていく過程で,寿町に関わる新たなイメージ(「アーティスト,クリエイターが活動する街」「熱意を持った若い社会起業家の活動の場」など)が形成され,マスメディアなどを通じて普及していった点に着目することは重要だとも考える。5-2や英国団体によるワークショップの事例などで見られるように,寿町で滞在制作やワークショップを行ったアーティストや団体の意向や経験とは必ずしも一致しないものが「アートを通じて活性化される困難地域」の取り組み事例やその成果として,特に地域の外へ伝えられた。このことは,寿町に対する新たなイメージ形成・再生産をもたらしたという意味で見過ごせない点である。

6-2　新たな事業・団体の参入は寿町に何をもたらしたか

　BやFの活動が団体の広報やメディア報道を通じて一般に知られるにつれ,寿町を視察に訪れる人々や団体が増え,さらにそれが各方面で紹介されることで寿町に対する新たなイメージは再生産されていった。新たなイメージの具体例としては,「若い起業家たち,若手のアーティストやクリエイターたちの活動が地域によい変化を与え,問題を抱えていた地域は生まれ変わりつつある」というものである。そこでは,困難地域である寿町に専門知識やスキルを持った事業者やアーティスト等が外部から参入し,積極的に地域再生に取り組むことで新たな価値が発見される,という期待や理想が付随した語りが多く見られ

てきた。

　しかし，それらの参入以前から地域団体や各種福祉団体，医療機関などの日常的で地道な活動があり，また祭りなどの地域イベントも定期的に開催されている。地域の担い手として日々活動しているのは必ずしも外部から参入した事業者や団体だけではなく，近隣で生まれ育った若者たち，作業所などの福祉業務に従事する人々，自治体関係者も地域のなかでそれぞれの役割を担っている。また，1970年代，1980年代から町内で続けられてきたフリーコンサートや夏祭りなどの地域活動への参加をきっかけとして寿町を訪れ，その後，地域活動を支える重要な担い手となった人々もいる。かれらの活動や取り組みの大半は地域内で完結するもので各種メディアに取りあげられる機会もほとんどない。こうしたなかで，新たに参入した者たちの意図ではなかったにせよ，あたかも寿町の地域活動は新規参入者だけが担っているかのような一面的な情報，イメージが対外的に流通する傾向もあった。

　Dの寿町での各事業を見ると，雇用や消費者としての利用（食堂など）を除き，町内やその周辺で暮らす人々，ホームレスなどに直接的に関わる場面は必ずしも多くはなかった。Fについても，地域内で上演されるパフォーマンスなどを住民らが観客として鑑賞したり，参加型アートパフォーマンスに参加することもあったが，大半はあくまでも一時的でその場限りの関わりが主であった。では，そうした新たな事業・団体の活動は寿町に何をもたらしたのだろうか。

　まず，それまであまり寿町を訪れなかったタイプの人々が大勢，頻繁に来るようになり，それまではあまり行われなかった種類の催し，イベントが開催されるようになったことが挙げられる。一時的ではあれ，交流や非日常的なイベントがもたらす住民への刺激もあったはずだ。しかし，先述したように，一時的な開催に留まったものも多かった。

　他方で，寿町が「活性化の対象となりうる困難地域」とみなされていったことは，福祉ニーズに対する支援拠点としての寿町の位置づけを強めていく契機にもなった。寿町ではかつて住民らが主体となって実施してきた内発的な取り組み，相互扶助があったが，高齢化など住民構成などの変化を経て，行政機関・外部団体による外発的な働きかけを通じた活性化や生活支援が行われる地域へと変わった。かつての寄せ場であり，要求型・対抗型の社会運動や地域活動が行われてきた寿町は，必ずしも行政が描く地域再編の枠組みに沿う地域で

はなかったが，新たな事業者・団体の参入，活動の展開を通じて「外部からの活性化策や支援が必要な無力な地域」へとイメージの転換がなされた。このことは，活性化の必要性とその効果（とされるもの）を外部にわかりやすく示すものであったと同時に，行政による地域再編に説得力を持たせる効果ももたらした。

　寿町に関する対外的なイメージの変化はあったが，それは地価上昇や中流層住民の流入には結びつかず，現時点では，地域の住民構成などにはほとんど影響を及ぼしていない。イメージ変化の一方で，寿町は生活保護受給者が多数を占め，医療・介護・生活支援を担う各種サービスが集中する「福祉の街」としてあり続けている。

　寿町では，1970年代に設置された寿町総合労働福祉会館が建て替えられ，2019年に横浜市寿町健康福祉交流センターとして新たにオープンした。この新たな施設を拠点に，高齢者を中心とする住民（簡易宿泊所居住者）の生活・健康支援に加えて，地域外の団体・事業者の地域への参画促進も行われている[27]。

　2000年代から2010年代半ばにかけて民間事業者やアート団体が活動し，一時的にでも対外的に注目されたことは，寿町のイメージを上書きし，労働運動や地域活動の歴史や経験にまつわるイメージを希薄化させることにつながった。また，長年，要求型・対抗型の社会運動や地域活動が行われてきた寿町において，地域外から事業者・団体などが新たに参入し，行政の助成などを受けて新規の事業・活動を実施することに対する地域住民，地域関係者らの抵抗感を和らげる効果ももたらした。現在の視点から見れば，当時，寿町に参入した事業者・団体による活動は，その後展開されていった行政主導による地域再編のゲートキーパーとしての役割を果たしていたと言えるだろう。

注

1　当初，策定は任意であったが，2018年の社会福祉法改正にともない努力義務へと変更。
2　大きな疾病や障害を抱えてはいないが生活に困窮しているケースや依存症など自分だけでは解決しにくい問題を抱えている者も少なくない。さらに，当人が直面している問題が複合的な要因によって構成されていることも多い。
3　福祉事務所で1日1回，一人ずつに券が支給される制度。食券（通称「パン券」）は寿町内の指定された商店で食品・生活用品と交換可能，宿泊券（通称「ドヤ券」）は寿町内の指定された簡易宿泊所で利用可能であった。寿町に対象を限定して1970年代から実施されてきたが，1990年代後半から発行枚数が大幅に増加し市財政を圧迫したことと，ホ

ームレス自立支援法にもとづく自立支援施設開設にともない，配布条件が大幅に制限され，2012 年に廃止された。

4　2015 年 4 月に施行された生活困窮者自立支援法に基づく一時生活支援事業において一定の住居を持たない生活困窮者に対する当面の日常生活に関する支援（宿泊場所や衣食の提供など）が実施されている。

5　2000 年代初めの当時の日本では「社会企業」（社会的企業）という語はさほど馴染みのあるものではなかったが，英国・ブレア政権下での成功事例が国内で紹介されたこともあり，新たな社会問題の解決手法として，また従来の社会福祉や社会運動よりも洗練されたイメージをともなって一般に知られていった。そうした時代状況のもと，D に対しても「社会企業」と呼び表すケースが多かった。

6　なお，この映像は内閣府主催のイベント，横浜トリエンナーレ連動企画展などで上映されるとともに，横浜 BankART で DVD 販売も行われた（2024 年 6 月 5 日最終取得。https://www.n-llc.info/video-works-in-kotobuki-yokohama/）。

7　駒澤大学大学院グローバル・メディア研究科「GLOBAL MEDIA STUDIES と実践知」（2019 年 7 月 6 日最終取得。2024 年 6 月 5 日現在，ページは存在しない。 http://gmsweb.komazawa-u.ac.jp/Lab/?page_id=97）

8　内閣府より地域活性化伝道師に任命（2007 年），横浜市より横浜文化賞・文化奨励賞を受賞（2008 年），市民活動団体の中間支援組織「NPO 法人アクションポート横浜」代表理事就任（2009 年）など。

9　慶應義塾大学「カドベヤ」（2024 年 6 月 5 日最終取得，https://lib-arts.hc.keio.ac.jp/exchange/cooperation/kadobeya.php），慶應義塾大学湘南藤沢キャンパスソシオプロジェクト事務局（2019 年 7 月 6 日最終取得。2024 年 6 月 5 日現在，ページは存在しない。http://socio.sfc.keio.ac.jp/project.html）

10　2014 年版立教大学社会学部 学部案内「学生からのメッセージ」。

11　B の解散にともない，2017 年 3 月で活動休止。

12　横浜みなとみらい 21。中区，西区の湾岸部に位置し，ウォーターフロント都市再開発として 1980 年代から再開発が進められた。現在は，商業施設，テーマパーク，オフィス・業務関連施設，研究開発施設，ホテル，展示場，芸術・文化施設，音楽ホールなどがある。

13　①創造界隈」（クリエイティブ・コア）の形成（文化政策），②映像文化都市（経済政策），③ナショナルアートパーク構想（空間計画政策）を「重点的に取り組むべきプロジェクト」として位置づけた。

14　「関内における創造界隈の拠点と関外地区の初黄・日ノ出町地区や寿町などを含む地域一帯を「関内・関外創造デルタ」と名付けて，重点取組ゾーンとして位置付ける」（2010：7）。初黄・日ノ出町地区は中区初音町および黄金町を指す。初音町，黄金町，日ノ出町は問屋街として発展した地域だが，第二次大戦後にいわゆる「青線地帯」となり違法な小規模店舗が集中した。2002 年頃から環境改善を求める地域団体の活動が始まり，2005 年に県警による違法店舗のクリアランスが行われた。2006 年以降は横浜市の創造都市政策の拠点の一つに位置づけられ，現代アートを中心とした文化活動を通じた地域活性が図られた。

15　「関内外 OPEN!」は横浜市の創造都市施策に関連して運営されている，関内地区および周辺のアーティスト，デザイナー，建築設計事務所のスタジオなどを一般市民が訪問するイベントで，横浜市の外郭団体である公益財団法人横浜市芸術文化振興財団が運営。

16　「創造都市横浜」ウェブサイト　（2018 年 9 月 10 日最終取得。2024 年 6 月 5 日現在もページは存在するが，当該コンテンツは掲載されていない。 http://yokohama-sozokaiwai.jp/kannaigai/5_area05.html）

17　北仲スクールワークショップ「寿町フリーコンサートの経験を振り返る」(2012年1月20日)。
18　本業は地方公務員(2019年当時)。
19　Fの開始当時は地方自治体の外郭団体でアート活動推進などを担当していた。その後、フリーとなってアートプロジェクト企画などを行うアートプロデューサーとして活動。
20　当時すでに越後妻有トリエンナーレ、森美術館などの国内外有名展示に出品した経験を持っていた。
21　横浜市で3年おきに開催される現代美術の国際展覧会。2001年に第1回開催。
22　筆者自身も「リサーチャー」として2009年から2013年ごろまで参加した。
23　インタビュー(2013年5月6日、東京都内)。[ ]内は筆者による補足。
24　インタビュー(2013年4月24日、東京都内)。
25　2009〜2010年に寿町で行った参与観察調査より。
26　ワークショップに参加した参与観察調査より(2009年9月2日)。ワークショップ開催は2時間程度。
27　新たに設置されたことぶき協働スペースは、「寿地区内外の団体や事業者の連携と交流を推進し、寿地区の地域支援と開かれたまちづくりをゆるやかに進める」ための活動拠点とされている(横浜市寿町健康福祉交流協会ウェブサイト)。

第 6 章 「移動」から防災・災害復興を捉え直す

高木 竜輔

1 「災害と移動」という問い

1-1 災害多発時代を生きる

　われわれは災害多発時代を生きている。地震災害に限ってみても，1995年の阪神・淡路大震災，2004年の中越地震，2011年の東日本大震災，2016年の熊本地震そして2024年元日に発生した能登地震である。それ以外にも書き切れないほど多数の災害が近年発生している。こうした災害によって多くの人命が失われ，住宅が被災し，被災者は生活を立て直そうと懸命になっている。災害が人々の暮らしや人生に大きな影響を与えることを考えると，防災や災害復興に対する国からの支援，社会の取り組みをきちんと検討しておくことが求められるのは言うまでもない。

　このような災害多発時代を生きるなかでは，防災・減災の取り組みによって一人でも多くの犠牲者を生み出さないことが目指される。そして今後予測されている首都直下型地震や南海・東南海トラフ地震の発生するなかで，被害が予想される地域では防災・減災に向けた取り組みがますます必要になってくる。しかし日本の防災・減災政策が本当にその目標の実現に向かって前進しているのかと言われると，肯定できないところがある。少なくともその現場においては，後述するようにかなりの矛盾が表れている。各地の防災・減災に向けたまちづくりは災害への対応に際して困難に直面している。

　さらに日本における災害復興の展開を考えるときに，被災者が生活再建において多くの課題に直面していることが指摘されている。いくつか例を挙げてみたい。第一に住宅再建の問題である。災害前から住宅ローンを抱えている人が被災し住宅を失った場合，住宅を再建する際に新たにローンを組むことになる。

いわゆる二重ローン問題である。第二に，孤独死の問題である。阪神・淡路大震災以降において多くの被災地で孤独死が発生しているが，それは災害により従前の暮らしを失い，復興過程のなかで人間関係から切り離されたことに由来する。第三に人口減少の問題がある。現在日本は人口減少に直面しており，特に地方においては社会の持続可能性を揺るがす事態となっている。そのなかで災害が発生し地域社会が被災すると，復興事業によっても居住人口が回復せず，そのことが被災者の復興に対する意欲を低下させてしまう。

ただしこれらは，日本の復興パラダイムの問題に由来する課題であるともいえる（田中 2019b：20-23）。公共事業を通じた被災地復興は，被災者の生活再建に向けた意向と乖離が生じており，そのなかで復興政策の根本的なあり方の変更が求められている。

1-2 「移動」という問い

防災や災害復興に向けた取り組みにおける課題を考えていくとき，それが社会の現状にあわせて適切な態勢になっているかどうかが問われている。現代の日本社会が直面する問題として，先ほども述べた人口減少や少子高齢化による人口構造の変化が挙げられる。自力で避難できない人々が増えているなかで，支援を要する高齢者や障害者本人だけの問題ではないのではないか。

また，日本の防災政策の基本的な考え方を規定する災害対策基本法は1961年に制定されたものであり，社会の変化に合わせてすこしずつ手が加えられているものの，基本的な考え方が変わっているわけではない。社会の変化に合わせた防災パラダイムの変更が求められている（田中 2019a）。

このような状況を踏まえたうえで，本章では「移動」に注目する。避難行動しかり，被災後の生活再建しかり，災害は人々（被災者）に移動を求める。現代社会において移動がますます重要になりつつあり，そのことが防災や災害復興への対応を考えていく際に鍵になっていくのではないか。

そこで本章では，災害被災者における「移動」をめぐる困難に注目し，そこから防災ならびに災害復興のあり方を捉え直してみたい。発災時における避難行動にせよ，復興過程における生活再建にせよ，人々は移動をする。その移動という視点が考慮されていないからこそ，防災や復興過程において困難が生まれているのではないか。

そのためここでは，現代社会における「移動」の位置づけをアーリのモビリティ論などを参照に整理し（第2節），そのうえで①要支援者への対応，②防災・災害復興における交通手段の問題，③住宅再建をめぐる困難，④原発事故における広域避難とその対応，という4つの事例を取り上げる（第3節）。それらにおける「移動」をめぐる問題から防災・災害復興の捉え直しを試みたい（第4節）。そのことは同時に，防災・災害復興に向けた政策における地域コミュニティ観の捉え直しを求める（第5節）。本章では「移動」を手がかりにして防災・災害復興の前提を再考してみたい。

2 現代社会と移動

2-1 現代社会における移動の位置づけ

　災害と移動との関係について考えるにあたり，近年注目されているモビリティ論について，代表的なアーリの議論を確認しておきたい。

　アーリは，われわれの社会生活が移動を抜きには成り立たないとして，モビリティーズ・パラダイムを提起している。われわれの生活は交通や情報技術などの物理的・物質的なインフラによって成立しており，それによって人，物，情報の移動を可能にしている（Urry 2007＝2015：34）。アーリによれば，われわれの社会生活は5つの相互に依存しあった「移動」，つまり①身体による旅，②物の物理的な動き，③想像上の旅，④バーチャルな移動，⑤メールなど通信による移動，によって支えられており，このような移動によって，われわれの生活は距離の隔たりを超えて組織されている（Urry 2007＝2015：76）。

　そのうえでアーリは，コミュニティについて「社会科学は，地理的な近さのなかで続いてきたコミュニティにあまりにも焦点をあて過ぎてきた」と述べている。現実の社会は，現前の集まりに基づくものばかりではない。例えば想像上の旅や，情報技術に基づくリモート会議など現前にはない社会関係が構築されているという（Urry 2007＝2015：75）。

　場所と移動について田所承己は，われわれの場所との関わりがこれまでよりも多様化しつつあると捉える（田所 2017：20）。もちろんこれは，人によって関わり方が異なる。人によっては日常行動が日常生活圏でほぼ完結していること

もあるだろう。他方いわゆるノマドワーカーのように，ノートパソコンやタブレット端末などを使い，Wi-Fi環境のある喫茶店やコワーキングスペースなど，通常のオフィス以外のさまざまな場所で仕事をするといった特定の生活圏を持たない人もいる。

　アーリが『モビリティーズ』のなかで，自動車や飛行機などの交通移動に紙幅を割いている。ほとんどの人が買い物や通院などにおいて電車や自動車などを利用しているように，われわれは交通による移動が組み込まれた社会に生きている。だからこそ平時においても，移動が不便だと日常生活が困難となる。さらに人口減少が深刻な過疎地域においてバスなど公共交通機関が撤退することで，交通弱者問題がさらに深刻になる。つまりわれわれは自動車などの移動手段の利用を前提とした社会を生きているということになる。

　また，アーリの指摘を前提に地域社会や地域コミュニティについて言うならば，そのメンバーは一定の空間的範域に常に張り付いているわけではなく，仕事や旅行など日常的に動いている，ということになる。つまり現前のコミュニティは常に動いている，ということになる。そもそも，地域社会を構成する居住者の流動性も異なる。土着的な住民もいれば単に仕事の都合で一時的にそこに住んでいる住民もおり，後者に関してはその地域社会においてコミュニティに組み込まれていない場合もあるだろう。

2-2　移動をめぐる格差

　アーリは移動システムについて論じたうえで，移動をめぐる社会的不平等について論を展開している（Urry 2007=2015：275）。具体的には，交通手段の有無が仕事や教育へのアクセスの格差につながっていることなどが挙げられる。またアーリは，移動システムが生み出す移動の広がりによって作り出すことのできる新たな社会関係が重要であり，それを支えるネットワーク資本が重要であると論じる。それにあたるものとして自動車を含めた交通システムや通信デバイスのほかに，運動能力や遠距離の友人の存在などを指摘している（Urry 2007=2015：293-4）。このようなネットワーク資本の有無も社会生活を大きく左右する。アーリはその例として2005年に米国で発生したハリケーン・カトリーナの事例を挙げ，ネットワーク資本の有無が生死を大きく左右したと論じている。移動手段に加え，ネットワークを通じた情報収集，さらに避難時の受け

入れ先など含めたネットワーク資本を有する人々は被害を免れることができた。
　これらを踏まえてアーリは，移動の権利について論じている。そこで重要なのは，移動を潜在能力（ケイパビリティ）として捉えている点である（Urry 2007＝2015：302）。経済学者のアマルティア・センは潜在能力の不平等を問題としたが（Sen 1992＝2018），現代社会において移動できなければまともに生活できないという意味では，移動能力とはまさにケイパビリティである。潜在能力としての移動をめぐって人々の間に格差が生じており，それが人々の暮らしを大きく左右している，ということになる。その上でアーリが移動の権利を論じるにあたって特に重視しているのが，会うこと，会話することである。現代社会において電話やインターネットなどいくら通信技術が向上したとしても，実際に出会い会話することの重要性は減じていないという。そのことを保障するために移動の権利を提起している（Urry 2007＝2015：308）。

2-3　移動社会における居住者類型

　現代社会は移動を前提として組み立てられており，その移動をめぐって格差が生じている。このことを踏まえて行政学者の今井照は，移動に基づく階層分化について論じている。今井は移住や頻繁な空間移動，モノや情報の全地球的なネットワーク化した社会として移動社会を捉えており，そのうえで移動をめぐる格差によって中間層が①移動の自由を有する者（たとえば2地域居住），②移動しない／できない者（生活維持・貧困，高齢などで資源や情報に欠ける人たちなど），③移動を余儀なくされる者（難民，移民，避難者，高齢者など）の3層へと分化していると論じている（今井 2023：23）。①に関しては，まさにアーリが述べたようにネットワーク資本を最大限利用できる人々であろう。
　それに対して②の移動しない／できない者とは，どのような人なのだろうか。たとえば，家や生業などの都合でその土地から離れられない人が一定数存在する。これらの人々は，実際に資産を持ち，移動しようと思えばできるかもしれないが，生業や地域への愛着などから移動を希望しない人といえるだろう。それに対して移動できない者とは，まさに資産を持たないがゆえに，移動したくても移動できない人である。そこにおける移動は，買い物や通院などの日常的な移動の場合もあれば，他地域への居住地移動の場合もあるだろう。
　③の移動を余儀なくされる者とは，本章で取り上げる災害を念頭においた場

合には重要な類型となる。地震や津波が発生すると，緊急避難やその後の復興過程における住居の移動など，本人の希望とは関係なく移動を強いられる。また，2011年に発生した原発事故においては，居住する自治体の外への避難，いわゆる広域避難を強いられる人も大勢いる。

このような今井の議論は，災害と移動との関係について検討する際に重要な指摘となるだろう。ただし②の移動しない／できない者に関しては，それぞれ分けて考える必要があると思われる。両者はネットワーク資本の有無という点で異なる特徴を持っているためである。

これまでアーリの議論を中心に，移動の考え方について本論に関わる限りで紹介してきた。それを簡単に整理しておきたい。第一に，社会は移動を前提に編成されており，移動できなければ日常生活を送れないこと。その意味で第二に，社会生活において移動は潜在能力として重要であり，それは移動の権利として保障されるべきであること。そして第三に，このような移動の機会をめぐって人々の間で格差が生じていること，である。

3 災害をめぐる移動の重要性

前節では現代社会における移動の重要性をモビリティ論に基づいて整理してきた。では，災害や防災の現場において，移動をめぐる課題がどのように生じているのだろうか。いくつか事例を通じて考えてみたい。

3-1 要支援者への対応

最初に紹介するのは避難行動に困難を抱える避難行動要支援者への対応である。実際，2011年の東日本大震災では津波で亡くなった人の6割は65歳以上の高齢者であると言われている。時間がないなかで，安全な高台まで迅速に避難することが容易ではなかったためである。また2018年7月に発生した西日本豪雨災害では，倉敷市真備町において犠牲になった51名のうち8割が住宅の1階部分で亡くなっており，その多くが高齢者であると言われている。これについては上階への移動に支障があり，2階への垂直避難ができなかったと推測されている[1]。発災時において一人では避難できない人を各段階でどのよう

に避難させるのか，事前の準備が求められている。

　高齢者や障害者，乳幼児その他の特に配慮を要する人を「要配慮者」と呼ぶが，そのなかでも発災時において自ら避難することが困難であり，避難のために支援を要する人のことを「避難行動要支援者」と呼ぶ。2013（平成25）年に改正された災害対策基本法では，基礎自治体である市町村に避難行動要支援者の名簿を作成することが義務づけられている。名簿には，本人の氏名や生年月日などのほかに，避難支援を必要とする事由などを記入することになっている。そして実際に災害が発生した際には，その名簿を活用して安否確認や，避難支援を行うこととなっている。さらに2021（令和3）年に改正された災害対策基本法では，避難行動要支援者ごとに個別の避難計画の作成が市町村に求められている（努力義務）。計画の策定に当たって期待されているのは，要支援者本人の状況をよく把握し，信頼できる福祉専門職の参画であり，そして実際に要支援者の避難を手助けすることになる地域コミュニティである。具体的には町内会や自治会，自主防災組織や民生委員などである。

　ただし，名簿の作成や避難計画の策定においては課題も多い。福島真司は名簿作成における課題として，自治体によって対象者選定の基準が異なっていたり，作成自体を自主防災組織などに丸投げしている実情を紹介している。また，個別計画の策定においても，本人不在のなかで計画が策定されているケースがあることを指摘している（福島 2021：32-3）。そのように作成された名簿や個別避難計画が発災時に機能するとは言いがたい。

　また，実際に要支援者を避難させることにはかなり困難が伴う。石塚裕子と東俊裕は2018年の西日本豪雨災害の事例から，避難行動要支援者における垂直避難や近隣宅への避難が困難であったことを指摘している（石塚・東 2021）。また，『朝日新聞』には，車いすで生活する記者が避難訓練に参加した様子が書かれているが，車いすを押してもらい坂道を避難すること，さらに階段を車いすごと担いでもらうことの大変さが紹介されている[2]。

　このような現実との乖離があるなかで，個別避難計画の策定状況は進んでいない。内閣府ならびに消防庁の資料によると，2023年10月時点の個別避難計画の策定に着手した自治体は1474団体，全体の84.7％であるが，計画策定が完了した自治体は161団体，8.7％にとどまる[3]。さきほど紹介した『朝日新聞』の記事によると，「確実に支援できる人を見つけるのが難しく，要支援者

一人ひとりに合った計画をつくるのは現実的ではない」「障害者や高齢者側の同意をとりづらい」などと指摘している。

　実際，災害時に避難行動要支援者の避難が機能するとは言えない状況も生じている。2020年に発生した熊本県球磨川水害では，避難を手助けする支援者らも多くが被災し，要支援者のもとへ駆けつけることが困難であった。『朝日新聞』で紹介されている事例によれば，この地域で民生委員を務める71歳の女性は100世帯を担当し，そのうち災害時に避難を促すことになっている要支援者は20人だという[4]。水害が起きたとき，直接訪ねることができたのは6人だが，そのうち2人は家屋から避難できずに犠牲となった。そのなかで女性は「あんなに早く水が来たら，どうしたらよかったのか。無理にでも手を引っ張って連れ出すべきだったのか」と今も悩んでいると記事は伝えている。

　避難行動要支援者をめぐる事例からは，身体的な理由で避難できない人々に対応していく困難が見えてくる。支援を要する人々の避難を事前に計画しておくというのは大切なことである。ただしその計画が実際に実行可能なものになっているかというと，それは別の話である。

3-2　防災・災害復興における交通手段の問題

　次に考えてみたいのは防災・災害復興における交通手段についてである。これについては，発災直後における自動車による避難と，復興事業後の被災地における交通弱者の問題について確認しておきたい。

　東日本大震災時に発出された大津波警報に対し，被災地の多くで自動車による避難が大きな問題になった。渋滞に巻き込まれて津波から逃げられず犠牲になった人も多い。そのため地域防災計画では，津波からの避難時において自動車による避難を認めるかどうかが大きな論点となってきた。ここでは2012年4月に開催された内閣府の「防災対策推進検討会議　津波避難対策検討ワーキンググループ」における資料から，自動車避難に関する記述を整理しておきたい[5]。

　1998（平成10）年に策定された「地域防災計画における津波対策強化の手引き」において，「自動車による避難は，原則として禁止するものとする」と示されている。その背景として，「津波避難のように，避難時間が限られている場合は，自動車による交通混乱を招くだけでなく，人命にも影響を及ぼすた

め」とされている。また2002（平成14）年に策定された「津波対策推進マニュアル検討報告書」においても，「避難する場合の方法は，原則として徒歩とする」とされ，避難場所が遠い，要支援者の避難などにおいて自動車を使用しても渋滞の恐れなどがない場合には「地域の実情に応じて避難方法をあらかじめ検討しておく」とされている。

　では東日本大震災において，実際にどれだけの人が自動車で避難をしたのか。上記ワーキングにおける調査によると，自動車避難を行ったのは全体の57%であった。その理由について特徴的な回答としては（複数回答），「車で避難しないと間に合わないと思ったから」（34%），「家族で避難しようと思ったから」（32%），「安全な場所まで遠くで，車でないと行けないと思ったから」（20%）などがあった。また，年齢との関係でみると，高齢者ほど自ら運転ではなく，同乗してもらう形で自動車による避難をしているが，自動車での避難自体の割合は年齢による差はない。ただし自動車による避難によって「車の渋滞」に遭遇したと回答した人が4割弱ほど存在した。これらを踏まえたうえで，ワーキングでは徒歩避難の原則を堅持しつつも自動車による避難をせざるを得ない地域の条件を検討するとしている。

　ただし地域防災計画において自動車による避難を認めなかったとしても，多くの人は自動車による避難を選択するのではないかと思われる。その理由としては，地方において自動車に頼らない生活が想像できないことに起因する。仮に津波から逃げて安全なところまで逃げたとしても，その後の避難生活において自動車がないと生活できないからだ。それだけわれわれの生活には自動車による移動が根づいている。

　次に紹介するのは，復興事業後の被災地における交通弱者の問題である。東日本大震災の被災地では，その復興過程において土地区画整理事業を通じたあらたなまちづくりが行われた。津波被災地では，被災地をかさ上げするケースもあれば，市街地を高台へと移転させることもある。そのような新しい市街地に住宅が再建された。

　しかしそのような新しい市街地において，日常生活における移動の困難に直面する人々が出てきた。特に高齢者など移動手段をもたない人にとっては，バスなど公共交通機関による移動しかない。その交通手段も，復興過程のなかで必ずしも利用者にとって都合のよい形で再構築されているわけではない。停留

所へのアクセスや本数の問題である。もちろんそれは，被災地に限らない全国的な問題であるともいえる。

　地方の被災地において自動車がないとその後の生活再建がままならないことは，能登地震において支援NPOの日本カーシェアリング協会が活躍していることからもうかがえる。この団体は東日本大震災をきっかけに石巻市で立ち上げられた。全国から車を寄付してもらい，被災者に貸し出す事業を行っている。この団体は2024年に発生した能登地震においても石川県七尾市で活動を開始し，活動開始から1週間で230件の申し込みがあったという[6]。ここからは，自動車という移動手段を失うことが被災地で日常生活を送ることを困難にすることを意味している。

　発災時における自動車避難にせよ，復興事業後の被災地における交通弱者の問題にせよ，これらの事例は，社会においていかに移動が組み込まれているのかを示している。

3-3　住宅再建をめぐる困難

　次に紹介するのは，被災者の住宅再建をめぐる問題である。具体的には，阪神・淡路大震災において指摘された「単線型住宅復興」と呼ばれる問題であり，そこにおける移動の問題について考えてみたい。

　日本では，住宅を失った被災者の多くは，仮設住宅などを経由するなどして最終的に自宅を再建する（自力再建）。とはいえ，すべての被災者が資力があるわけではないので，自力再建できない被災者は基礎自治体などが整備した災害公営住宅に入居することになる。

　日本における住宅の再建に関してはさまざまな問題がある。第一に，大規模災害では被災地の復旧整備や避難指示解除に時間がかかるため，仮設住宅への入居期間が必然的に長期化する。災害救助法に基づいて仮設住宅の入居期間は原則2年間となっているが，東日本大震災の被災地では10年が経過しても入居している人がいる。第二に，資力のない被災者にとって住宅再建のパターンが「避難所→仮設住宅→災害公営住宅」しかないことが指摘される。塩崎賢明はそのことを単線型住宅復興と呼んでいる（塩崎 2009：2014）。

　この単線型住宅復興をめぐって阪神・淡路大震災で問題になったのが孤独死の問題である。これは，被災者がもともと居住していた地域から遠く離れた仮

設住宅や災害公営住宅への入居を余儀なくされる，被災者が元々のコミュニティから切り離されてしまうことに起因している。避難所から仮設住宅へ，仮設住宅から災害公営住宅に移動するたびに入居者の構成がシャッフルされ，被災者は移動するごとに最初からつながりをつくらないといけないからである。特に男性高齢者においてつながりづくりを不得手とする傾向があり，資力のないことも合わさって孤独死に至るケースがあるという。このことは，復興政策が被災者を追いつめているという点で復興災害であるといえる（塩崎 2014）。

　この住宅再建に伴う困難は，2-3で述べたように，移動を強いられることの問題として位置づけることができるだろう。すべての被災者が空間移動に対する耐性を持っているわけではない。特に高齢者においては，長年にわたってその地域で暮らし，人間関係を築いてきたため，住み慣れた地域を離れるという意味での移動が自らの生を困難にしている。

3-4　原発事故における広域避難とその対応

　同じく移動を強いられるという意味で関係しているのは，福島第一原発事故における避難である。ここでは広域避難を強いられる被災者の避難生活の困難として，住民票の問題を取り上げてみたい。

　避難指示区域から避難を強いられている人々の多くは，避難元の住民票を持ちつつ避難先で生活しているが，その避難生活は 10 年以上にも及んでいる。しかし多くの避難者は，避難元に帰らないと考えていても，避難元の住民票を持ち続けている。その背景については，事故により突然避難を強いられたなかでの避難元に対する想いなどが指摘されている。その点について，これ以上は論じない（詳しくは今井〔2014〕を参照）。

　ここで問題にしたいのは，このように避難を強いられた避難者について，避難先での生活をどのように保障していくのか，という点である。避難者が避難元の住民票を持ち続けるのは，避難元の復興に関わりたいという想いからである。選挙を通じて避難元の首長や議員を選ぶ，または復興状況にいろいろな形で関わりたい，というように避難元の住民票を持ち続けることに合理的な根拠がある。しかし避難元の住民票を持ち続けると，避難先の地域社会には関与できない。原発避難者特例法によって避難先から行政サービスを受け取ることができるが，避難先の市民権を有しているわけではないために，そのサービスの

あり方について声を上げることができない。

　このような避難者の状況を踏まえて，二重住民票が提起されている（今井 2014）。避難元と避難先の両方の住民票を持つことにより，避難元の復興への関与と，避難先における生活再建とを，どちらも保障することができるようになる。ただしこれは，総務省の抵抗にあい導入が見送られたという経緯がある（今井 2023）。そこにおいては，税金の支払いと選挙権がネックになったと指摘されている。

　この事例からもわかるように，移動を強いられた者の生活保障をどうするか，災害復興の過程においては大きな課題になっていると言えよう。これは原発事故の事例に限られる話ではない。東日本大震災における津波被災地においても広域避難は生じており（齊藤 2019：153），また 2024 年の能登地震においても広域避難は生じている。今後発生が予測されている首都直下型地震や南海・東南海トラフ地震においても広域避難が発生し，長期の避難を強いられる人々が出てくるなかで，いまから対応が求められている。

　住民票をめぐる問題は何も災害復興の場面だけではない。近年，関係人口や二拠点居住など 1 つの地域に縛られない生活が注目されている（田中 2021）。そのなかで実態に即した制度設計が求められている。

4　移動から防災・災害復興を捉え直す

　これまで紹介した事例を踏まえて，移動から防災・災害復興について捉え直しを行ってみたい。だがその前に，これまで紹介した議論を振り返ってみると，「移動」には 2 つの水準があることがわかる。1 つは日常生活における「移動」であり，もう 1 つは居住地の「移動」である。防災・災害復興を考えていくうえで，これら 2 つの水準の「移動」を分けて検討していくことが必要だと思われる。

4-1　日常生活における移動を組み込んだ防災・災害復興へ

　日常生活における移動について言えば，われわれが生活する社会は移動（交通，情報ネットワーク）が高度に組み込まれている社会であり，そのことを前提

とした防災や災害復興に向けた取り組みを行っていく必要がある。前節でも見てきたように、移動という視点を無視して要支援者の避難を地域コミュニティに押しつけても機能しない。つまり、防災や災害復興の現場ではその視点が抜け落ちているために、防災・災害復興がうまく機能していないといえる。

このことについて考えるために、渥美公秀の「防災・減災3.0」という考え方を紹介しておきたい。渥美はこれまでの防災・減災活動を振り返り、専門家から住民への一方向的な取り組みを「防災・減災1.0」とし、他方で日常生活を楽しむなかでその結果が防災・減災につながるような取り組みを「防災・減災2.0」と整理したうえで、どちらも限界を有すると述べている。それに対して渥美が提唱する「防災・減災3.0」とは、既存のまちづくりに防災・減災を織り込むことである（渥美 2021）。またこれに関連して伊藤嘉高は、既存の防災・減災の取り組みが人々の「暮らし」の視点を欠いたまま、防災という単一の機能のみに目を向けていることの問題を論じている（伊藤 2024：205）。

渥美や伊藤の議論を踏まえるならば、日常生活において移動が高度に織り込まれている社会において、どうしたらそこに防災や災害復興を組み込むことができるのか、この点を重要視して考えていくことが必要であろう。

とはいえ、そのための対策はかなり難しい。買い物難民の問題など、公共交通機関での移動ができなくなると日常生活に支障が生じるという意味では、災害時であろうと平時であろうが違いはない。その意味で平時を含めた社会のあり方から変えていく必要があり、人々のケイパビリティとしての移動の能力をどのように保障していくかが問われている。

4-2 居住地移動の多様性を組み込んだ防災・災害復興へ

居住地の移動に関しては、容易に居住地移動ができない人の存在を認め、その人が生活するために必要な条件を確認し、そのうえで防災ならびに災害復興に向けた対策をすべきであろう。このことについて、順を追って説明していきたい。

第2節では移動能力に基づく階層分化に関する今井照の議論を紹介した。そこでは、人々によって居住地移動の受容度が異なることを指摘していた。それを踏まえて第3節での事例を振り返ると、被災者の住宅再建にせよ、原発避難者の広域避難にせよ、自由に移動できる人を前提として政策が組み立てられて

いること，そしてそれらの事例において困難を抱えている人とは居住地移動しない／できない者であることに気づく。さらに言えば，居住地移動しないことと，できないことをきちんと区別することが重要である。居住地移動できるがしない人もいれば，居住地移動したくてもできない人もいる。

また第3節で取り上げた孤独死の問題と関連づけるならば，それは居住地移動できないので「しない」人であり，その人の築いてきたネットワークが空間的に閉じられているため，災害による居住地移動が非常にコストのかかる行為となってしまうといえる。

そのため防災や災害復興の取り組みを検討する際に，被災者の居住地移動の能力／受容力とその多様性を踏まえる必要があることを確認しておきたい。被災地だけでなく被災者の特性を把握するなかで，居住地移動の負担に耐えられない人を復興政策においてスクリーニングし，それぞれの類型ごとに施策を使い分けていくことが必要である。

この点で参考になるのが，津久井進が提唱している災害ケースマネジメントである。津久井はそれを，「被災者一人ひとりに必要な支援を実施するため，被災者に寄り添い，その個別の被災状況・生活状況などを把握し，それに合わせたさまざまな支援策を組み合わせた計画を立てて，連携して支援を実施する仕組み」（津久井 2020）と定義している。つまり災害ケースマネジメントに基づき被災者の生活実態を把握し，それを被災地特性と関連づけながら復興政策を組み立てていくということが求められている。

5　移動から地域コミュニティを捉え直す

前節では移動から防災・災害復興を捉え直したが，このことはもう1つの捉え直し，つまり防災・災害復興における移動の問題が地域コミュニティ観の捉え直しを要請する。結論から先に述べると，日本における防災・災害復興に向けた政策が人々の定住を前提として組み立てられており，そのことが防災・災害復興に向けた取り組みを困難にしている。この点について，自主防災組織の困難について紹介し，その困難から防災・災害復興の捉え直しを行いたい。

5-1　自主防災組織とその困難

　自主防災組織とは,『消防白書』によれば地域住民の連帯意識に基づく自発的な防災組織のことであり（『令和5年版　消防白書』：140），その多くが町内会・自治会をベースに組織されている。横田尚俊によれば，公式にはそれらとは別組織であるが，主要な担い手は自治会・町内会の役員であるという。組織のなかには「消火・防火」「情報・連絡」「避難誘導」「救出・救護」などの役割に基づく班が設置され，それとは別に地区ごとに班が形成される。また自主防災組織によっては防災用物資を入れた倉庫や機材（ポンプ）を用意し，定期的に避難訓練などを実施している（横田1992）。同じく『消防白書』によれば，2023年4月1日時点で全国1741市区町村のうち1692市町村で16万6923の自主防災組織が設置されているという。

　これだけみると防災コミュニティとしての自主防災組織の基盤は盤石なようにみえるが，しかし実際の自主防災組織についてはさまざまな問題点が指摘されている。

　庄司知恵子は自主防災組織について，それを「軸とした防災コミュニティの構築が急がれ，その基盤としての役割が町内会に求められている」としたうえで，担い手の高齢化，地付き層の減少，単身世帯の増加などを背景として自主防災組織を担う町内会の弱体化を指摘している。庄司は調査データに基づき，自主防災組織が町内会を基盤としつつも抜け落ちている世帯が存在していること，行政からの依頼業務が多くなっておりその余力がないことを指摘している。自主防災組織といいつつも行政との関わりによって成立しているにすぎず，形と内実の乖離が存在し，実際には不安定で脆弱な基盤の上に成立していると指摘するのである。さらに盛岡市内の自主防災組織への聞き取り調査からは，若年層は職場にいる可能性が高く，町内にいたとしても職場や家族のことが心配で町内での救助活動が二の次になってしまい，自主防災組織による活動が意味を持たないという町内会長の心配を紹介している（庄司2011）。それを承け，庄司は国が進めている自主防災組織の組織化には無理があり，それによってつくられた自主防災組織は形骸化するとまとめている（庄司2011：106）。

　さらに庄司は，自主防災組織をつくらない選択をした自治会について紹介している（庄司2023）。その理由としてはアパートなどが多く新旧住民間の合意形成が難しいこと，さらに高齢化などを理由とした手続きの煩雑さが指摘され

ている。そのなかで町内会長が指摘する高齢化のなかでの実効性が伴わないこと、それ以上の問題として、自主防災組織をつくって避難行動要支援者へ対応する人を決めることが「地域（＝自主防災組織）」が「住民個人（＝支援者）に責任を負わせること」につながる危険性を指摘している（庄司 2023：23）。

　上記の点は、『朝日新聞』でも指摘されている。茨城県日立市のある地区の災害対策にあたるリーダーは、「ボランティアで引き受けてくれている人に救助をお願いし、災害に巻き込まれるようなことがあってはいけない」として、避難支援を市に担ってもらうよう相談したという[7]。そこには支援の担い手の高齢化が背景にあるが、それだけではなく、対応することの責任を引き受けられないという理由もあるだろう。

　地域コミュニティに対して避難行動要支援者への対応を求めるというのは非常に困難であろう。大都市に限らず通勤・通学により人々は広域に移動しており、都市部において帰宅困難者への対応が別の課題として出ていることも踏まえると、昼間における実際の実現可能な支援体制は地域コミュニティにいる高齢者だけで対応することしか想定できない。このように、共助の中心的担い手としての町内会・自治会の組織的基盤の弱さは、実際の災害対応を担うだけの力がなくなりつつあることを示している。

5-2　定住を前提としない防災・災害復興

　自主防災組織が抱える困難は、日本における防災・災害復興に向けた政策が人々の定住を前提として組み立てられていることに起因している。ここでは、定住を前提とした地域コミュニティ論のイデオロギー性について西澤晃彦の議論を取り上げておきたい。

　西澤晃彦は、これまで日本の都市社会学が前提としてきた地域コミュニティ像は、それが外部から切り離された「閉じられたコミュニティ」であり、そこでの居住者は多様な背景や複数性が無視され、コミュニティへの帰属を志向した定住民から構成される、と指摘する。結果としてそのようなコミュニティ論においては、住宅を中心とした居住世界を想定し、その内部で生活する住民を前提とする。現実の人々は学校や仕事など居住世界の外部に広がる世界と行き来しているはずだが、それらは無視・軽視される。そして「手の込んだ成員の均質視」によって内部における居住者の多様性や居住者間の対立・階層化が無

視されているとして，これまでの議論を批判する（西澤 1996：55）。

　この西澤の指摘を踏まえるならば，日本の防災行政は，定住志向を持つ居住者からなる「閉じられたコミュニティ」を前提として組み立てられていると言えるだろう。そのことを端的に示すのが，2019年の台風19号の時において，東京都台東区の小学校に開設された避難所にホームレスが入れなかった問題である。ホームレスは住民票がないことを理由に避難所に入ることを拒否されたが，後日，この対応が誤りであったと台東区長が謝罪している[8]。

　これまで前項で確認したように，日本における自主防災組織が形ばかりで機能不全を起こしていることを踏まえるならば，定住を前提としない防災・災害復興を視野に入れる必要があるだろう。もちろん，一部の地域コミュニティにおいてはうまく機能しており，そこではそれを基盤にした防災・減災の取り組みが維持されるべきだ。しかしすべての地域コミュニティにそれを求めることは無理があると言わざるをえない。地域コミュニティの置かれた状況ごとに多様な防災の取り組みを模索すべきである。

　特に大都市部においてはいっそう，「閉じられたコミュニティ」を想定することが困難になるだろう。吉川忠寛は東京における地区防災計画を検討するなかで，「東京都の地域特性は，既述のとおり，共同住宅居住世帯，単身世帯が多く，自治会などの地域活動への参加が減少傾向にあり，高齢化率の高い高経年マンション，新しいコミュニティづくりが難しい超高層マンションの急増，さらには，今後の人口減少・高齢化への以降なども考慮すると，担い手確保の見通しはこのままでは相当暗いと言わざるを得ない」（吉川 2020：44）と指摘したが，まさにコミュニティの置かれた多様な状況への対応が求められているといえる。そしてここに，渥美が提唱した「防災・減災3.0」の限界がある。たとえば居住者の流動性が高く，既存のまちづくりが維持できない／もともとない地域においては，そこに防災・減災の取り組みを織り込むことはできないからだ。

　第4節では移動から，第5節では地域コミュニティの現状から防災・災害復興の捉え直しを試みた。ここでは，防災・災害復興における取り組みの根底における移動や地域コミュニティの捉え方自体が現状と乖離していること，つまりそれらの多様なあり方に沿って構築されているものではないことを示した。その点で渥美や伊藤が述べるように，現実の社会を見ながら，そこに防災や災

害復興を埋め込んでいく作業が求められる。そのような立場から防災パラダイムや復興パラダイムを再考していく必要がある。いずれにせよここではその問題提起を行ったに過ぎず、今後においてますます移動から防災・減災を捉え直す実証的な研究が必要であると言えよう。

注

1 『朝日新聞』2018年8月5日付。同じ記事では、深い場所では5.38メートルも浸水しており、2階への垂直避難でも命を守れなかった可能性があることを指摘している。
2 『朝日新聞』2024年2月11日付1面。
3 消防庁・内閣府「個別避難計画の策定等に係わる進捗状況の把握について」(2023) (2024年8月15日最終取得、https://www.bousai.go.jp/taisaku/hisaisyagyousei/pdf/r5hinan.pdf)
4 『朝日新聞』2020年7月17日付。
5 防災対策推進検討会議　津波避難対策検討ワーキンググループ「資料3　自動車で安全かつ確実に避難できる方策」。
6 『河北新報』2024年1月19日付。
7 『朝日新聞』2023年3月3日付。
8 もちろんホームレスの利用を拒否するための方便として「住民票を持たないこと」を持ち出している可能性はあるが、それが理由として正当性をもつと区役所職員が認識し実行したことに、防災行政における定住地主義が表れている。

第7章 町内会を中心とする
コミュニティ・ガバナンスの転回

小山 弘美

1 地域社会の変化と協働への要請

　人口減少社会に突入した日本全体の構造的変化の動向は，地域社会にも大きな変化をもたらしている。人口減少の原因でもある少子化と高齢化はますます進んでおり，地域に子どもや若者がいない・少ない状況が生まれている。さらに就業構造も変化しており，かつて地域の担い手とされていた，子育て中の母親や高齢者の就業率が高まっている。地域活動を持続していくための担い手がいないという現状は，まずこうした変化によるところも大きい。

　また地域はかつて共同体と捉えられていたように，同質性をもった集団であると考えられてきたが，そうした前提をもつことはかなわなくなっている。特に都市部においては，多様な人々が多様な思考をもちながら互いに干渉することなく暮らしている。これはもちろん，多様性がより尊重される社会になってきたものとして，ポジティブに捉えることもできる。しかしそうした状況のなかでも，地域という範域のなかで，共同的に対処すべき課題がなくなるわけではない。むしろ，先にみた人口構造の変化は，高齢者の健康や子どもの見守りなど福祉的なニーズを増大させている。それに加えて，災害が多発しており，防災対策も喫緊の課題となっている。しかし，財政状況が苦しいなかで，行政がすべてに対応することは難しい。

　1980年代以降の新自由主義的な行政改革の潮流に対応した形で，「公共性」が政府のみによって担われるものではなく，民間（営利・非営利セクター）も共に担うものであることが確認されていった（新川 2008）。それによって，ガバメント中心の「統治」から，「協治」ともいえる状況が重要となり，ガバナンスの変化が要請されている。ここで，ガバナンスは統治様式を表すものであり，

垂直的次元と水平的次元を射程に入れることができる概念（松下 2013）である。現在では特に，水平的な次元としての行政を含む地域アクターの「協働」のあり方が問題となっている（小山 2018）。

　こうして求められるようになった地域における協働は，どちらかといえば行政側の論理によって方向づけられてきたものである。本章では，こうした議論を相対化し，地域が主体となって地域課題や地域運営に取り組む，「地域自治」を主題としたい。すなわち，地域自治を全うするための，地域コミュニティレベルにおけるガバナンスのあり方をここでは問うこととする。本章では論点をより明確にするために，地域自治のかじ取りを指すものを「コミュニティ・ガバナンス」，基礎自治体を中心とする統治様式を「ローカル・ガバナンス」として区別する。

2　町内会とローカル・ガバナンス

　ローカル・ガバナンスの様態を，まずは確認することにしよう。地域において，国や地方自治体による統治の要請に応えてきた中心的な存在は，町内会・自治会（以下では，時代による呼称の違いがある場合や，個別の事例を扱っている場合を除き，町内会と表記する）であった。

2-1　町内会成立とローカル・ガバナンスへの組み込み

　地域社会はもともと，住民による協治原理をもっていたものと考えられる。中田実（2020）は，地域共同管理，すなわち地域における諸資源の利用を総合的に管理する機能を果たしているのが，地域住民組織であるとする。そして，地域住民組織が地方自治体と連携しながら，個々の地域の管理を担ってきたものと位置づけている。この地域住民組織の中心が町内会なのであるが，これを国家による統制下に組み込んでいった歴史的経緯がある。

　村落部における町内会の起源は，明治期の地方行政制度整備時にさかのぼる。1889（明治22）年に市制町村制が敷かれた際，それまで7万1000あまりあった町村は，合併して39市1万5820町村に統合された。その後，一部では旧町村単位を「区」とし，その地域運営を担う「行政区長制度」が設けられ，その

自治的区分を残すと同時に，末端の行政機関とした（日高 2018）。これが戦時体制に向けて，村落部における「部落会」として整備されていったものと位置づけられる。

　かつて安田三郎（1977）は，いわゆる町内会論争（近代化論と文化型論の対立。詳しくは後述）に対して，町内会は地方自治体とみなしうるとの第三の説を唱えた。こうした町内会成立過程は，町内会が自治体に近い機能や特徴を持っていることを裏づけるものともなろう。すなわち，「世帯単位制，地域占拠制，全世帯加入制，包括的機能，行政の末端機構」（鳥越 1994：9）といった町内会の特徴は，自治体の前身として，かつての町村であったと考えるならばうなずける。

　都市部では，これとは異なる形で成立してきたものが含まれると考えられる。中村八朗（1980）は，東京都下の戦前の町内会の成立を丹念に調べ，衛生や親睦，被災後の防犯など，さまざまな理由をもって組織化されたものと捉えている。明治末期から大正期にかけて創立したところが多く，特に関東大震災直後に多く組織化されていることを明らかにしている。また玉野和志（1993）は，石川県金沢市や東京都品川区の事例から，都市化の進むスプロール地区において，都市自営業層が共同防衛を目的に組織化してきたものを，町内会の前身と位置づけている。こうした研究から，都市部においては，地域課題に対応する目的をもって組織化された組織（＝アソシエーション）が，他の機能をも取り込み，包括的な機能を果たす組織へと転換していった例も多いものと理解することができる（中村 1980）。

　このように，町内会はその成立過程に鑑みても，地域社会の問題等に対応する組織，つまり中田のいう地域共同管理を行う存在であることがわかる。しかし，その後町内会・部落会は，全国一律の組織化に向かい，翼賛体制の末端に組み込まれていく。町内会・部落会は1940（昭和15）年の内務省訓令第17号によって公認され，1943（昭和18）年の市制・町村制の改正により，法的に市町村下に位置づけられた（鳥越 1994）。しかしながら，前史から考えても，そうした状況下において，地域自治を担うものとしての存在意義がまったく失われるということはなかったのではなかろうか。そして戦後においても，行政の末端組織的な位置づけと，住民自治組織としての役割を絶妙なバランスで担っていくことになる（玉野 2024）。地方行政におけるローカル・ガバナンスに，

非公式に位置づけられた形での，町内会を中心とするコミュニティ・ガバナンス体制が，こうして成立していくことになる。

2-2 コミュニティ政策期のコミュニティ・ガバナンス

　戦後は，内務省によって町内会・部落会は法制度上の位置づけが廃止され，さらに1947年の連合国軍最高司令官総司令部（GHQ）のポツダム政令第15号により，町内会・部落会の解散・禁止が命じられた。しかし，戦中の混乱のさなかに，「国家‐地方自治体‐町内会・部落会」のローカル・ガバナンス体制が敷かれてきたなかで，町内会は住民の生活上においても重要な位置を占めていた。結局，ポツダム政令が失効する1952年前後には，多くの組織が復活した。この間にも，防犯協会や衛生組合，日赤奉仕団などの別組織として，会の機能を存続させていた。また，町内会・部落会の会長等を，駐在員や連絡員として自治体が委嘱するなど，地方行政の末端に町内会が位置づけられる統治の体制に大きな変化はなかった（高木2005）。

　しかし結果として，一度解散し禁止された組織を，表立って統治体制に組み込みなおすことは，すぐには行われなかった。多くの場合，町内会は行政の末端組織的役割を担いながらも，法的あるいは行政的な位置づけのない，任意団体として存続していくことになったのである（玉野2010b）。

　高度経済成長期を迎え1960年代に入ると，地域によってさまざまな問題が噴出してきた。農村地域では過疎化が進む一方で，都市部では急激な都市化が進み，大都市と地方の格差が大きな問題となっていた。急激な開発・発展のひずみが地域に押し付けられることで，各地で住民運動が多発し，他方では郊外におけるマイホーム主義など，地域社会の地盤沈下が起こってきていた。こうした状況に対応したのが，1970年代以降のコミュニティ政策であった。

　1969年に，国民生活審議会コミュニティ問題小委員会による，報告書『コミュニティ——生活の場における人間性の回復』が発表されたことをうけ，モデル地区を指定してコミュニティづくりが取り組まれた。『コミュニティ』報告では，既存の地域集団は個人の権利を規制するものとして否定的に扱われており，自主性と責任を自覚した個人あるいは家庭がつくる「コミュニティ」の形成が提示されている。ここで示されるコミュニティとは，地域性と各種の共通目標をもった集団である。地域課題に包括的に対応する町内会とは異なり，

第7章　町内会を中心とするコミュニティ・ガバナンスの転回＿113

個別の課題に対応していくような，アソシエーションとも捉えうる「コミュニティ」が提示されたのである（中田 2017）。

実際多くの自治体では，行政範囲を区分した各地区にコミュニティ施設を建設し，行政主導でつくられた住民組織（コミュニティ協議会等）が，その管理にあたるという取り組みがなされた（山崎編 2014）。これが官製コミュニティと批判されるゆえんであり，当時の住民参加施策の限界でもあった。コミュニティ協議会は，既存の地域住民組織の代表者の集まりであることが多く，それは基本的にこれまでのコミュニティ・ガバナンスを反映したものになる[1]。結果として，地区ごとの町内会やその連合組織がかじ取りを行う形となり，町内会を中心とするコミュニティ・ガバナンスの強化につながったという見方もできるのである。

2-3 ローカル・ガバナンスにおける状況の変化

戦後の社会科学的研究において，町内会は近代化・民主化に逆行する存在として扱われることが多かった（磯村 1953，奥井 1953）。一方で，町内会が存続し続けるのは，日本固有の文化の型を備えているからだとする議論がこれに対抗した（近江 1958，中村 1990）。これらは町内会論争として近代化論と文化型論の対立と捉えられてきた。しかし，1980 年代以降には，ともすればイデオロギーの対立に陥っている状況から抜け出し，町内会における地域自治の中心としての役割を評価する議論がされるようになる。社会学的研究としても，岩崎信彦ほか（1989）『町内会の研究』，中田実（1993）『地域共同管理の社会学』，玉野和志（1993）『近代日本の都市化と町内会の成立』，鳥越皓之（1994）『地域自治会の研究』と立て続けに研究成果が出された。こうして，町内会の成立過程を含めた実証的な研究が積み重ねられていったのである。

またこうした動向は，制度的にも町内会が位置づけられていく時期と重なる。これまで，町内会に関する明文化された規定が存在せず，「権利能力なき社団」とされてきた。これに対し，1991 年の地方自治法改正で，地縁団体として法人格を取得できることになったのである。しかしこの頃から，組織率や加入率が高いものの，参加の形骸化が進んでいることは問題となっていた（越智 1990）。

他方，1990 年前後は，市民活動が盛んになってきた時期でもある。1970 年

代頃まで活発に行われていた市民運動は、次第に自分たちで継続的に活動を行うことで課題に対処していくようになる。こうした活動に携わる人びとが、自分たちで「市民活動」と称し、これを制度的に位置づけようとする働きかけがなされていた（高田 1998）。そんな折、1995 年に阪神・淡路大震災が発生し、ボランティアやその活動団体が全国的に注目されることになった。市民活動の法的な位置づけを模索していた人びとと、これを支援する政治家との連携によって、議員立法にて特定非営利活動促進（NPO）法が 1998 年に制定される（原田 2020）。その後 NPO（Non-Profit Organization）は、多様化する福祉ニーズに対応しきれない地方自治体にとっての協働のパートナーとして、行政施策に位置づけられていくことになる。

　1980〜90 年代にかけては、国や行政における行財政改革と地方分権改革が、必要に迫られて推進されてきた時期でもある。公共部門の市場化や規制緩和といった新自由主義的な構造改革が、国主導で推し進められた。民間委託、民営化、PFI（Private Finance Initiative）といった手法がとられ、民間の活用が推進された。また、民間の経営手法を取り入れた、ニュー・パブリック・マネジメント（NPM）の採用にもつながった。こうして、地方自治体の行財政運営に「経営的視点」が導入され、住民との関係への改革にもこれが持ち込まれた（横倉 2005）。こうした状況のなかで、当初は行政と NPO との対等な関係性を主眼とする用語として使われた協働概念が、行財政改革におけるサービス提供の主体としての期待のもとで使われるようになる。そして 2000 年代に入ると、企業、NPO だけでなく、町内会を含む地域組織も協働の対象とされるようになった（白井 2010）。

　本節の最後に、「国家-地方自治体-町内会」のローカル・ガバナンス体制の変化として、以下の指摘をしておこう。まず、「国家-地方自治体」の関係において、地方分権の流れのなかで、地方独自の取り組みが求められており、それらに応じた補助金が準備されるようになっているということである。次に、「地方自治体-町内会」の関係として、地域アクターが町内会などの地縁組織だけではなく、NPO や企業を含めて想定されるようになったということがある。それに加えて、地方行政が細部まで統治する力を失い、多様な地域アクターとの「協働」が求められているという変化がある。しかし大枠として、国家から、地方自治体を介して、地域へと一定の方向性が示され、町内会を中心にこうし

た要請に対応していることに大きな変化はみられない。それは次にみるような地域自治組織の制度化という局面にも表れている。

3 コミュニティ・ガバナンスと行政との関係

3-1 制度化される地域自治組織

　人口減少が進む基礎自治体に対し、地方分権の担い手としての行財政規模が要請された結果、平成の大合併と称される市町村合併が進められた。そして、自治体広域化による住民自治の後退を防ぐため、2003年の第27次地方制度調査会答申によって、「地域自治組織の制度化」の方向性が示された。これを受けて、合併特例法および地方自治法の改正により、地域自治区制度が導入された。実際のところ、地方自治法に基づく地域自治区制度に取り組んだ例は多くはない一方で、自治体が独自に条例等で位置づけて、地域自治組織の設置に取り組む例は多い。

　地域自治組織は多くの場合、町内会、各種住民団体、NPOなどを構成員として組織化される。全国の基礎自治体を対象に行った金川幸司ほか（2021）の調査結果によれば、こうした地域自治組織があるとした自治体は全国で約40％であるという。この制度化の進展について、地域自治の機運の高まりとみるか自治のアウトソーシング先の再編成とみるか、両義的な側面があると指摘している。

　実際、地域自治組織の設置を進める施策は、町内会を中心としない形での協議体形式が模索されており、コミュニティ・ガバナンスの転換が行政主導で図られているものとして受け取れる。かつて1970年代に行われていたコミュニティ政策も同様の意図を持っていたが、結果として町内会を中心とするコミュニティ・ガバナンスが強化されたことは前述した。しかし、現在はこの時とは状況が異なり、町内会の体力が低下しているところに、地域自治組織設置の早急な進展がおきている。町内会を中心に組み立てることができなくなっているなかで、NPOや企業等を含む他の地域組織との協働体制の構築が模索されているのである。

3-2 政府による統治から距離を置く

　玉野（2024）は，これまで指摘されてきた町内会の特質には，日本の統治の形式が表れていると指摘する。それは，「人々を社会的にとりまとめることのできる人や組織を最大限に尊重しながらも，そこからは独立した政治的意思決定の仕組みを巧妙に保持しつつ，政策の実施過程では最大限の協力を取り付ける」手法であるという（玉野 2024：91）。今日の協働施策も，こうした統治の手法にのっとったものとも考えられる。「人々を社会的にとりまとめることのできる組織」＝町内会という枠組みがうまく機能しなくなるなかで，NPOなども含めた協働体制に変化したとしても，国家や地方自治体の統治性に変化はない。つまり，アクター間の水平的関係が掲げられている「協働」施策においても，行政主導で進められている限り，行政が掌握する範囲内，つまり統治下にあるということである。これは，コミュニティ・ガバナンスの枠組みが変化したとしても，こうした統治のしくみから逃れられないことを示唆する。

　しかし一方で，町内会は上位下達の統治の媒介となってきただけでなく，住民レベルの要望などを集約し，施策等に反映させる役割も担ってきた。玉野（2024）は，町内会が弱体化するなかで，こうした窓口機能だけは残すべきであると主張する。町内会は，その全戸加入原則の特徴により，地域住民を代表する組織として行政との関係をつくってきた。この関係こそ活かすべきだということである。しかしながら，地域を代表する組織であるということ自体が，これまで加入率はもとより防犯，防災，環境，子どもや高齢者福祉，親睦などの多くの活動を行うことによって，住民に認められてきたからこそ成り立つものである。その実態なくして，地域における代表性を保持できるかは疑問である。先にみた現在の地域自治組織の制度化は，行政によるお墨付きがなければ，地域における代表性が認められにくくなってきている表れともみることができる。しかし，町内会はこれまで，制度に明確に組み込まれていなくても，住民に認められてきた組織なのであり，むしろなくしてはいけないのは，この部分なのではないだろうか。

　コミュニティ・ガバナンスを地域自治の観点から捉え直す場合に，その営みが地域住民によって認められている必要がある。町内会はコミュニティ・ガバナンスの中心を担う存在として，戦前・戦後と長期にわたり認められてきた。しかし，現状では町内会が多くを担うことはかなわなくなってきている。この

状況に対し，行政側からの仕掛け（施策）とは異なる形で，コミュニティ・ガバナンスの転換をはかるにはどうすればよいか。上からのローカル・ガバナンス体制による圧力を受け止め，時には対抗するための，新しいコミュニティ・ガバナンス体制が求められている。多様化する地域社会において，もはや一団体が地域における代表性を保持することを想定するのは困難である。そこではやはり，行政施策の方向性と同様に，地域アクター間の「協働」が求められることになる。行政から求められる「協働」のカウンターパートとしての「地域協働」について，以下の事例で検討することにしたい。

4　町内会とNPOの協働

　ここからは，行政の関わりが後景に退いた形で，町内会とNPOが協働して地域課題に取り組む事例を取り上げ，その可能性を検討していく。取り上げるのは，東京都世田谷区の事例である。世田谷区は，1978年策定の基本構想において，住民主体のまちづくりを掲げてから，住民参加・住民との協働に取り組んできた自治体である。こうした施策に共鳴して，多くの市民活動・NPOがまちづくり活動を行っている。その一方で，1991年より地域行政制度を導入[2]し，これにより他の自治体と同様に，町内会をエンパワメントしてきた経緯もある。つまり世田谷区は，市民活動・NPOと町内会がどちらも精力的に活動し，共存してきた特異な自治体なのである。

4-1　町内会とNPOの協働を促す世田谷区の取り組み

　世田谷区の「地域の絆連携活性化事業」は，町内会と地域の公益的活動を行う団体が，連携して行う取り組みを支援する事業である。2008年に「地域の絆再生支援事業」が開始され，これ以降「地域の絆」の文言が入った形で名称を何度か変えながら継続されてきた（名称が時期によって異なるため，「地域の絆補助事業」と以下では称する[3]）。町内会と連携の対象となる公益的活動団体に含まれるのは，PTA・おやじの会や青年会などの地縁団体や，市民活動・NPOである。対象となる事業への補助の上限は25万円で，補助を受ける年限が決まっていないので，毎年の恒常的な活動も対象となる。

世田谷区では，先述した地域行政制度によって，住民に身近な行政として，現在28地区に「まちづくりセンター」が設置されている。地域の絆補助事業には，地域のなかの団体同士が知り合うきっかけにしたいという意図があり，まちづくりセンターが，町内会と他の公益的な発想や団体とをつなぐ役割を担っている。しかし，町内会と他の活動との実際の協力・連携については，町内会によるイベントなどの掲示や回覧といった協力が多く，実質的に共同で事業を行うような状況はまれであるという。

　そうはいえ，住民が先生・生徒になる教室や，ワークショップの開催，地域猫活動の推進など，多くの活動が毎年行われている。これらは通常の町内会活動からは，少しはみ出したものとなっている。世田谷区における自治会加入率は，2000年代には60％を切り，2020年には51.3％まで減少している（日高2021）。つまり，すでに町内会がコミュニティ・ガバナンスの中心とは言えなくなっている状況がある。かつては，地域内での市民発意の活動が，町内会から派生して飛び出したり，それを町内会が資金等の面で支えたりしてきた（鳥越1994）。町内会が求心力を失いつつあるなかで，地域の絆補助事業は，こうした市民の発意と町内会活動を橋渡しする役割を担うものと考えられる。

　以下では，地域の絆補助事業を利用して，赤堤1丁目町会とNPO法人せたがやオルタナティブハウジングサポート（以下，SAHS）が，実質的な協働関係を築き，防災活動に取り組む事例を取り上げていく[4]。

4-2 赤堤1丁目町会の活動

　世田谷区赤堤1丁目は，約2400世帯4500人ほどの住民がおり，そのうち町会加入は約1200世帯となっている。多様な取り組みを活発に行っている町会であり，毎週金曜日の夜には，「戸締り用心，火の用心」と拍子木をたたきながら町内を回っている。また，子どもの登校時の見守りを3人のメンバーが毎日行っているなど，顔の見える関係づくりを重視している。会長の上田啓子氏は，子どもの見守り活動を約20年もの間続けてきた。上田氏はかつて民生委員も長年担っており，その際には担当地域の65歳以上の高齢者宅200軒をまわっていた。このようなことから，会長自身が町内に顔見知りが多く，子どもの親たちや地域の活動を行っている人に声をかけ，町会の役員になってもらっている。若い世代が町会の仕事全体に関わることは難しいものの，5年，10年

後のことを考えて声かけをしているのだという。

　赤堤1丁目町会は，町内会向けのSNSアプリ「いちのいち[5]」を導入している。2022年東京都が行った導入実験に，世田谷区と町田市が参加した。世田谷区からの募集に応募して，役員のデジタルに明るい何人かで取り組み，その活用状況も好例として取り上げられている。東京都の事業概要では，町会の役員の担い手が減っているなかで，デジタル化によって加入促進や運営の効率化をはかるといった説明がなされている[6]。しかし，デジタル化を進めるためには，対応できる人員がいることが前提となり，従来の回覧板の他に取り組む必要がある。また，会長の上田氏は，「アナログで回覧板を回すことでコミュニケーションが取れる」とその重要性を強調する。町会では，行政のお知らせなどに加えて，独自の広報紙を隔月で発行し，イベントの告知を事前に行うなど，回覧板を頻繁に回している。コロナ禍でも，住民に回覧板の必要性を説明したうえで止めずに回していた。回覧板を回すことで，顔が見えるつながりができるのであり，いざというときに助け合える。それこそが町の会の意味だというのである。

　以上から，赤堤1丁目町会が大事にしていることがみえてくる。デジタル化の推進など運営の効率化が言われるなかで，毎朝の子どもの見守りや，毎週の夜回り，回覧板を回すといった，顔の見える関係をつくることこそ，重要だと考えているのである。一方で，デジタル化などにも積極的に取り組み，新しいものを受け入れる気風をもつ町内会であるといえるだろう。

4-3　NPOの活動と地域との連携の出発点

　SAHSは，「共に支え合いながら地域に住み続けられるまちづくり」の実現を目的に，一級建築士やまちづくりプランナーなどによる専門家集団として誕生した団体である。2000年に特定非営利活動法人となった。団体設立当初は，コーポラティブ住宅についての相談を受けたり，高齢者や障害者を対象とするグループホームや，NPOなどが共同で働くスペースの設計および立ち上げといった取り組みを主に行っていた。

　2013年から2024年の現在に至るまで，町内会と連携して進める防災活動に対して，10年以上にわたって地域の絆補助金を受けており，今後も継続していく予定である。またSAHSは，災害発生に備えた世田谷区内のNPO団体

のネットワークである,「せたがや防災NPOアクション」の中心的な団体の1つともなっており,これとも連携して活動してきた。

　SAHS代表の井上文氏によれば,地域との連携に思いがおよんだきっかけは,2011年の東日本大震災だったという。2005年から社会福祉協議会の助成を受け,車いすでも利用可能な公共トイレのマップ作りを行うなど,高齢者や障害者が安心して暮らし続けられる地域づくりに取り組んできた。2010年度には災害などの緊急時における障害者の対応について,障害当事者も入って話し合いを行っていた。そうした矢先に,東日本大震災が起きたのである。

　東日本大震災では,高齢者や障害者など避難が困難な人びと(避難行動要支援者)が亡くなる比率が高かった。こうした人びとの避難への取り組みは,世田谷区全体といった範囲で考えるのではなく,地域で考える必要がある。そこで,2013年に地域の絆補助事業にはじめて応募し,障害者グループから当事者2人に来てもらい,赤堤1丁目町会の人たちと一緒に話を聞く取り組みを企画した。赤堤1丁目はSAHS代表の井上氏が生まれ育った地であり,現在もそこで暮らしている。そのため地域には,子育て期のPTAや生活クラブ生協のつながりがあったという。しかしながら,仕事をしていたこともあり,町会との関わりはあまり持ってこなかった。

4-4　町内会活動におけるNPOの役割

　連携を始めたころ,町内では2016年に防災公園が完成する予定となっていた。そこで2014年度は,地域の絆補助事業に再度応募し,防災公園予定地での防災啓発イベントの企画・運営をSAHSが担当した。当時,赤堤1丁目は前任の町会長だったが,区の公園課と町会長とのやり取りにおいて,どうしても要求型になってしまう場面があった。井上氏はその様子を横で見ながら,こうした仲介役に入るのはNPOの仕事だと思ったという。たとえば「木を植えるのではなく土の部分が欲しい」という要望があっても,狭い公園なので隣のアパートが丸見えになってしまうからそれはできないということがあった。公園をつくる側からすると無理な要求であるが,真っ向からぶつかることになってしまっていた。そこで,仲介に入るような,どうしてそれが通らないのか「通訳」して説得するような場面もあったという。このことから,地域と行政の間を,別の視点から取り持つような存在があった方がいいと感じたという。

実はSAHSは，世田谷区が設定した公益信託世田谷まちづくりファンドの「まちづくりハウス」部門の助成を，活動開始当初の時点で受けている。まちづくりハウスとは世田谷区で独自に使われていた概念で，専門家として行政と住民との間を通訳する中間支援組織を表すものである。まさにこうした立場として，町内会と行政との間にNPOが関わる必要性を感じたのであった。

　また防災活動については，ほかの地域と同様の形式で開催していたものの，来る人も限られており，住んでいてもあまり目に留まらなかったという。しかし，活動を共にしながら，毎年積み重ねてバージョンアップしていけるような，そんな防災訓練を模索できないかと考えるようになった。そこで，2015年度からは町会と内容を共有しながら，地域の絆補助事業に応募するようになった。2016年ごろからは，井上氏が地元住民として町会の役員（防災部長）を兼任することになり，連携が発展していった。

5　地域協働による地域独自の地区防災計画の策定

5-1　NPOの専門性が活かされた防災活動の展開

　毎年補助事業を続けていくことになり，新しい取り組みを行い，その結果を検討して次の取り組みにつなげるという循環が起きていった。

　2016年11月には，「地域の建物の耐震診断」を「せたがや防災NPOアクション」の分科会の取り組みとして実施することになった。一級建築士と木造耐震診断の資格をもつSAHSの担当者が目視で調査し，2017年度中に町内の建物1069棟についてすべて調査を終えた。このうちかなり耐震性が低いと判断した117棟を，わかりやすくマップで可視化した。これをもとに，町会役員および民生委員と検討した結果，耐震性が低い建物に住んでいるのは，高齢の一人暮らしであるケースが多く，「避難行動要支援者」である場合も多いということがわかった。その中から，話を聞けそうな町会に加入している7軒に対し，町会役員，民生委員，消防署員と共に訪問し，ヒアリングを行ったうえで，区の耐震診断や家具転倒防止の助成の案内などを行った。

　次年度も，引き続きこうした訪問を継続する予定であった。しかし，2018年6月に発生した大阪北部地震により，登校中の小学生がブロック塀の倒壊に

よって亡くなった事案を受け，SAHSでは通学路の塀についても，急遽目視による危険度調査を行った。その結果，27カ所について危険度が高いと判断し，これをマップに落とし込み，町会に報告して防災担当で対応を協議していくことになった。世田谷区もブロック塀等の除却費用の助成制度を始めたため，こうした案内を進めた。1年後に改善状況を調査した結果，7カ所が改善されていた。

　2019年度からはこれまでの調査の結果や取り組みを受けて，町会独自の安否確認訓練とアクションプランの検討が始められることになった。民生委員，町会役員，協力員で，一人暮らしの高齢者や避難行動要支援者宅を12軒訪問する，初めての安否確認訓練が行われた。訓練後に改善点を出し合い，その後訓練を全世帯に広げていくことになった。また，地区防災計画策定の第一歩として，専門家を呼んでアドバイスを受けながら，「赤堤1丁目アクションプラン（案）」を作成した。「地震の時間割」に沿って，誰がどのように何をするか，被害の種類を想定し，必要なものは何かを一覧表にした。

　こうした発展的な取り組みを行うために，2019年度からは町会の防災・防火部11名（SAHS井上氏を含む）が出席する部会を，毎月開催していく体制が整った。そんなさなかに新型コロナウイルス感染症流行が拡大し，対面での会合が開けなくなり，2020年5月からzoomによるオンライン会議にシフトした。防災・防火部も高齢の役員が多いことには変わりないが，できない人にも一人ひとり説明して練習し，全員が参加できるようになった。こうした体制のなかで，コロナ禍でも安否確認訓練を展開させることができた。

　2020年度は，アクションプランに連動して，小さな区域ごとに役員以外で安否確認を担ってもらう「防災パートナー」を置き，そのマニュアルづくりに取り組んだ。安否確認については，他町会の事例などを参考に「無事です」プレートを全世帯に配布して，発災時に在宅で無事な場合には，道路から見えるところに掲示してもらうことにした。防災パートナーに対しても，わかりやすくまとめた手引きを作成した。ここには，①自分自身の安全，②家族の安全を確認したうえで，③近所の安全を確認するという流れが示されている。

　町内を5ブロックに分けて日程を分けて順に安否確認訓練を行った後，2021年度には町内全域における初の一斉訓練を行った。町会加入の約1200世帯を対象とし，事前に防災ニュースを2回発行して各戸に配布し，特大ポスターを

掲示して知らせた。開催方法としては，訓練時間内に「無事です」プレートを掲示してもらい，防災パートナーと役員を含めた22名が2人1組になって地域を回った。プレートを掲出した家を地図にマークしていき，本部に戻って全体の地図にシールを貼って可視化し，意見交換を行った。結果としてプレートを掲出したのは336世帯（掲出率28%）であった。課題として，いかにして参加率を上げるか，またプレートを出していない家に対する安否確認をどうするか，今後検証が必要だということが出された。

5-2 地区防災計画策定に向けて

　世田谷区では，地区防災計画制度が施行された2014年から，まちづくりセンター区域ごとに地区住民が参加して防災塾を実施し，2016年度に全地区において地区防災計画を策定した。その後2021年度に修正版も施行されている。しかし実際には，もう少し狭い範囲での地区防災計画が必要だという考えのもと，世田谷区内でも前例のない，赤堤1丁目独自の地区防災計画を策定するための取り組みを進めている。考えに賛同してくれた，国立研究開発法人防災科学技術研究所の研究員にアドバイザー就任を依頼した。

　2023年度は，いよいよ地区防災計画の策定を目指して活動を進めた。毎月の部会の他に，中心メンバー4名が参加するコア会議を月2回開催し，9月と11月には町会会員に広く呼び掛けて意見を聞くワークショップを行った。1回目のワークショップには41名が参加し，町内の被害想定についての説明を聞いた後，5班に分かれて発災時の課題と現状について時系列ごとに話し合った。2回目は35名の参加者で，1回目に意見の多かった「安否・情報」と「要配慮者支援」の2つにテーマを絞って話し合った。「災害時の対応策」を「各家庭での対応」「町会での対応」「行政と協力」の3点に分けて考え，そのための「日頃の備え」について検討した。これを受けて，「赤堤1丁目地区防災計画」の骨子が出来上がった。2024年度には町会全体の合意を取り付け，世田谷区の地域防災計画に位置づけられるよう働きかけを行っていく。

　以上みてきたように，補助金を受けながら事業を行うことで，年度ごとに課題が認識され，改善に向けた取り組みを行い，そこで課題をさらに認識して対応するというPDCAサイクルがしっかりと構築されている。耐震診断の結果から気がついた問題は，2018年からの安否確認訓練の実施や，町会独自の「発

災時行動マニュアル」づくりにつながった。また，全世帯を対象とした安否確認訓練を行ったことにより，発災時の人手不足が認識され，小さな区域ごとに安否確認を手伝う「防災パートナー」が配置された。2020年のコロナ禍においても，オンラインにて話し合いを続け，防災訓練などの取り組みは継続された。そして現在，こうして培ってきた町内の防災体制を，行政の地域防災計画のなかに位置づける一歩手前のところまで駒を進めてきたのである。

6 住民主体のローカル・ガバナンス成立に向けて

　日本における，ガバメント中心のローカル・ガバナンス体制に対し，行政主導のコミュニティ・ガバナンスから転換し，地域自治を中心に据えた，住民主体のコミュニティ・ガバナンスを検討するため論を進めてきた。本章で取り上げた世田谷区の事例は，行政が補助金を出しているものの，連携の内容自体は，町内会やその他の地域住民組織あるいはNPOなどに任せられているものである。この補助金を利用した，赤堤1丁目町会とNPO法人SAHSが協働で進めてきた，10年以上にわたる防災の取り組みについて検討した。

　この事例から，ガバナンス体制に対して2つの可能性を見出すことができる。1つ目は，地域にとって重要なことを，地域内のアクター主導で決定し取り組んでいくという，コミュニティ・ガバナンスへの示唆である。災害がいつ起こるかわからない状況で，防災への関心は高いものの，防災の取り組みは現状として町内会に依存している部分が大きい。しかし，町内会が行う防災訓練は横並びで形骸化していることも多く，地域の特性に合わせた取り組みが行われることが必ずしも多いわけではない。地域防災は，地域の人口構成や，地勢的特徴など，各地域によって大きく異なる条件に対応して検討する必要がある。本章で扱った事例は，まさに地域主導でPDCAサイクルを回しながら，防災体制を発展・展開させていた。そこで重要だったのは，町内会が，住民との顔の見える関係をつくっていること，またNPOが専門的知識やネットワークを生かして，町内会と共に実際的な防災の取り組みに継続的に関与したことである。これらがそろって初めて，第5節でみたような，地域独自の地区防災計画策定までの道のりをたどることができたと考えられる。

2つ目は,「地方自治体-町内会」のローカル・ガバナンス体制に対する,対抗的な措置への示唆である。地区防災計画は世田谷区の主導のもとで,区内28地区で策定されている。しかし,隣の町内であっても地盤の強さなどの地勢や町内防災体制は大きく異なっている。地域独自の地区防災計画が区の施策にきちんと位置づけられて準備されていくことは,本当の意味での地区防災計画となろう。この取り組みにおいて重要だったのは,NPOの媒介的役割ではないだろうか。ローカル・ガバナンスにおける上意下達に陥りがちな関係において,NPOが専門的な立場から間を取り持ち,水平的な関係における議論の土壌をつくる,という可能性である。SAHSはこれまで,中間支援組織として市民や他の市民活動の取り組みを後押ししてきたが,この対象を町内会にまで広げることで,ローカル・ガバナンス体制に変化の兆しをもたらしたといえるだろう。

　行政主導のローカル・ガバナンス体制に対して,住民主体のコミュニティ・ガバナンス体制で対抗するためには,やはり地域の協働が必要であるという仮説のもと,事例を検討してきた。事例からは,専門性に長けたNPOと町内の代表としての町内会が,対等にまた継続的に協働を行うことで,行政に対するカウンターパートとしての役割を果たせる道筋を見出すことができた。それぞれの強みを生かした住民主体のコミュニティ・ガバナンスは,ローカル・ガバナンスにも影響を与えることができ,住民が主体となる下からのローカル・ガバナンスをも射程に入れることができるとはいえまいか。

　町内会と市民活動・NPOはこれまで,「水と油の町内会と市民団体」(玉野2024)と揶揄されるような関係として捉えられてきたが,これをいかにして内側から打破できるか。地域自治の遂行は,やはりここにかかっているといえるだろう。こうした協働関係成立には,町内会側の受け入れ態勢や,中間支援組織的なNPOの存在と,その地域に目を向けて活動するという姿勢が問われる。これらがそろうことがとても難しいように思える。しかし,井上氏は,町内会が苦しくなるなかで,新しいことに関心をもつ町内会が増えていること,また,NPOに携わる人たちにも必ず地元があることを指摘していた。地域のことを住民が主体的に考えていく重要性を認識できれば,自ずとカードがそろっていくようにも思えるのである。

注

1 　東京都目黒区や武蔵野市など，実際に町内会とは異なる形でコミュニティ協議会をつくった場合もあった。
2 　2022年には世田谷区地域行政推進条例が施行された。
3 　「地域の絆補助事業」の前身としては，2005～07年度に「地域コミュニティ活性化支援事業」が取り組まれていた。こうした変遷や状況について，世田谷区の担当所管である世田谷総合支所地域調整課職員から2024年3月25日に聞き取りを行った。その他制度の詳細については，「令和5年度地域の絆連携活性化事業活動の手引き」を参照した。
4 　SAHSの取り組みや町会との連携事業については，SAHSが年4回発行している会報「サース通信」No.1－No.92までを参照した。また，2024年3月19日に，SAHS代表井上文氏と，赤堤1丁目町会の会長・副会長（井上氏も同席）に対し，連携事業の詳細やそれぞれの活動について聞き取り調査を行った。
5 　いちのいちは，小田急電鉄が開発・運営している町内会向けのSNSサービスである。これ以外にも近年多くのアプリケーションが提供されており，回覧板や掲示板の内容をSNSで即時配信できたり，災害時の安否確認をSNSで行えたりといった機能がある。町内会の負担軽減のために，補助金を出して取り組む自治体が出てきている。
6 　東京都生活文化スポーツ局『町会・自治会活動への地域交流アプリ等導入支援事業成果事例集』（2023年12月発行）を参照した。ここに赤堤1丁目も事例として紹介されている。

第8章 住民ニーズからみる
　　　　スマートシティにおける課題

菅沼　若菜

1　スマートシティの課題——コミュニティの枠組みから——

　本章の目的は，「住民ニーズ」という視点からスマートシティの課題について考察することである。近年，世界中でスマートシティの開発が活発化しており，日本でも官民連携によるスマートシティ構想への取組みが広がりをみせている。公共機関と民間企業が協働でスマートシティ構想を推進するための組織である，内閣府・総務省・経済産業省・国土交通省等が共同で運営する「スマートシティ官民連携プラットフォーム」といった組織も立ち上げられている。しかしながら，スマートシティへの取組みが広がりをみせるその一方で，「現段階では，「実現した」とまで言える都市・地域は少なく，また，取組み内容も暮らしに直結したサービスなど市民ニーズに直接応えたものも少ないことから，多くの市民がスマートシティの効果を実感する状況には至っていないが，先行事例は着実に積み上がってきている」（内閣府ほか 2023：8）と述べられているように，スマートシティの効果のわかりにくさなどが，市民の認知度が上がらない理由の1つであると考えられる。

　スマートシティの定義に関しても，多様な定義が混在しており，市民がその内容を理解しがたいことが考えられる（菅沼 2019）。本章では，上記のスマートシティ官民連携プラットフォームによる定義を取り上げる。スマートシティ官民連携プラットフォームによると，「ICT 等の新技術や官民各種のデータを活用した市民一人ひとりに寄り添ったサービスの提供や，各種分野におけるマネジメント（計画，整備，管理・運営等）の高度化等により都市や地域が抱える諸課題の解決を行い，また新たな価値を創出し続ける持続可能な都市や地域であり，Society 5.0 の先行的な実現の場である」と定義されている（内閣府ほか

2023：10)。

　スマートシティは，市民（利用者）中心主義，ビジョン・課題フォーカス，分野間・都市間連携の重視，という3つの基本理念と，公平性・包摂性の確保，プライバシーの確保，相互運用性・オープン性・透明性の確保，セキュリティ・レジリエンシーの確保，運営面・資金面での持続可能性の確保，の5つの基本原則にもとづき推進されている（内閣府ほか 2023：14-5)。

　本章では，市民（利用者）中心主義の基本理念と，プライバシーの確保の基本原則の論点に焦点を当てる。「市民（利用者）中心主義」とは，「ウェルビーイングの向上」がスマートシティの最大の狙いであることを認識し，行政や民間事業者等のサプライサイドではなく，最大のサービス利用者である市民自らが主体的に取組むデマンドサイド主導で進めることが重要である，という基本理念をいう。

　「プライバシーの確保」については，市民や利用者の個々のニーズに応じパーソナライズされた質の高いサービスを提供する観点から，個人情報を含めパーソナルデータの利活用が必要であること。そのため，市民の十分な理解と信頼を得るべく，個人情報の保護に関する法令を遵守した上で，透明性の高いルール，手続きに従い，本人同意を前提に個人情報を取得，提供を行うなど，市民のプライバシーの確保を徹底すること，とある。

　この両者の論点に共通するスマートシティの要件は，「住民ニーズにもとづく都市」という点である。パーソナルデータの利活用が，質の高いサービスとして住民に還元されないならば，サプライサイド中心主義の都市に陥りかねない。

　また，スマートシティという言葉からは，大都市であることがその要件であるかのように捉えられがちだが，「大掛かりな取組みばかりがスマートシティではなく，都市には都市の，ローカルにはローカルの課題がある。それぞれの地域の置かれた状況や住民ニーズに対応した取組みであれば，それがいかに小規模なものであったとしてもスマートシティであるといえる」（内閣府ほか 2023：10）とある。

　このため本章では，スマートシティを1つのコミュニティという枠組みから捉え，コミュニティにおける住民ニーズという観点からスマートシティの課題について考察してみたい。玉野和志によると，「コミュニティ・スタディが具

体的に対象とするのは，あくまで特定のコミュニティの内部で起こっていることである。しかし，その具体的な様相を通してコミュニティ・スタディが描こうとすることは，実はコミュニティを超えたその外部で起こっていることなのである。したがって，コミュニティ・スタディはその内部の出来事を，その外部の出来事との関係で位置づける視点を，あらかじめ備えていなければならない」（玉野 2010a：97-8）とあるように，コミュニティという枠組みからスマートシティを捉えることで，スマートシティと定義される都市だけでなく，現代の情報化社会における地域コミュニティにも通じる課題を考察することにつながる。

そこで本章では，スマートシティにおける重要な課題である「データ活用」「住民目線のICT活用」「住民ニーズの活用」の3つを扱い，各課題に対応する事例として，カナダのトロント市，静岡県裾野市，神奈川県藤沢市の3事例を取り上げる。トロント市と裾野市のSDCC構想は，スマートシティが実現しなかった事例ではあるものの，このような事例からも今後の取組みにとって学ぶべき点は多いと思われる。

2　ハワードの田園都市構想

後述する神奈川県藤沢市の藤沢サスティナブル・スマートタウンでは，長く愛されるまちづくりのためのコミュニティ形成の手法について，イギリスの「レッチワース・ガーデンシティ」等の事例を参考にしている。そこで時代は異なるが，スマートシティの1つの参考事例として，レッチワースの田園都市の概要についてみていきたい。

田園都市理論は，19世紀末のイギリスにおいて，ロンドンの荒廃とスラムに対する解決策として提唱された都市理論である[1]。エベネザー・ハワードによって「健康的な生活と産業のために設計された町」と定義され，「都市と農村の結婚」とも称される田園都市は，都市の過密，過大化と農村の過疎化を同時に解決する方法として，土地の共有と土地経営，さらに開発利益の地域社会（コミュニティ）への還元，グリーンベルト構想や住民参加による町の経営・管理などを挙げている[2]（西山 2002：3）。

田園都市の住宅地計画は，人間的なつながりを豊かにする社会生活を目指していた。クル・ド・サック（行き止まり道路），さらに中庭を建物で取り囲んだクォドランドル（囲い込み型集合住宅）は，社会関係を維持する最小の近隣単位とされた。このまとまりは，住宅に出入りする者が互いに確認できる規模であり，地域社会の安全性を確保する単位である。さらに，相互援助の近隣関係を築いたり，町の運営に意見を反映する単位としても適当な規模であった。町の行政に住民が直接参加することを義務づける田園都市論には，地域社会の小さな単位から民主主義を積み上げるという考え方が反映されている（西山 2002：23）。具体的には，住民が町の管理・運営主体となるよう，すべての住民に1株の株主となることを義務づけ，経営に参加することを要求する協同組合的な性格を有していたこと等が挙げられる[3]（西山 2002：5）。

　訳者の山形浩生によると，ハワードの『明日の田園都市』は「現代的な都市計画をきちんと提言した最初の本」であり，以下のように述べている。

　　このハワードの田園都市は，ほとんど初めて住民の立場から考えられた都市計画だといっていい。ここには神様もいなければ，すべてを決める絶対君主もいない。中心には，王宮もなければモニュメントもない。ここで提案されている田園都市の中心には，大きな公園があり，それを取り巻いて各種の公共建築がある。つまりは，市民のための施設や空間が置かれている。（中略）
　　そして同時にこれは，テクノロジー——蒸気機関を使った鉄道と工業を前提とした新しい都市構造の試みでもある。そうした技術変化と，それに伴う社会変化に対してどう取り組むか（提示して見せたのが本書である）。（山形 2016：262-3）

　田園都市論の本質は，都市問題の解決を社会変革の可能性において模索する地域社会計画にあるといえ（西山 2002：202），100年以上前の社会変革を背景にした，最新テクノロジーによる新しい都市構造の試みであった田園都市と，情報技術の進歩が加速する現代の新しい都市構造であるスマートシティとの共通点がこの点に見出せる。

3 サイドウォーク・トロント——データ活用に関する課題——

　2017年10月，アメリカの企業・グーグル（Google）の親会社であるアルファベット（Alphabet）傘下のサイドウォーク・ラボ（Sidewalk Labs）は，カナダのトロント市南東部のウォーターフロントエリアをスマートシティに再開発する「サイドウォーク・トロント」プロジェクトを発表した。グーグルのカナダ本社をこの敷地に移転し，自動運転，ロボット・デリバリーシステム，低コストのモジュラー式木造建築，および各分野におけるデータ活用等，最新技術を活用したスマートシティを開発する計画であった。住民の意見にも，「コミュニティを計画の中心に据えること」「自然とのつながりを維持した街づくりを実現すること」「計画策定において，先住民が関与できる機会を提供すること」等がみられた。

　ところが，3年後の2020年5月，一転してプロジェクトからの撤退が発表された。「コロナ禍のトロント市不動産市場の不安定化のため，収益性の確保が困難となった」ことが撤退の要因として公表されていたが，それ以外の理由の1つとして考えられていたのが，データの活用に関する課題であった。

　サイドウォーク・ラボは，都市の課題を解決するためには，都市の状況を正確に把握することが重要であると考えていた。たとえば，混雑などの交通問題を解決するためには，公共交通，自動車，自転車，徒歩などで人々が移動するために選択する手段の割合と方向などをリアルタイムで正確に測定し，意思決定過程に反映することが肝要である。スマートシティの効果的な運営のためには，都市に関する大量のデータが必要になるため，当初からデータのプライバシー問題が指摘されてきた。そのため，プロジェクトを推進しながら，住民や自治体とともに議論を重ね「計画書"Project Documents"」を完成させている。

　そこで，データの活用に関して実際にどのような計画が策定されていたのか，その概要についてみていきたい。実現しなかった計画ではあるが，その内容について把握しておくことは，今後のデータの活用場面において参考になると思われる。本節では，"Project Documents" の "Chapter 5 Digital Innovation: Part 3 Creating a Trusted Process for Responsible Data Use"（第5章 デジタルイノベーション，第3節 責任を持ってデータ使用するための信頼可能

なプロセスの形成）の内容を参考にする。

　サイドウォーク・ラボは，「データを守ること」「都市データを公共の資産とすること」「ガイドラインを適用すること」という3つの重要なテーマにもとづき，「都市データ」とよばれる新しいデータの活用を提案していた。「都市データ」とは，個人情報と個人が特定されない情報の両方をいい，厳密に分類すると，①非個人データ（Non-personal data），②集計データ（Aggregate data），③非識別化データ（De-identified data），④個人情報（Personal information）の4種類に分類される（SIDEWALK LABS 2019：417）。これらのデータは，「都市データ信託機関の設立」「RDU（Responsible Data Use）ガイドラインの策定」「都市データの使用，収集の明確なプロセス」の3つのプロセスに従って使用される。

　第1に，都市データ信託機関の設立に関して，トロント市民は，都市データの所有と管理について懸念を示していたため，サイドウォーク・ラボは，都市データのデジタルガバナンスの問題を監督する機関である，都市データ信託機関を設立することを提案していた。

　第2に，「RDU（Responsible Data Use）ガイドラインの策定」とは，プライバシーやデータ所有に関する懸念について取り上げているガイドラインであり，"Privacy by Design" とよばれるアプローチにもとづき制定されている。

　第3に，「都市データの使用，収集の明確なプロセス」について，「都市データ」の収集や使用に当たってRDUの審査を受ける必要があること等が定められていた。

4 裾野市──住民目線のICT活用

4-1　ウーブン・シティ

　現在，静岡県裾野市のトヨタ自動車東富士工場の跡地に建設されているのが「ウーブン・シティ」である。第1期エリアの建築工事が2024年10月以降に完了し，2025年には移動や物流，エネルギー，食等に関する実証事業を開始する予定である。このプロジェクトは，「人々が生活を送るリアルな環境のもと，自動運転，モビリティ・アズ・ア・サービス（MaaS），パーソナルモビリ

ティ，ロボット，スマートホーム技術，AI 技術などを導入・検証できる実証都市を新たに作ること」を目指したものである。

　トヨタ自動車は，本プロジェクトの狙いを「人々の暮らしを支えるあらゆるモノ，サービスが情報でつながっていく時代を見据え，この街で技術やサービスの開発と実証のサイクルを素早く回すことで，新たな価値やビジネスモデルを生み出し続けること」としている。「ヒト中心のまち」「実証実験のまち」「未完成のまち」という3つのコンセプトにもとづき建設が進められており，常に改善していくことを想定しているため，「未完成のまち」であり続けることがウーブン・シティのとりわけ大きなコンセプトになっている。

　ウーブン・シティ構想の背景には自動車業界の激変がある。自動車業界は100年に1度の大変革期を迎えているともいわれ，電気自動車（EV）や燃料電池自動車（FCV）の普及や，「コネクテッド（Connected）」「自動運転（Autonomous）」「シェアリング（Shared & Services）」「電動化（Electric）」という4つの頭文字をとった「CASE」の技術革新によってクルマの概念そのものが変わろうとしている。ウーブン・シティは，次世代の自動車産業のあり方を根底から再検証する実証実験でもある（日本建設業連合会 2022：14）。

> 　これまでのまちづくりは，目的や課題解決よりも技術開発が先行し，連携や協働による全体最適化が困難な側面があった。その結果，生活者視点が希薄になり，行政や運営者視点の独断を招く傾向もみられた。日常生活が営まれるリアルなコミュニティの中で住民や企業，自治体，周辺地域が自発的にまちづくりに参加し，地域に根付いた社会を育むためには，柔軟な発想と自主性が必要となる。その舞台が一企業の所有する土地であれば自由度が高く，市民と運営主体が連携するスキームは構築しやすい。同社では，私有地であるからこそ可能なトヨタ自動車と裾野市，そして裾野市民とのより強固な連携を希求している。（日本建設業連合会 2022：15）

　企業の私有地であれば自由度が高く，市民との連携がしやすいとあるが，私有地であるがゆえに企業の独断によるまちづくりに陥る可能性も否定できない。運営者主体のまちづくりになるか，それとも生活者視点を重視したまちづくりが実現できるかは，運営者のまちづくりの理念に拠るところが大きいといえる。

4-2 スソノ・デジタル・クリエイティブ・シティ構想

「スソノ・デジタル・クリエイティブ・シティ構想（SDCC 構想）」とは，裾野市が 2020 年 3 月に発表した次世代型近未来都市構想のことであるが，その後 2022 年に市長が交代した関係もあり，同年 9 月にこの構想は終了した。「SDCC 構想」と「ウーブン・シティ」は別のプロジェクトであるが，裾野市は「双子のスマートシティ」となるべく両者の連携を目指していた。

「富士山麓の豊かな自然環境のもと，クリエイティブ・マインドを持った市民・企業等がデジタル技術やデータの利活用によりまちをリデザインし，あらゆる分野の地域課題を解決する次世代型近未来都市」を目指したプロジェクトであり，「市民生活を豊かにし，市民が生きる喜びを実感できるまちの実現」がその理念であった。取組みの方向性として，「ウーブン・シティ周辺等の整備及び地域との融合」「災害に強い地域循環共生圏の形成」「持続可能で稼げる農林業の推進」等の 9 項目が挙げられていた。

具体的な取組み内容には，衛星画像から田畑の耕作状況や耕作放棄地を AI により自動判別することや，富士山噴火を想定した避難状況を上空からドローンで監視するといった実証実験があった。社会課題を分野ごとに精査して解決するため，裾野市は 80 を超える多様な事業者が参画するコンソーシアムを立ち上げたが，2022 年に SDCC 構想は終了した。構想が終了した理由には，以下の点が挙げられている（裾野市 2022）。

① 「スマートシティの実現」を目的に ICT 技術の実証を進めることは，先進的である反面，市民生活に直接つなげることが難しく，市民には浸透しにくかった，という課題があった。

② SDCC 構想策定当時とは，市の置かれた状況も大きく変化し，加えて SDCC 構想による近隣市町と比較した優位性が薄れてきたことから，SDCC コンソーシアム会員各位へ SDCC 構想を具現化する取組みの継続を説明することも難しい状況となった。

③現在，当市は「日本一市民目線の市役所」というミッションを掲げている。スマートシティやスーパーシティといった大きな構想を目指すのではなく，原点に立ち返り，生活に身近な地域の課題を解決していくことが，市民に求められていると考えている。

SDCC 構想では，ウーブン・シティを閉じた空間にしないで，地域住民に

も開かれたまちとするために,「ウーブン・シティ周辺等の整備及び地域との融合」が取組みの1つに挙げられていた。SDCC構想自体は終了したが,ウーブン・シティをいかに地域に溶け込ませるかが今後の課題であることには変わりはなく,田園都市と未来都市が融合した「田園未来都市」を目指すまちづくりでもあり,前述したハワードの田園都市構想にも通じるものである。

裾野市はSDCC構想を終了した後も,ICTを活用した行政サービスの利便性を向上させ,市民の声を聴くことを大切にしている。裾野市役所は「日本一市民目線の市役所」を標榜し,住民が直面している課題や住民のニーズを把握するために,インターネットで市民の意見や要望を投稿することができる「デジタル目安箱」を開設している。また,「地域に飛び出す市長室」という名称で,夏祭り等の地域イベントや学校行事等の市民が集まる場所に臨時「市長室」を設置して,市長が市民の声を直接聴く取組みも行っている。

「デジタル目安箱（2022〜2023年）」（裾野市2024）の主な内容には,「富士登山への呼びかけについて」「富士山を見渡す景観について」「裾野市を代表する農産物について」といった裾野市独自の内容や「AIによる保育園入園調整システムの導入について」「市からのお知らせのSNS配信について」等のデジタル化に関連した内容がみられるものの,これらの内容をみる限りでは,ウーブン・シティに関連するものは見当たらず,この点からもスマートシティに対する市民の関心がそれほど高くないことがうかがわれる。

筆者は横浜市のスマートシティ政策について取り上げた際にも,実際のユーザーである住民の視点を重視する必要性について述べたが（菅沼2019）,行政主導でスマートシティを推進しようとしても,政策の具体的な内容や,スマートシティを推進することによる恩恵（ベネフィット）が市民に伝わらなければ,市民が置き去りにされたまま政策が推進されてしまう。市民に広く内容を周知させる取組みが必要になってくる。

5　藤沢SST──住民のニーズからサービスが生まれるまち──

5-1　藤沢サスティナブル・スマートタウン

本節では,住民ニーズを取り入れながらまちづくりを実践している事例とし

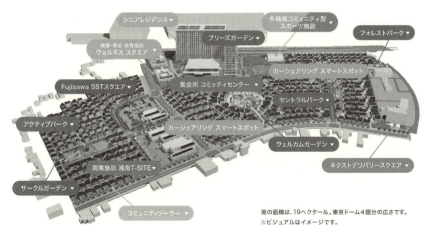

(出所) Fujisawa SST ウェブサイトより（2024年9月11日最終取得 https://fujisawasst.com/JP/town/）。

図 8-1　藤沢 SST 全体マップ

て，神奈川県藤沢市の藤沢サスティナブル・スマートタウン（以下，藤沢SST）を取り上げる。藤沢SSTは，南北300メートル，東西600メートルにおよぶ約19ヘクタールの複合開発のスマートタウンである。まちを構成する施設には，戸建住宅600戸，集合住宅400戸の他に，タウンマネジメント施設，複合商業施設，健康・福祉・教育施設，次世代物流施設等がある（図8-1）。2014年の春にまちびらきし，2024年10月に集合住宅街区が竣工し，約3000人が暮らすまちが完成した。

藤沢SSTは，1961年に当時の松下電器産業（現在のパナソニック株式会社）が，関東へ初めて進出した工場の跡地を活用したスマートタウンである。工場稼働時には，直接雇用の創出や地域経済への貢献というかたちで地域と関わりを持ち，工場閉鎖後の2010年には，藤沢市とまちづくりの基本構想について合意し，パナソニックと藤沢市で官民連携会議を立ち上げた。翌年の2011年には，藤沢市とまちづくり方針を策定するなど，行政と連携して推進したスマートタウンである点が大きな特徴となっている。

このまちのコンセプトは，社会課題の解決を目指し，地球環境問題を見据えた低炭素化，高齢社会を見据えた多世代居住や災害対応，そしてこれらを支えるICTの活用とタウンマネジメントを踏まえて，「生きるエネルギーが生まれ

る街」となっている。これは，生活に欠かせない「エネルギー」と，人々が活き活きと活力を生み出していく「バイタリティ」という意味を併せ持っていることに由来している。

　藤沢 SST は，「自立共生型のエネルギーマネジメントタウン」を目指しており，まち全体で約 3 メガワット超の太陽光発電システムや蓄電池を，戸建て住宅にはスマート HEMS[4]（ヘムス）を導入している。また，まちのエネルギー情報を収集分析して，住宅やタウンマネジメントオフィス等のまちなかで「見える化」し，省エネ意識を醸成している。まちの南側の公共用地には，約 400 メートルにわたり 100 キロワット規模の太陽光発電機が設置されており，平常時には売電を行い，非常時には周辺地域に電源として無償開放する。

　上記に関連する点として，筆者は横浜市港北区の綱島サスティナブル・スマートタウンを事例に，綱島地区の新旧住民の見解を調査し，スマートタウンと近隣地域とのつながりの可能性について考察した（菅沼 2020）。その結果，スマートタウンの先端技術の地域への還元として，災害時や停電時に電力を近隣地域にも融通してほしいという要望が強いことが明らかになった[5]。この調査結果を実現化した取組みが藤沢 SST では行われており，スマートタウン内だけでなく，周辺地域へのエネルギーに関する地域貢献にもなっている。

　藤沢 SST では，「100 年経っても価値が高いまち」「環境技術・CO_2 削減の意識が高いまち」を目指すという観点から，「田園都市の考え方」と「環境技術」とが融合したまちを目指すことが定められた。そのため，前述したイギリスの「レッチワース・ガーデンシティ」や「ハムステッド・ガーデンシティ」の事例から，長く愛されるまちづくりのためのコミュニティ形成の手法等について研究している。また，再生エネルギーの活用による環境に配慮したまちづくりの例として，オランダの「アルメーレ・サンアイランド」や「太陽のまち」を参考にしている（若林 2014：18）。以下では，藤沢 SST のコミュニティの活性化に向けた取組みについてみていきたい。

5-2　コミュニティ形成に向けた取組み

　藤沢 SST では，コミュニティというベースがあれば，常に人と人がつながり，街に対する想いやアイデアがつながり，世代が変わっても街は発展し続けることができることを謳っている。街が 100 年後まで豊かに発展し続けるため

には，そこに住む人たちが自分たちの手で街を育てていく，そのためのコミュニティの活性化が必要不可欠であるため，まちがオープンした時からコミュニティを活性化する仕組みを取り入れている。

具体的な取組みとしては，たとえば災害等の非常時に備えて，少人数の共助グループをつくり，タウンマネジメント会社が企画する防災イベントなどの各種行事等で，住民間の交流を深めながら結束力や連携力を高めている。また，自宅やまちのエネルギー情報，公園のカメラ映像，まちの情報，周辺地域やイベント情報，住民同士の口コミや掲示板等にアクセス可能なタウンポータルサイトを提供している（荒川 2022a：40-1）。

こうした取組み以外にもコミュニティを活性化させるために，「タウンマネジメント」と「まち親プロジェクト」といった取組みがある。

タウンマネジメント　　持続的なタウンマネジメントを実現するため，まちの住民や事業者が参加する自治組織「Fujisawa SST コミッティ」と，まちの運営に携わる組織である「Fujisawa SST マネジメント株式会社」を設立している。「Fujisawa SST コミッティ」は，従来の自治会の役割に加え，住民主体でまちづくりを行うための自治組織である。「Fujisawa SST マネジメント株式会社」は，2013 年 3 月にパナソニックをはじめ民間企業 9 社の出資により設立されたものであり，「Fujisawa SST コミッティ」の活動を支えながら，住民へのサービス提供やコミュニティ醸成，企業・自治体との連携によるインキュベーション等を担っている。

「Fujisawa SST コミッティ」と「Fujisawa SST マネジメント株式会社」の両者がタウン内活動の両輪となって，まちを進化させ続けるマネジメントを行っている（荒川 2022b：46）。当初は，管理組合の設立を検討していたが，住民のみで構成される団体に，設立直後からタウンマネジメントの運営を任せることは現実的ではなく，施設を利用した住民交流の提案を含めたノウハウの蓄積や風土形成を手助けする仕組みが必要と考えられた。このため，タウンマネジメント機関である「Fujisawa SST マネジメント株式会社」を設立し，自治会から管理運営を有償で受託する方法を採用した（八木 2018：18-9）。

まち親プロジェクト　　タウン内の住民や周辺地域の住民，タウン内で働く人等まちに関わる全ての人々が「親」としてまちを育んでいくという思いを込めて「まち親プロジェクト」という名前が付けられている。コミュニティの醸

成・発展を目的とし，地域住民も参加する「FSST文化祭」や，住民のニーズを聞きながら，住民と企業が共同して新しいサービスについて意見を交わす「タウンミーティング」等の取組みのほかにも，農業を通して自然の恵みや食の大切さを学び，住民や周辺住民等のコミュニティ醸成を図るとともに，各施設やサービスと連携し，食や健康のサービスを生み出す「シェア畑」といった取組みも行われている。

　こうした取組みのほかに，藤沢SSTの特徴の1つといえるのが，民間企業との実証実験のフィールドに住民が参加するまちであるという点である。藤沢SSTでは，2014年のまちびらきから7年間で，約70件を超える実証実験やマーケティング調査活動等を進めており，新しいサービス・技術の実証フィールドとして機能するとともに，この活動を通じて住民と企業とのコミュニティが形成されるという相乗効果が得られている。つまり，「まち親プロジェクト」を通じて形成された住民と企業のコミュニティが，企業が技術開発や事業創出活動を行うためのプラットフォームにもなっているという（荒川 2022b：47）。「くらし起点」のスマートタウンづくりのために，まちに関わる各種データと，住民，自治体，企業，商業施設等から提供されるデータを連携させ，住民に合わせた情報やサービス・機能を強化することで，コミュニティの活性化やまちの発展に役立てている（荒川 2022a：41，2022c：30）。

　具体的な取組み内容には，以下のようなものがある。

スマートエアコン見守りサービス　サ高住（サービス付き高齢者向け住宅）に導入したIoT対応エアコンと非接触センサーによる空室環境や入居者の睡眠中の体動などを検知する「スマートエアコン見守りサービス」が2016年9月に，学研ココファンと共同で実証から実装へ実現した。

睡眠環境サポートシステム・健康データの見える化　2020年7月には，タウン内の住民50人が協力し，約半年間，スマートデバイスによる運動などのデータを収集し，QOLを可視化する実証を京都大学と共同で行った。日々のバイタルデータと地域コミュニティへの参加頻度の関連性をスコア化し，健康の見える化で意識や行動を変えることを目指している。

自動配送ロボット　コロナ禍を受け，周辺地域の食材や食品等をタウン内の各家庭に届ける自動配送ロボットの実証実験も実装した。

　これまでに実証実験に参加した住民へのインタビュー調査の回答結果の一部

には，以下のものがある（荒川 2022c：32）。

- 住みやすい世の中にしたい，世の中が住みやすくなるのだったら，自分が実験台になって，喜んで実証実験にも協力する。
- いろいろ実験に参加するのは面白い。可能な限り参加しようと思っている。
- もっといろんなことに挑戦したい。様々な企業と接点を持ちたい。
- （企業は住民に対して）遠慮なくぶつかってきてほしい，気を遣わないでほしい，もっと頼ってほしい。
- いろんなものを取り入れて，進化していって。それが安全安心含めて，みんなが住み良いまちにつながってくるのが良い。
- 自分ができることがあれば協力したい。まちに関わることは，自分たちの安心にもつながる。まちが元気をなくしてしまうと住み心地が悪くなる。

　藤沢SSTの施行企業であるパナソニックが実施したアンケート結果であることを差し引いて考える必要があるにしても，「いろんなものを取り入れて，進化していって。それが安全安心含めて，みんなが住み良いまちにつながってくるのが良い」「自分ができることがあれば協力したい。まちに関わることは，自分たちの安心にもつながる」等の回答に代表されるように，「住みやすいまちになるためならば，実証実験にも積極的に参加したい」といった回答が一定数あることが推察される。実証実験を通じて，住民の意見がまちのコミュニティ形成や，住みやすさにつながることが実感できれば，住民の参加意識を醸成することが可能な住民主体のまちづくりにつながるといえる。
　「企業や大学，行政の取組みに住民が積極的に協力するには，住民にとってのベネフィット（便利さや快適さのほか，QOLの向上など）も必要であり，双方にとって意義のある取組みであることが継続するための条件であると考える。その前提条件は，住民が主体的にまちの取組みに参画でき，住民との合意をもって進める仕組みやマネジメントが必要とされる」（荒川 2022c：32）とあるように，主体的な住民参加や住民との合意形成が可能になるためには，その前提としてそれが可能になる仕組みづくりやマネジメントの設計が必要になる。

6 「市民中心主義」の都市のために

　本章では，スマートシティにおける「データ活用」「住民目線のICT活用」「住民ニーズの活用」の3つの課題について事例を通してみてきた。トロントの事例からは，「都市データ」とよばれる新しいデータの活用をするために，都市データの信託機関を設立することを提案していたこと，裾野市の事例からは，スマートシティについて市民に認知させる必要性，藤沢市の事例からは，スマートタウン内のコミュニティを形成するためには，住民が実証実験に参加するなどしてまちづくりに参加している実感を持てることが必要であることを述べた。

　社会におけるデジタル化推進の流れは不可避的であり，その傾向は都市においても同様である。デジタル化の推進によって都市の利便性が増しているようでありながら，その内実は住民ニーズを満たしたものでなければ，「市民中心主義」の都市とはいえない。この点，「ウェルビーイングの向上」を目的とした「市民中心主義」の都市を実現するためには，前述したレッチワースの田園都市の考え方が参考になると考える。

　住民参加による町の経営・管理や，住民による土地の共有を特徴とするレッチワースの田園都市と藤沢SSTとでは比較する前提条件が異なるけれども，人間的なつながりを豊かにする社会生活を目指し，町の行政に住民が直接参加することを義務づけるというレッチワースのまちづくりと，タウンミーティングや実証実験に参加可能であるといった住民参加の点において両者には共通点がある。

　藤沢SSTの場合，実証実験に参加し，それがサービスとして将来的に住民に還元される点にスマートタウンとしての特徴がある。「参加意識を持てるまちづくり」であるという点に両者の共通点を見出すことができ，この点にスマートシティのまちづくりのポイントがあると考えられる。データを使用する目的が明確で，将来的に自分たちの生活に還元されるのであれば，積極的に実証実験等に参加する住民も増え，トロントの事例のようにデータに関する問題が起こる可能性も低いのではないだろうか。

　利便性や機能性のみを追求したスマートシティと，住民が実際に住みやすい

と感じるまちは同じではない。「市民中心主義」を掲げるスマートシティでは，スマートシティの内外を問わず，人間的なつながりを豊かにするコミュニティ形成が重要になると思われる。外部に閉じた異質な空間としてスマートシティが存在するのではなく，藤沢SSTの「シェア畑」の取組みのように，タウン内の住民だけでなく，近隣地域の住民に対しても施設や設備を開放して地域とのコミュニティ形成を図ることが重要である。戸建と集合住宅が混在し，シニアレジデンスが立地する等，多様な世代が暮らすスマートタウンでの住民参加によるコミュニティ形成の課題について調査することを今後の課題としたい。

注

1　西山八重子によると，イギリスの都市社会学における田園都市論の評価は，どちらかといえば否定的であるという。その理由は，田園都市が都市問題を都市自体で解決しようとせず，理想都市を建設することによって解決の道を探ろうとする，ユートピア的発想にあるという（西山2002：200）。

2　レッチワース建設開始後の1907年当時には，人口4300，住戸800戸，商店数50，工場数10，労働者400人，組織や協会のリストは65団体のまちの規模であった。レッチワースにおける団体活動は，新しい価値観と生活スタイルを実現する理想主義的な人々が多かったこともあり，建設当初から非常に活発だった。

　その内訳は，文化やスポーツ関係が15団体，宗教関係が13団体，住宅やレッチワース田園都市協会関係を含めたものが8団体，教育関係が7団体，フェビアン協会等政治関係が7団体，労働や職業に関するものが6団体などであった（西山2002：83-4）。

3　田園都市とニュータウンの違いについて，都市計画の分野では，ニュータウンを田園都市の系譜に位置づけることが一般的であるが，西山は以下の点で本質的な違いがあると述べている（西山2002：117-20）。

　町の自立についての考えと経営基盤の違い　ニュータウンの事業主体は開発公社で，独立採算制をとっている。公社は事業責任を国家に対してのみ負っていた。一方，田園都市は，事業を民間の非営利会社が担当し，住民も株主になって発言権を持つ。土地はすべて団体所有で，土地・建物を定期賃貸借して収益を上げる。

　人口規模や住民参加の問題　ニュータウンの人口は，1960年代では，20万から40万と大規模であった。ニュータウンに居住する権利は国によって決められたため，住民参加の可能性は想定されていなかった。一方，田園都市は，住民が町の運営管理に直接参加できる町であったため，人口3万規模が適切とされた。

4　"Home Energy Management System" の略であり，家庭で使うエネルギーを節約するための管理システムのことである。家電や電気設備とつないで，電気やガスなどの使用量をモニター画面などで「見える化」したり，家電機器を「自動制御」したりする。

5　綱島サスティナブル・スマートタウン（綱島SST）は，藤沢SSTに次ぐパナソニックが施工したスマートタウンの第2弾である。アンケート調査は，2019年5月に，横浜市港北区綱島地区の綱島地区連合自治会の全14自治会自治会長に対して実施し，その内12の自治会会長からの回答を得た。アンケート形式は，全9問の全て自由回答記述の無記名式で実施した。

第8章　住民ニーズからみるスマートシティにおける課題＿143

第9章 浜松市政教分離訴訟にみる自治会と神社の政教分離問題

鈴木 颯太

1 町内会・自治会活動にかかわる政教分離の問題

　地域コミュニティの重要性が強調される今日,「地域の祭り」は住民相互の交流の場をつかさどる重要な取り組みとして注目される。普段,行政との関係を密にしながら回覧板を回したり,ごみ集積所の管理を担ったりするなど,地域における日常的な活動が重視される町内会・自治会[1]だが,これら組織が年に数回催すこうしたハレの日のイベントもまた,娯楽の提供や地域への愛着とかかわる点で特別なひとときである。

　ところで,こうした地域の祭りが地域の氏神を祀る神社の祭礼として執り行われるとした場合どうだろうか。そこには,町内会・自治会の公的な側面と,地域神社における氏子組織としての側面という相容れない関係性が浮かび上がってはこないだろうか。仮にそこに問題がみとめられた場合,組織における政教分離や会員の信教の自由はどのように位置づけなくてはならないのだろうか。

　静岡県浜松市では,1960年代から70年代にかけて,このような自治会と地域神社の関係をめぐる問題が提起され,最終的に政教分離に基づき,自治会と氏子組織の切り分けが進められた。本章では自治会と神社が近づき,やがて切り分けられていく過程を記述することで,今後考えられるあるべき両者の関係のあり方を提示してみたい。

　次節では,高木鉦作による行政学からの分析や,ウィリアム・ウッダートによるGHQ側の視点に基づく記録をもとに,戦後の町内会・部落会をめぐる政教分離政策の展開の時系列を整理し,町内会・部落会と,行政,そして神社が切り分けられていった経過を併置する。続く第3節では,全国に先駆けて話題となった自治会の政教分離をめぐる訴訟として「浜松市政教分離原則侵害違

憲訴訟」を紹介する。このような作業を踏まえ，第4節では，なぜ町内会・自治会に伴う政教分離の問題が戦後における町内会・自治会においても継続しているのかを示す。

　地域住民のよりいっそうの多様化が予想される今日，過去の事例を参照することを通じて，今後の町内会・自治会における政教分離のあり方を提案していくことが本章の目的である。そしてそれは，長年にわたって運営されてきた町内会・自治会を可能な限り維持することと，個人が基本的人権を尊重することの両立を目指すものである。

2　町内会・自治会活動と神社

2-1　町内会・自治会における公共性と宗教性

　任意団体である町内会・自治会が，のちにみるように地域神社に関する業務に関与しているケースはけっして珍しいことではない。他方で，公共的な性格を有し，かつ，行政補助をも担うこのような任意団体において，こうした宗教活動とみなされかねない活動が行われれば，政教分離の問題が指摘されるのは避けられない。そのうえ，全戸加入が原則とされていれば，この問題はなおさら避けては通れないものとなる。

　町内会・自治会の加入率の低下が多くの市区町村で懸念される昨今，町内会・自治会の加入形態は任意に基づくものであるという見方は，特段珍しいこととはいえまい。長年にわたって言及されてきた町内会・自治会の加入形態の特徴は，概ね世帯単位での強制加入や半強制加入あるいは自動加入というもので一致をみてきたが（中村1990；倉沢2002），このような見方はその実態のみに着目する限り無効になりつつある。

　しかしながらその実態はともかく，昨今の町内会・自治会においても全戸加入であるというタテマエの維持は，いまなお重要な意味を有している。なぜなら，全戸加入をタテマエにすることで町内会・自治会を地域の代表としてみなすことが可能になるからである。このように，町内会・自治会は法的には任意団体でありながら，原則全戸加入という特質が堅持されることを理由に，公的な性格を帯びた地域住民組織として扱われやすいということは現代においても

いえるだろう[2]。こうした町内会・自治会が帯びる実態とタテマエの両側面は，町内会・自治会が近代的・民主的価値観に反するもの（たとえば磯村 1953, 鈴木 1953）か，それらとは無関連の文化の型か（たとえば近江 1984, 中村 1990）をめぐって繰り広げられた論争，すなわち町内会論争において中心的な論点の1つとなってきた。

さてこのように町内会・自治会は全戸加入や公的性格が指摘される一方で，地域住民同士の娯楽や交流の場を司る側面も有している。こうした側面は，複数指摘される町内会・自治会の機能の1つ，親睦機能として挙げられる（菊池 1973）。これは文字どおり町内会・自治会によるレクリエーションや祭礼を通した親睦を指すものであるが，祭礼が地域における神社のものであった場合，宗教的な性質を帯びるのはいうまでもない。

したがって，仮にそれが町内会・自治会の管轄する範域の氏神を祀る神社に関するものであり，同組織が会費からその祭礼費等を拠出するとした場合，他の宗教を信仰する住民にとって全戸加入を一方的に原則とされる以上，祭礼費の拠出が強制されるという問題が浮かび上がる。このように町内会・自治会の公共性と宗教性が重なる点において，「政教分離」の問題が浮かび上がる。それではなぜ町内会・自治会はこのような二重性を帯びるに至ったのだろうか。

結論を先取りすれば，このような懸念は敗戦直後の時点ですでにGHQによって問題視されていた。そしてこの問題は「町内会・部落会と行政の切り分け」，そして「町内会・自治会と神社の切り分け」という2つの視点からの規制が展開されることとなった。そして，このような議論は今日における町内会・自治会の政教分離をめぐる問題にも通底する論点を投げかけている。そこで以下では，この上述した2つの規制がいかなる展開で進められていったかを確認したい。

2-2 「町内会・部落会と行政の切り分け」をめぐる歴史的展開

まず確認すべきは町内会・部落会と行政の切り分けをめぐる展開についてである。そこで行政学の観点から，数多の行政資料の蓄積をもとに行政と自治会の関係性に迫った高木鉦作による大作『町内会の廃止と「新生活協同体の結成」』（2005）を頼りつつ，戦間期から戦後に至るまでの，町内会・部落会と行政の関係をたどってみよう。

町内会・部落会が全国的に整備されたのは1940年9月11日の「内務省訓令第十七号」によってであった。戦時下に打ち出されたこの「内務省訓令第十七号」は，町内会・部落会に「地域的組織」という元来の性格に加え，「市町村の補助的下部組織」という2つ目の性格を与えるものであり，後者の性格が町内や部落の全戸の加入を要求することとなった。裏を返せば，それまでこのような町内会・部落会に相当する団体は単なる任意の地域住民組織だったということを意味している（高木2005）。

　こうした町内会・部落会の性格は敗戦後の占領下にあたる1947年までの間継続した。1947年1月22日，「内務省訓令第四号」によって，内務省は隣組および町内会・部落会を廃止するという決定を下す。ただし，これは先述した町内会・部落会が有する2つの性格のうち，後者，すなわち「市町村の補助的下部組織」という性格の廃止を意味しており，任意的な「地域住民組織」の性格まで否定するものではなかった（高木2005）。ここにおいて，町内会・部落会は少なくとも法令上「市町村の補助的下部組織」ではなくなり，任意的な「地域住民組織」をいかに運営していくかは，地域住民の手に委ねられたのである。

　ところが，こうした組織において，役員による構成員に対する公的支配力の行使の廃絶は実際のところ困難であった。その実態は，廃止された町内会・部落会が任意組織という体裁のもと，旧来の役員による町内会・部落会と同様の体制が維持されたものだったためである。これを受けて，同年5月「ポツダム政令第十五号」が出されることとなる。これにより，旧来の町内会長や部落会長が旧来の組織の範域内の地域住民へ指令を出すことや，配給機関が配給を受ける者に対し特定の組織に加入していないことを理由に配給を拒むことなどが法制度上禁止の対象となった。

　言い換えれば，これは行政によって提供される利益が町内会・部落会を通して分配されたことで，非加入者がそこから排除されたことに起因していた。これを防ぐ目的で市区町村と町内会・部落会の切り離しが2段階を経て進められたのである。

　そして1952年4月28日をもって，GHQによる占領体制が終了すると，「ポツダム政令第十五号」は「ポツダム命令を廃止する法令」により廃止される。この廃止に伴い，自治庁は町内会・部落会の復活を奨励するものでも，禁

止するものでもなく，放任する姿勢を見せ，こうした組織を市区町村が下部組織や連絡組織として活用できるようにすることに対して公式の意見を表明しない立場をとったのであった（高木 2005）。

以上のように町内会・部落会は，「内務所訓令第十七号」による制度化，「内務省訓令第四号」による公的性格の廃止，「ポツダム政令第十五号」による禁止，および市区町村との切り離し，そして「ポツダム政令第十五号」の廃止による自由化という経緯を辿ってきたことがわかる。

2-3 「町内会・部落会と神社の切り分け」をめぐる歴史的展開

行政による町内会・部落会利用の禁止がGHQによって展開され，とりわけ「政令第十五号」が解散というかたちで町内会・部落会にもっとも大きな影響をもたらしたが，これと似た構図で町内会・部落会が神社神道との関係を断ち切ることを目的とした指令が打ち出された。これこそが「神道指令」である。厳密には，神社神道に対する公的な資金による財政援助の禁止，および公的な組織が神社神道に関与することを禁止した「神道指令」に基づいてなされた一連の施策が，両者の切り離しを推し進めた。よって，ここからは先の高木による文献に加え，主にウッダート『天皇と神道』(1972) を参照しながらその展開を整理していこう（Woodeard 1972＝1988）。

町内会・部落会や隣組において，神社への寄付が強制力を帯びた背景には，またしても配給の問題が関係していた。たとえば，寄付が不十分だった際に，配給の分配で差別が起こったり，神輿をかついだ若者が器物を損壊させたりといった威嚇のかたちで問題が起こっていた（Woodeard 1972＝1988）。

これを受けて1945年12月24日の内務次官・神祇院総裁連名の通牒「国家神道，神社神道ニ関スル連合軍総司令部ノ指令ニ基ク措置ニ関スル件」（神道指令）によって，氏子や崇敬者による神社費の負担を強制することや，町内会費や部落会費を通じて負担者の自覚を伴わない集金方法を避けることを指示された（高木 2005）。

しかしながら，1946年春以降になっても，都道府県レベルで，各地方の住民からその意思に反して寄付を強制されたと主張する訴えが，引き続き占領軍の民政班に持ち込まれた（Woodeard 1972＝1988）。占領軍による記録であるとはいえ，この時点ですでに町内会や隣組を介した寄付に対する不満が地域住民

から上がっていたという事実は興味深い。

　このような問題が起こった理由として「各地の住民の大半」が,「隣組によって割り当てられ徴収される寄付を,当然の慣行として支払っていた」事実があった。しかし,そのなかには「みずから進んで支払っている者もいるし,断るのは得策でないと感じて支払っている者も」おり,「多くの人びとは,寄付の割当てを受けたときに心理的な圧力を経験しただけでなく,断った場合に住居などに被るかもしれない物理的な損害や社会的な疎外——しばしば,非常に厳しい形でなされた——を心配したの」だった。これは「信教の自由の原則と宗教と国家の分離が,いずれの場合にもふくまれていた」（Woodeard 1972＝1988：150）。

　ここには配給の分配を盾に神社の寄付金を強制する隣組と,それに不満を抱きつつも声をあげることのできない住民の姿がある。そこには後に見る,信教の自由と政教分離に基づき,大々的に取り上げられることとなる問題の端緒が見て取れるのである。ウッダートは「寄付募集のさい,個々の場合に強制があったかどうかを認定することは,不可能とはいわないまでも,きわめて困難であった」としており,この問題に「不満を訴える人びとは匿名を希望するのが普通だった」という（Woodeard 1972＝1988：151）。匿名での訴えが多かったために詳細な実態を把握するのが難しかったのである。さらには,町内会・部落会を「神道指令」が示す「公的な組織」に含まれないという認識をもつ者が多かったことが,こうした問題が正面から検討されるのを妨げたのだった（Woodeard 1972＝1988,高木 2005）。

　こうした実情を受け,翌1946年8月19日には文部省宗務課による通達「神社の奉納金,祭典費について」が出される。これは「都道府県知事にたいして,隣組は公的な組織と考えられるものであること」に加え,「隣組による,(1)神社のためのお初穂料,定例会費,寄付金等の徴収,(2)宗教的祭典もしくは寄付への市町村等の支出金からの支出,および,(3)神符,守り札,形代（かたしろ）等の配布等の行為,ははっきりと禁止されていること」に関して注意を喚起するものだった（Woodeard 1972＝1988：152-153）。ここにおいて隣組が公的な組織であると明確化されたのである。

　しかし,その後もその趣旨は徹底されず,同年11月16日に文部・内務両次官による連名の通牒「町内会,隣組等による神道の後援及び支持の禁止に関す

る件」が，翌1947年1月28日には文部省宗務課長による通牒「神道指令違反について」と立て続けに通牒がだされた。

　高木はこれについて以下の2点を指摘する。

　1点目として，前項でみてきたとおり，1947年1月の「内務省訓令第四号」により町内会・部落会に「市町村の補助的下部組織」という性格を付与した「内務省訓令第十七号」が効力を有しており，これによって「神道指令」のもとでも，町内会・部落会が「公的な組織」としてみなされたという点である。

　そして2点目として配給の割当てと引き換えに，神社への寄付を強制するなどといった行為が見受けられていたということであり，町内会・部落会の強制性を具体的に示す事例として，これらの解散に通じるものであったという。ここにおいて，市区町村と同様，神社もまた町内会・部落会を利用できなくなったのである（高木2005）。

　その後，1951年のサンフランシスコ平和条約締結をきっかけに，町内会・部落会を規制する「政令第二十五号」の廃止と同様に，「神道指令」もまた失効するに至る。これは言い換えれば，地域住民組織の結成を阻む制約が取り払われたと同時に，これらの組織と宗教の関係性についての制約が消滅したことを意味する。後の町内会・自治会と行政，あるいは町内会・自治会と宗教の関わり合いをいかに構築していくかは，地域住民の手に委ねられたと言っていいだろう。

　次節では，神社との緊密な関係を築いてきた自治会を複数有しており，それゆえに政教分離が問題となった浜松市の自治会の事例をみていきたい。

3 浜松市における神社と自治会の関係史

　占領終了後における町内会・自治会と神社の関係において，政教分離がはじめて大々的に議論の俎上に載せられ，耳目を集めることになったのは静岡県浜松市における「浜松市政教分離原則侵害違憲訴訟」である。同訴訟では初公判前に原告・被告間で「覚書」が取り交わされたことで最終的に訴訟の提起が取り下げられることとなった。しかし，同訴訟は全国的にも話題となっただけではなく，同市における自治会活動の展開において大きな影響を与えることとな

った。そして，浜松市では今日においてもなお，自治会と行政，あるいは自治会と宗教の関係を考えていくための1つの指針として影響力を維持している。

それにしても，いかなる経緯を経て浜松市の自治会において政教分離問題が生じたのだろうか。そこで本節では浜松市において，明治期より神社と関係を取り結んできた地域住民組織（区長会，総代会）の変遷を確認しよう。そして占領終了後の自治会と神社の関係についていち早く「政教分離」の観点から検討が加えられるまでの過程をたどってみたい。

3-1 明治期から戦間期における地域住民組織と神社

浜松市における自治会の起源は旧浜松町における町制施行に伴う行政区長制度にまでさかのぼる。1911年の市制移行後まで大字を前提に区が設けられ，そこでは区長が置かれ区内の行政事務を補助的に執行した。これを定めた「区長設置規定」は1918年に廃止されたものの，これらの組織的な役割は代わって「総代制」に継承されることとなった。これは1940年に町内会制度が施行されるまで続いた[3]。

この「区長制」，および「総代制」のもと地域住民組織がいかに運用されていたかを知る手掛かりとなる資料として浜松市名残町（なごりまち）に関連するものがある。そこでまず1891年の「区長制」下における同地区の「名残規約」を参照したい。この「名残規約」において，神社に関する記述は，わずかではあるものの以下のような記述を確認できる。

> 第八条
> 氏神社賽銭ハ維持金ニ備置事，
> 但氏子惣代ハ毎月末取調其都度国立銀行へ預ケ置キ毎年其金額祭礼会議へ報告スル事　　　　　　（高橋1983：65，傍点は筆者による）

この時点での区長会の規約には，「氏子惣代」の選出方法や任期についての規定が記述されていない。しかしながら，他に同町内の区長やその手当に関する条目が並ぶなか，「氏神社」の賽銭の用途やその報告義務が書き込まれている点が興味深い。

つづいて1924年における同町の規約「名残規約改正」がある。この時期す

でに市制のもとにおける「区長制」に基づかない「総代制」の時期に入っている。この規約において、神社に関する記述はどのようになっているだろうか。

　一，氏子総代ハ五名トス（前任者ヲ復活セシメ残任期ハ大正十四年三月末日マデトス）
　　　右選挙ハ評議員会ノ推薦トス
　一，神社保存係ハ十名トス
　　　右選挙ハ同前
　一，地蔵堂世話人五名トス
　　　右選挙同前
（中略）
　一，祭礼ハ青年会ニ於テ旧祭礼年番ノ年務ヲ取リ扱ハシムルモノトス。
（中略）
　一，従来評議員ハ毎年新嘗祭ヲ期シ三社神社ニ於テ招待ヲナセシガ爾後全廃ノ事トス。
（中略）
　一，各役員ノ年限ハ左ノ如シ（中略）
　　　氏子総代ハ満三ヶ年　　再選妨ケナシ（ママ）
　　　地蔵堂世話人ハ満二ヶ年　同上　（高橋1983：66-67，傍点は筆者による）

　この段階になると「氏子総代」が正式な役職として数えられていることに加え、「神社保存係」「地蔵堂世話人」といった役職名が散見され始める。これら役職の決定は「評議員」による「推薦」というかたちでなされることとなっており、この「評議員」は下部組織とみられる「組」において「選出」されることになっていることから、制度上は代表制によって決定される構造がみて取れる（高橋1983）。現在の浜松市における自治会の元となる地域住民組織の直接的な継承線上において、おそくとも1891年の時点には、規約内に神社に関与するとみられる「氏子惣代」の役職を確認することができることができ、大正期から昭和初期にかけてこれらが本格的に役職として明記され始める様が想像されるのである。
　そのほか、同時期の住民組織の規約として名残町にみられる規約のほかにも、

同市内の馬込町の規約がある。1922年の総代制期初期の規約には氏子惣代の役職を確認できないものの，1930年の総代会期中期の規約にはやはり「氏子惣代」の役職名をみて取ることができ，これは名残町にやや遅れて見受けられる同様の変化であるといえよう（塚本編1930）。

　わずか2つの事例の提示には過ぎないものの，徐々に神社や民間信仰に関する規定が地域住民組織の規約に書き込まれていく様が確認できた。その背景にいかなる理由があったかは今や確認するすべはない。しかし，ここからは当初より「氏子惣代」といった役職が地域住民組織の内に設けられていたというよりも，徐々にこうした地域住民組織の規約において存在感を増していったこと自体が重要な点として指摘できる。それは必ずしも地域住民組織としての区長会が，氏子組織を前提にスタートを切ったわけではなく，大正から昭和にかけての期間で前者が後者を組み込んでいったことを意味している。

　その後，先述した全国的な流れと同様に「内務省訓令第十七号」の発令に伴い，浜松市の総代制は，1940年に町内会へと移行した（浜松市自治会連合会2016）。この時期に町内会単位で地域の神社がいかに管理されていたか詳細に確認できるものはないが，1943年の「浜松市町内会整備要項」には以下のような記述が見受けられる。

　　敬神・崇祖・祭祀・其ノ他ノ行事ニシテ，従前ノ町内会ノ区域ヲ以テ施行スルヲ適当トスル事項ニ関シテハ町内会ノ議ヲ経，右ニ依ルコトヲ得

これは「敬神・崇祖・祭祀」が「町内会ノ区域ヲ以テ」行うことができるという記述であり，積極的に氏子圏域と町内会圏域の一致を目指す指針としても受け取れる。裏を返せば，この時点においても当時の地域住民組織の管轄する圏域が，氏子圏域と必ずしも一致していたわけではないことを意味している。これは総代制期において，名残町や馬込町のように，地域住民組織があとから氏子組織的性格を帯びていったこととも矛盾しない。

　また「日中戦争から太平洋戦争に拡大した時代において，五社神社・諏訪神社は国家神道下の浜松の総社として位置づけられて」おり，「両社は浜松市民全員を氏子と見なし，その祭典費用は神社予算上に位置付けられ，各町内会に割り当てられた賦課金が重要な役割を担っていた」（浜松市2012：170）。ここに

第9章　浜松市政教分離訴訟にみる自治会と神社の政教分離問題__153

おいてようやく市内の多くの地域において地域住民組織，すなわち当時の町内会が神社を人員的・経済的にサポートする構図が，完成したといえるだろう。

3-2　浜松市における神道指令と浜松市自治会連合会の展開

　次に浜松市における戦後の地域住民組織の神社との関係と，同市内における組織の展開を時系列に沿って確認していこう。

　まず，敗戦から間もない1945年9月から12月までの間，つまり「神道指令」が発令されるまでの，行政と神社の関係に着目する。この間，神社に関連してまず問題となったのは，戦災殉死者の慰霊や終戦の奉告であった。敗戦直後の1945年9月13日，「浜松市長藤岡兵一は通牒を発し，同月二十一日に浜松市と浜松市仏教会との合同主催で，浜松市戦災殉難者追悼大法会を鴨江観音仮本堂で挙行し」た（浜松市 2012：160）。また「西遠地方事務所長から管内町村長あてた『戦争終熄奉告臨時奉幣祭』執行についての通牒」がその8日後の9月21日付で出されている（浜松市 2012：160-161）。さらに同年10月5日には，浜松市長によって，10日後に「利町の総社五社神社において帰還軍人神前奉告祭を単独で開催するために」「戦争終結ニ伴ヒ帰還セラレタル将兵」が参列するように通知」が出されたが，これは「町内会長に向けて」出されたものだった（浜松市 2012：161）。

　このように敗戦直後のこの時点では，市と寺社との関係は慰霊や奉告という点でなお密接であり，いささかも政教分離が意識されたものではなかった。そして，当然この時点では町内会の公的な性格を根拠づける「内務省訓令第十七号」も効力を有していたために，こうした宗教行事に関する通知の一部は，公的な連絡として町内会長あてに発出されたものもあったと思われる。

　1945年12月に「神道指令」が出されると，浜松市においてもこれに基づいた対応がなされることとなったようである。翌年の1946年「二月十三日付で浜松市長は，市内の県社以下の各神社神職・氏子総代にあてて，神道指令に整合させるべく，国家神道・神社神道の後援・支持・保全・管理・弘布を内容とする法令を廃止する旨の通達を出し」，これによって神社に対する「政府による保証と支援などが禁止されたことにより，神社自体の組織と運営も変革を余儀なくされた」（浜松市 2012：162）。

　さらに1946年1月ごろに実施した指令は，「地域住民の日常生活に潜む宗教

行為を，国家神道否定の原理から峻別すること」が目的であったため，「地域住民の氏神神社には，国家神道の下に序列化された社格」や，「神饌幣帛料供進指定を示す標柱」の撤去を命じるものだったが，「速やかになされなかったので，その年の九月六日付で西遠地方事務所長から市町村長あてにさらなる通達が」なされた（浜松市 2012：165，ルビは筆者）。「内務省訓令第四号」により，町内会の公的性格が廃止されたあとの 1947 年 2 月 10 日には，「「町内会隣組等による神道の後援及び支持の禁止に関する件」が静岡軍政部から再度の指示があ」り，これは「全四カ条からなる指示」だった（浜松市 2012：165）。これはおそらく，1947 年 1 月 28 日の文部省宗務課長による通牒「神道指令違反について」に基づいたものであっただろうことは想像に難くない。このように浜松市における町内会と神社の分離も，全国的な「神道指令」の展開に沿って進められたといってよい。

　その後，町内会は 1947 年に「ポツダム政令第二十五号」によって禁止・解散されることになるが，浜松市においては当時なお続いていた配給制度への対応や，防災対策・環境衛生問題への対応のために現在における自治会の前身組織にあたる自発的な組織が成立しはじめ，1950 年には市内全域において活動がなされるまでに至り，こうした組織の連合体である「自治研究会」が発足することとなる（浜松市自治会連合会 2016）。この間において，これらの自治会の前組織が神社といかなる関係を取り結んでいたかは定かではない。しかし，「政令第二十五号」下においてでさえ，町内会の類似組織が成立していたことを踏まえると，「神道指令」もまた同様に，徹底されていたとは考えにくい。再三にわたり通牒が出されていたとしても，それによって当時の町内会の類似組織において，慣習としての神社管理活動や祭礼などが行われていなかったとは断言できまい。

　1951 年には「自治研究会」は名称を変更し現在の名称「浜松市自治会連合会」になったのち，1952 年「政令第二十五号」の失効に伴い，ここに名実ともに自治会の連合組織が確立することになる（浜松市自治会連合会 2016）。同時に「神道指令」も失効したことで，この時点で制度上，それが任意組織として扱われる限りにおいて，自治会，および「浜松市自治会連合会」が神社と関係を取り結ぶことを阻む障壁はなくなったともいえるだろう。

　ところが，「浜松市自治会連合会」は任意団体として公的な役割を率先して

担っていくようになる。戦後の「浜松市自治会連合会」において最も大きな動きは1958年の「町を住みよくする会」の結成である。この「町を住みよくする会」は「浜松市自治会連合会」のほかに，市，婦人会，商工会議所といった官民を問わない多くの活動団体が結集することで，浜松市の人口集中や都市化に伴う問題を解決しようとする市民運動（町を住みよくする運動）から展開したものであり，数年おきに課題が更新されていった。たとえば，結成当初であれば，「衛生害虫とねずみをなくする運動」「犯罪と交通事故をなくする運動」「騒音をなくする運動」が据えられ，これらの都市的な課題解決を目標に据えた市民運動が官民一体で進められていた（浜松市1958年07月21日）。

　ところで，この「町を住みよくする会」は多様な活動団体の複合的な組織という側面を有していた一方で，その骨組みとなっていたのは間違いなく自治会，ないし「浜松市自治会連合会」であったといえる。それは，「町を住みよくする会」の初代会長を「浜松市自治会連合会」の初代会長を務めた人物が務めたことや，その組織構造が浜松市内の単位自治会を基礎としていることからも推察できる。こうした経緯からスタートした市民運動において「浜松市自治会連合会」や自治会の公共的な性格の重要性が高まっていったのである。言い換えれば，「浜松市自治会連合会」やその下部組織にあたる自治会は，浜松市にとって戦後の都市問題の解決を強力に推進していくための組織，すなわち「町を住みよくする会」にとって，なくてはならない公的な性格を帯びたアクターとなっていたのである。ここにおいて自治会は任意団体としての側面と，公的な性格を帯びた側面の二面性を有するに至り，政教分離の適用の是非が問われる下地が用意されるようになっていったのである。

　次にいよいよ浜松市の自治会が政教分離に関する課題と正面から向き合わざるをえないきっかけを提供した，「浜松市政教分離原則侵害違憲訴訟」の展開をみていこう。

3-3　浜松市政教分離原則侵害違憲訴訟

　浜松市において自治会と神社の関係に多大なる影響を与えた「浜松市政教分離原則侵害違憲訴訟」とはいかなるものだったのだろうか。同係争の詳細については，その当事者であり，無教会派のクリスチャンでもある溝口正による著書『自治会と神社』(1975) に描かれている。本項では，その経緯について，

要点をかいつまんで記述しておきたい（溝口 1975）。

　1955 年に浜松市内に転居してきた溝口は，居住地区の自治会の回覧板を通じて自治会主催による神社祭典が実施される旨や，自治会役員がその祭典実行委員を担うこととなる旨などの知らせを受け取る。政教分離の点で問題を見出した溝口は，自治会長や副自治会長に政教分離を前提とした自治会運営を依頼するも受けいれられなかった。

　1961 年には，同自治会の自治会規則の中に氏子総代を役員として設置する旨が追加されることになり，1968 年には町内神社の社殿改築についての賛否を問う署名が自治会を通じて回覧された。

　1969 年，輪番制で自治会の役員を引き受けることになった溝口は役員会において自治会による祭祀費・神社関係費の支出が不適切である旨を指摘し，予算案からの削除を提案するも，多数決によって否決される。また，自治会規約からの氏子総代の条項すべての削除を求めるも，採決にも応じられることはなかった。さらに 1972 年，自治会と政教分離に関する問題点をまとめた公開質問状を自治会長に提出するなど地道に繰り返すも，最終的に神社と自治会の分離はできないため不服であれば退会せよという通告を受け，翌年に溝口はこれに従うこととなった。

　自治会を退会した溝口がとった次の行動は，浜松市に対しこれまで自治会を通じて通知されていた市関係の一切の連絡を溝口個人あてに送付するよう要請することであった。ところが，市民生活に必要な連絡や広報が自治会脱会者に届けられない事態が発生する。こうした事態に，溝口は当時事務局長を務めていた浜松市憲法を守る会の協力のもと，市長交渉，公開質問状，住民監査請求，そしてこれを不服としたことを事由とする住民訴訟にまで展開していったのである。1974 年 8 月 22 日に提起されたこの住民訴訟は「浜松市政教分離原則侵害違憲訴訟」と呼ばれるようになった。

　ところが第 1 回公判を目前に，被告である浜松市や「浜松市自治会連合会」はその姿勢を一転させる。訴訟の直接対象となった各自治会における神社との完全分離や，自治会連合会において「自治会研究会」を発足させ，市当局も参加する中で神社と自治会を分離することが望ましいとの報告書のとりまとめが実行されたのである。これを受けて，原告被告双方は，10 月 23 日に覚書を取り交わし，原告側が訴訟を取り下げるに至ったのである（溝口 1975）。

第 9 章　浜松市政教分離訴訟にみる自治会と神社の政教分離問題＿157

翌年,「浜松市自治会連合会」では,「宗教上の行事に対する考え方について」という声明文を出している。やや長いが以下に引用する。

　宗教上の行事に対する考え方について
　　自治会会則中に宗教に関する規定が設けてあったり, 宗教に関係の予算が計上され, また自治会役員という立場で宗教上の行事等に参画しているようなことは, まま見受けられることであるが, これらは旧来からその地域における住民の連帯意識に基づいて慣習として継承されているもので, そこに宗教的な観念は極めて稀薄であるということは, 一般的に理解されるものである。
　　ただ, ここで祭りの行事を分析して考えてみると, その中には礼拝・祈禱・その他宗教上の祝典, 儀式等の様に直接宗教的要素を含んだものと祭りに行う余興のように社会生活におけるレクリェーション的な行事とが考えられるのであるが, 後者は多くの地域でみられる習俗的・伝統的遺産としての行事と同様にその行事を通じ住民が郷土感にひたり, 年に一度娯楽を求め共通の連帯意識をはぐくむことが大きな要素であって, これに自治会が参加することは差支えないものであると思慮する。
　　しかしながら, 前者については個人の信教が基本的人権として尊重されるべきであること, また, 神社・寺院等の業務運営, 財産管理は宗教法人法にもとづき選ばれた代表役員や責任役員が司るものであるという点を考慮すれば自治会, 自治会役員の名においてこれらの行事に直接参加することは好ましくないことと考えられる。
　　現在, 自治会の中には種々の宗教を崇拝する者がおり, 信教という特性（自由権）からしてとかく宗教の自由を侵害してるが如く誤解を招き, 批判の出る余地を残すことは, 地域全住民の協和のもとに福祉向上を願う自治会として, その運営の円滑を期する上からも決して好ましいものではない。
　　従って, 現在の会則中に宗教関係の条項及び予算の計上, 或いは自治会役員としての直接参画等は, 地域住民の理解を求め分離の方向で改善されることが望ましいことである。　　　　　　（浜松市自治会連合会 1981：44-45）

ここで興味深いのは, 自治会と神社の関係の切り離しが謳われている一方で,

自治会と行政との切り離しについては一切検討されていないという点である。自治会と神社の関係が問題視されるのは，先に見てきたとおり任意団体である自治会が行政との関係を有しており，そこに公的性格を帯びるためである。さらに興味深いことには，自治会脱会後，訴訟にまで打って出た溝口が，訴訟取り下げの後の1975年4月1日より，当該自治会に復帰届を提出し，自治会に再度入会したという事実がある（溝口1975）。

ここから言えることは，これまで自治会と神社の関係を肯定してきた自治会の側だけでなく，自治会の政教分離を訴えてきた溝口においても，自治会に公的な性格を認める前提が共有されていたということである。したがって，この政教分離をめぐる出来事を経たことで，自治会は任意団体という名目を維持しつつも，行政と関連した公的性格を有する組織であるという認識をよりいっそう明確にしたとも言えるだろう。

さて，ここまでの展開を振り返ったとき，浜松市と「浜松市自治会連合会」がたどった道が政教分離を達成する1つの道であったことは間違いない。しかし，はたしてそれが町内会・自治会のたどりうる唯一の政教分離までの道程だっただろうか。

ここでもう一度，占領下のGHQの取組みを思い出そう。GHQが切り離しを図ったのは，町内会・部落会と神社の関係に加え，町内会・部落会と行政の関係の切り離しであった。当然，浜松市の訴訟は前者，すなわち自治会と神社の切り離しを目指す道である。したがって，残された後者，すなわち町内会・自治会と行政の切り離しを目指す道もまた，政教分離を達成する1つの道として存在していたはずである。

ではなぜ後者が検討されず，前者のみが議論され受け入れられていったのだろうか。ここでその理由を明言することまでは叶わない。しかしながら，「浜松市自治会連合会」による意見表明，および当時この訴訟の背景で官民一体の市民運動が積極的に展開されていたという事実によってある程度推測できよう。それはすでに確認したとおり，1970年代当時，浜松市が都市的な課題に対し自治会を中心とした官民連携の運動を展開しており，自治会こそがその主要なアクターとしてなくてはならない存在になっていたためだろう。同時にこれを背景に，都市化の進展に伴い氏神−氏子の関係に束縛されない多様な地域住民が現れたことが，自治会における政教分離が推し進められる契機となったこと

も指摘しておかなくてはなるまい。

4 行政の自治会の利用と政教分離

　ここまでの流れにおいて，明らかなのは町内会・自治会をはじめとする地域住民組織が有する強制力の背景として，公的なアクターに関連する共同利害にまつわる関係が存在していたと考えられることである。
　たとえば，第2節でみた，占領下における全国的な町内会や隣組は，神社への寄付を半ば強制的に割り当てるために，配給の分配が引き換えになっていた。また，第3節でみた溝口のエピソードでは，自治会を脱会したことによって行政からの連絡が途絶えたのだった。言い換えれば，自治会の加入によって氏子と見なされることが，行政サービスとの引き換えの関係になっていた。このような構図の問題はたとえば町内会・自治会の脱会者に対するごみ集積所の使用禁止のように，現在の町内会・自治会においてもみられるものである。したがって，こうした問題は最近発生したものではなく，戦後から連綿と続いてきた問題なのである。
　こうした構図は，町内会や自治会が信仰や習俗をそのうちに取り込みつつ，行政との関係のなかで地域住民が日常生活を送るうえで必要なサービスを一手に引き受けてきたことに由来している。今回確認した事例に限って言えば，いずれのアクターも当初は相互に無関連であったと考えられる。
　その背景には戦後における食糧供給の必要性や，高度経済成長に由来する都市化とそれに付随して発生した都市問題の解決の必要から，町内会・自治会が地域住民の生活にとって不可欠な組織として存在していたという事実があったと考えられる。ここに生じた政教分離の問題は，終戦直後においては占領軍の主導によって解決が目指され，1960年代以降においては同じく都市化によって地域住民の多様性が増したことによって問題提起が試みられた。
　こうした問題が独立以降も繰り返されることなったのは，講和条約締結以降，すなわち「ポツダム政令第二十五号」の廃止，および「神道指令」の失効以降，政府が町内会・自治会をはじめとした地域住民組織の法的な扱いを曖昧なまま放置したからにほかならない。もっとも，同様の指摘は町内会・自治会論にお

いて繰り返し指摘されてきたことではあるが，こと宗教と地域住民組織の関係をめぐる問題についても同様の点に問題があったことはあらためて指摘しておくべきであろう。

最後に，今後の町内会・自治会と政教分離を考えるうえで，考えられる2つの道を提示しておこう。第3節でみたように，浜松市および「浜松市自治会連合会」が全国に先駆けて向き合うこととなった単位自治会における政教分離の問題は，自治会と氏子組織を切り離すという方向で決着がなされた。これは自治会が公的な性格を帯びることを前提にした1つの指針を示した事例であり，今日においても同様の問題を考えるうえで重要な範例を示しているに違いない。同時にこの事例は，1970年代が主な舞台だったこともあり，自治会が社会課題を解決していくだけのポテンシャルを有していたからこそ成し得た結果でもあるだろう[4]。

他方で，前節の最後に指摘したように，町内会・自治会と行政を切り離すという道もまた存在するはずである。言い換えれば，町内会・自治会を，宗教的性質を帯びうる任意団体とみなしたうえで，行政と自治会の関係を断ち，他方で行政サービスは自治会・町内会を介在させずに直接提供するあり方へと組み直す道である。それは町内会・自治会が任意団体として参与離脱の自由を保障することで，信仰の自由を害さない組織に移行する道である。

たとえば神社であれば，氏子組織に近い任意加入の地域住民組織を形成し，町内会・自治会のような活動を行政と関与しないことを条件に，取り組んでいくといったあり方が考えられるかもしれない。とりわけ神社を中心に各地域で積み重ねられてきた祭礼は，宗教的である一方で，地域住民同士の交流を提供する大きな行事であることもまた事実である。

いずれにせよ，地域住民同士の権利に配慮しつつ，各地域の文化と伝統を両立していく手段を柔軟に考えていくことこそが，今後の地域活動において求められるのではないだろうか。

注

1　これ以降，特段断りがない場合，一般に「自治会」や「町内会」と呼ばれている地域住民組織のことを「町内会・自治会」と表記するが，地域や時代によってその呼称が異なる場合は可能な限りそれに合わせた呼称を使用する。

2　現に安田三郎のように町内会・自治会を地方自治体と捉える見方もある（安田1977）。

3 旧浜松町ないし浜松市における区長制度から自治会にかけての連続性については（日高 2018：198-208）に詳しい。
4 浜松市の事例において一連の騒動に決着がついた後，溝口が当初争う姿勢を見せた当該単位自治会に自ら復帰した，というエピソードからも，政教分離の問題さえ清算できれば，自治会活動それ自体として否定されるものと見なされていなかったことがわかる。まさしく「町内会体制」の確立期（玉野 2024）であったがゆえに，紆余曲折を経てもなお宗教的観点以外の点では自治会が信頼されていたことの証左だろう。

第Ⅲ部
都市空間をめぐるポリティクス

第10章 インフォーマル・セクターと女性による空間の生産

佐藤　裕

　私は市場で野菜を売っています。家族は私の稼ぎに頼っています。……私たちには市場のこの場所がすべてです。以前は警察のワゴンが毎日のように来て，そのたびにバングルを持って逃げなければなりませんでした。警官は私たちの天秤だけではなく，野菜も取り上げるのです。これらを返してもらうのはとても大変でした。私たちはこう言うのです。「スクーターの持ち主にはスクーターを停める場所がある。タクシーの持ち主にはそのための場所がある。掘っ立て小屋の住人にはなにもない。私たち貧乏な女たちには座る場所すらない。なぜだろう」。そこで私たちは連帯しはじめ，警官らに自分たちのものを持ち去らせないようにしたのです。
　　　　　　──ラージ（アフマダーバード市，ダナピース市場の野菜行商人代表）

1　はじめに──インフォーマル・セクターと女性の周縁化──

　『カマラとラージ──アフマダーバードの働く女性たち』（Camerini 1990）と題した上記のドキュメンタリーでは，女性自営者協会（Self-Employed Women's Association, 以下SEWA）の会員2名が経験した貧しさ，生業の場からの公権力による立ち退きや手配師による搾取，権利獲得を図る組合員どうしの連帯の様子が描かれている。本章が取り上げるSEWAは，独立以前より繊維産業で発展したインド第七かつグジャラート州で最大の同市に本部をおく。SEWAは1972年の設立以降，雑多な生業をいとなむ女性たちの経済的な自立を支え，組織化を通して自己尊厳を確固たるものにしてきた。こうした事例は社会運動論（伊藤 1995, 2002；Hill 2010）や国際開発論（喜多村 2004），インド現代史（Spodek 1994）などで数多くの紹介がなされてきた。しかしながら，都市研究では露天商・行商人の公共空間からの排除への抵抗を紹介したニーマ・クドゥヴァの研究を除き（Kudva 2009），SEWAを都市社会運動として体系的

に分析した研究は管見のかぎりみあたらない。

　SEWAの会員は，経済人類学者のキース・ハートが半世紀前に定義したインフォーマル・セクター（以下，IS）――参入障壁の低さ，現地で調達可能な資源の活用，家族を中心とした零細経営，労働集約的な生産，低い技術水準，公教育外での技能習得，公的な規制外にある競合的な市場（Hart 1973）――に合致する生業に従事してきた。なかでも，本章はSEWAの都市会員の多くを占める行商人・露天商と内職労働者に着目し，彼女らが担った労働組合の軌跡と，その都市・国家政策への影響を1970～80年代に絞って検討する[1]。この時期は，インドにおける社会運動の時期区分を試みたラカ・レイとメアリー・カッツェンステインが定義する「運動の脱制度化」（1967～88年）に重なる。先行する「トップダウン型社会民主主義」期（1947～64年）には，国有企業の従業員を組織した労働組合が社会運動の中心であった。この制度化された政治の埒外にあったISの就労層，こと女性が担い，1990年代以降にNGOとして制度化していった社会運動が誕生したのが「運動の脱制度化」期である（Ray and Katzenstein 2005）。こうした運動は，国家建設の過程で解消されなかった貧困問題を階級のみならず，カースト，エスニシティ，ジェンダーの不平等を広げた近代化の矛盾としてとらえ，「上からの」開発政策に代わる発展を求めた（佐藤 2023）。

　本章は，近代化の推進役である都市政策や労働組合がIS女性を排除してきた事実をふまえて，SEWAの労働組合が掲げてきた争点，領域，目標，さらに運動の価値や文化的アイデンティティ，政策への影響をポストコロニアルな文脈で検討することを目的とする。

　都市部と農村部双方に活動の基盤をおくSEWAにあって，本章がその都市部での労働組合に焦点をあてる理由は，①SEWAの設立の契機が既存の労働組合から排除されてきたISの女性労働者の組織化であり，②こうした労働力は今日にいたるまで市民として扱われず，都市政策において公共空間から排除されているからである。一方で，こうした諸力に抗う市民社会の形成過程も無視できない（Ray 1999）。アフマダーバードの経験は以上を検証する好例である。

　なお，本章で用いるデータはSEWAの年次報告書，創設者によるSEWAの回想録（Bhatt 2006, 2020），国・州・市レベルの政策文書に加えて，冒頭のドキュメンタリーと筆者が2010年にSEWAの創設者と代表に対して行った

聞き取りを含む。

2 途上国都市における空間の生産と女性労働力

　本論に入るまえに，後発の資本主義国家として，高度成長期まで現在の途上国に類する社会構造がみられた日本の経験に触れておきたい。廃品・屑回収人が居住するバタヤ集落の行政による立ち退き例がある一方で，社会事業家によるIS労働者の組織化もみられた。戦前・戦中に都市に流入した屑拾いや露天商は，町工場や商店主といった自営業者として経済的自立をはたしたが，その階層移動の背景には，戦時体制下の自治会・町内会への社会統合があった（玉野2024：123-124）。その後，高度成長期の初期に普及した廃品処理技術の発展は，ISの自然消滅を後押しした（本岡2019）。一方で，戦後日本の発展過程で消滅した古典的な都市貧困は，従属理論を論じるまでもなく，ポスト植民地的状況にある途上社会においては今日的な現実である。

　とりわけ，途上国都市においては，電気や水道など基本インフラの供給と引き換えにスラム住民を包摂しつつも（Castells 1983＝1997：376-381），近代化推進の立場からかれらを都市空間から排除する国家の姿がある。前者に代表される都市ポピュリズムのもとでは（Roy 2003：140），階級意識に支えられる労働条件の改善や賃上げ要求は政党政治の党略になりにくいため，IS労働者の組織化は期待できない（Chatterjee 2004：63-64）。その一方で，中産階級の利害を代弁する公共空間を是とする政策も併存する（*ibid.*：11）。こうした状況のもと，法的規制上の曖昧さもあいまって，インフォーマルな居住区や生業は都市計画の規範から「例外的な」状態におかれる（仙波2021）。そこでは，スラムの「市民」には土地への権利が必ずしも約束されるわけではない（Roy 2003：138）。それどころか，都市空間から排除される「非市民」にもなる。

　インドでは，1990年代以降にシンガポールをモデルに都市計画が進められ，インフォーマルな居住区や就労現場が立ち退かされてきた。都市の「美化」を推し進めるこうした政策に対して，家族や労働力，さらには社会的生産関係の再生産の場を取り戻す住民や労働者による抵抗が展開された。この過程の分析には，アンリ・ルフェーブルによる「空間の生産」論が援用されてきた（Nair

2005；Kudva 2009）。とりわけ建造環境の秩序形成を支えるイデオロギーとしての「空間の表象」は，都市計画家や政策立案者が想像し，社会空間の生産に介入し，資本制のもとでの経済活動を整序するフォーマルで計画化された抽象空間である。そこでは，資本家が交換価値の高い生産にかかる最適な立地を選択し，都市計画による土地利用・環境・雇用政策の成文化が進められる（Lefebvre 1974＝2000：90-91）。一方で，都市住民たちは空間の表象に抗して自分たちの認識する都市空間と，その空間によって成しえるものにもとづいた空間の実践を企図する。ここでの「表象の空間」は，政策立案者の思考によって計画され，正当化され，住民に押しつけられる空間である（ibid.：82-83, 89）。とりわけ都市計画家が抱く幾何学的思考は，「病める」空間を精神的・社会的不健康に結びつけ，「調和的」で「正常」化作用をもつ社会空間に転換しようとする。

　生産的合理性にねざす都市計画のイデオロギーは（Lefebvre 1968＝2011：126），衛生環境や空間利用の非合法性を根拠にインフォーマルな住居と就労の場を撤去する（Kudva 2009：1619）。その一方で，交換価値のみに回収されない，生活と共同性の物的基盤を求める住民の主体性と連帯も無視できない（玉野 1996：85）。つまり都市の使用価値を主体の側から再定義し，抵抗の場を創りだす都市生活への権利の要求を通して（Lefebvre 1968＝2011：177），表象の「生きられた」空間が生産されるのである（Kudva 2009）。

　こうした空間における女性労働者の組織化をどう理解するか。たとえば，戦前の欧州では家賃ストであれ（Castells 1983＝1997），はたまた女性用公衆トイレの設置であれ（Arvidsson and Pinto 2022），中産階級の空間から隔離されてきた働く女性貧民が「公民」として都市への権利を主張し，その声を都市計画に反映させてきた。一方で，インドを含む途上国では，再生産役割や時間の柔軟性というジェンダー・ステレオタイプによって女性がISに安定的に供給され，低賃金の女性労働力を梃子に経済成長が図られてきた。また，非識字の女性が多いこともISの女性化を後押しする[2]。かくして，仲介人や手配師からの搾取に対しても，営業空間をめぐる公権力から立ち退き要求に対しても，交渉の土俵にすら立てない従順なISの女性労働力が再生産される。

　次節以降では，都市空間からの排除だけでなく，低賃金・不安定就労に特徴づけられるIS女性を組織化してきたSEWAの軌跡を論じる。本章で注目す

るのは，ISの女性労働者のうち多くを占める行商人・露天商と内職労働者である[3]。

3 フォーマルな政治からインフォーマルな政治へ
── SEWA運動の淵源と展開

3-1 運動の生起と展開

　1972年に誕生したSEWAは，「1926年インド労働組合法」により登録されたインド初のISの労働組合である。SEWAの源流には，グジャラートを拠点として独立運動を展開したマハートマ・ガーンディーの非暴力思想がある（SEWA 1988：13）。SEWAはみずからを労働運動，協同組合運動，女性運動の3つが合流する運動であると位置づける。SEWAはアフマダーバード市に本部をおき，国内に17支部を有している。SEWAは，「生存のために最低限必要とされる食住が保障される」という意味での完全雇用と，生存戦略をこえた意思決定における自立を運動の目標として掲げてきた。

　なかでもSEWAの都市部の労働組合は，内職従事者，行商人・露天商，廃品回収人，日雇いの建設労働者，家事使用人などを組織化してきた。彼女たちは，フォーマル・セクター（以下，FS）の工場労働者とは異なり，賃金交渉の権利をもたない。また，露天商や行商人などは生業の場である路上から排除される（Spodek 1994：194）。

　創設者であるイラ・バット（Ela R. Bhatt）は，SEWAの前身である繊維労働者組合（Textile Labour Association，以下TLA）の婦人部に勤務する女性弁護士であった（Rose 1992：19）。TLAは1917年に初代組合長のアンスヤ・サラ（Ansuya Sara）とガーンディーが設立したインド初の繊維労働者の組合である。サラは1910年代前半にロンドン・スクール・オブ・エコノミクス（LSE）で社会福祉学を学び，LSEの母体であるフェビアン協会の社会正義，労働組合，最低賃金などの論争に影響を受けた女性である（Bhatt 2020：133-134）。工場所有者に暴力を介さずに労働者の苦情を表明し，調停を通して解決するTLAの手法は，独立後のインドの社会運動に影響を与えた。また，近代化の癌として都市の衛生問題を憂慮したガーンディー，そして下層の工場労働

者に対して保育施設とトイレの設置に奔走したサラの実績は (ibid.: 137), 1972 年に TLA から分離・誕生した SEWA にひきつがれた。

　バットは 14 年間にわたり婦人部長を務め, FS の女性工員の労働問題に対処する一方で, グジャラート州の労働省にも諮問していた (Rose 1992：19)。バットが SEWA を設立する契機となったのは, 婦人部が 1971 年に仕立て業に従事する女性たちに対して実施したサーベイ調査であった。その目的は, 労働組合, 法律, 政策の範疇の埒外にある, 請負業者からの搾取にあえぐ彼女たちの苦情を検証することであった (SEWA 1988：11)。調査結果からは, TLA が IS に従事する女性労働者の日々の苦闘に無関心であったことが明らかになった。独立運動の背後で再生産役割をはたし, 女性の道徳性や忍耐性に価値をおいたガーンディーの思想は (Patel 2021：49-50), 低カーストかつ未就学・低学歴の貧困女性が生存維持のために労働条件が脆弱な IS に従事せざるをえない現実を度外視していた。こうした意味で, バットが SEWA 設立に賭けた情熱はガーンディーの組織化の原理をこえるものである。

　　私には, 現在失業中の繊維労働者にかつて養われていた, (他の) 家庭で働く女性たちのために何かをする覚悟ができていました。私はかねてより, 女性労働者たちが組織化を通じて, 組織労働者たちと同じ権利を享受できることを望んできました。その過程で, 組合とはともに集うものであるという単純なことに気づいたのです。彼女たちは誰かに対抗して集うのではなく, もっぱら自分たちのために集う必要があったわけです。組合——つながり——を結成することで, 彼女たちは自らが労働者であることを再認識し, ともに集うことで自分たちの声を獲得するようになったのです (Bhatt 2006：9。強調原文)。

　TLA は不可触民を雇用することでかれらの社会的上昇に貢献したが, 1970 年代後半より繊維産業が斜陽化しはじめると, 女性労働者が真っ先に解雇され, その結果, 行商人や内職労働者をはじめとする IS に吸収された (Breman 2004：217-219)。こうした半失業者の受け皿になったのは, FS 労働者に特化した TLA ではなく SEWA である。SEWA は IS 女性の困窮と無力さを規定する諸要因を除去する「下からの」戦略を紡ぎだした。バットは, 経済的な争点

第 10 章　インフォーマル・セクターと女性による空間の生産__169

こそがSEWAの中心であり，その運動の担い手は彼女たち自身であることを，以下のように強調した。

> 私たちは1972年に青写真も参考にすべきモデルもなしにSEWAを立ち上げましたが，2つのことが念頭にありました。第1に（中略）商品とサービスの生産のほとんどがインドの就労人口の89%を占める自営部門によって担われていることです。自営者が労働運動の主流に位置づけられないかぎり（中略）わが国において労働運動と呼ぶに値する運動は存在しないでしょう。（中略）第2に，インドの女性の約8割が農村に住み，貧しく，非識字者ですが，彼女たちは活発に経済活動を担っています。ですので，インドの女性運動において（中略）中心的な役割を担うのはこうした女性たちにほかなりません。彼女たちのおもな関心は経済的な生存維持です。政府が喫緊かつ緊急の課題に対処しないかぎり，彼女たちのような多数派は政策の枠外におかれたままになってしまいます。（SEWA 1988：147。強調筆者）

　この考えは，SEWAが今日も掲げる貧困女性の闘い（struggle）と開発（development）という争点にひきつがれた。ここでSEWAが定義する「闘い」とは，社会と経済がIS女性の自由を縛り，制限するもので，「開発」は彼女たちの交渉力を高め，新しい発展のオルターナティヴを示す諸活動からなる[4]。次項では，この点をISの女性労働者がおかれた都市的文脈で検討する。

3-2　運動の争点，アイデンティティ，組織化

　同時期に誕生したインドの多くのNGOと比べて，SEWAは女性の経済状況改善を求める点では大きな違いがない。しかしながら，貧困女性の開発過程への制度的な包摂に向けて，政策立案者からの承認を求めてきた点（Hill 2010）は特筆すべきである。このため，SEWAは都市経済における女性自営者の貢献[5]を充分に認識しようとしない国家や自治体を敵手としてきた。その結果，SEWAはISにおける女性の役割や問題を顕在化させ，搾取，社会保障の不備といった課題に対して政府の無関心に異議を唱えてきた。
　バットによれば，インドの女性労働力の93%がISに従事している（Bhatt

2006：42)。高位・中位カーストに属し，高等教育を受けた少数のオーガナイザーを除き，SEWA の会員のほとんどは旧不可触民または低カーストに属する IS 労働者である。彼女らの経済活動は「未組織」や「周辺的な」としてあつかわれてきたが，SEWA はこうした用語が彼女たちを不当に貶めてきたと主張した (Bhatt ed. 1989：1060-1061)。そのため，SEWA は会員を正規の雇用－被雇用の関係にはない「自営者 (the self-employed)」として再定義した (Rose 1992：17)。

一般的に「自営者」とは零細家族経営を指すが，実際にはわずかな生産手段しか所有しない半農，零細規模の生産者や商人も含まれる。SEWA は会員の職業を3つに大別する (Bhatt ed. 1989：1060；SEWA 1988)。第1の範疇には，職人や請負・仲介業者，出来高制の仕事を請け負うビディ（安葉巻煙草），線香，衣類，綿，履物，食料品や手工芸品などを加工する内職業者が含まれる。第2の範疇には，日用雑貨や野菜，果物，卵，魚や他の食料品を市場や路上で販売する零細商人や行商人が含まれる。第3の範疇には，建設，輸送・運搬，清掃，洗濯，仕出しなどに従事する日雇労働者や家事使用人が含まれる。

SEWA は「自営者」という呼称を通じて，会員らの生業に肯定的な意味を付与し，自己尊厳の回復と社会からの承認を求めてきた (SEWA 1988：6)。この根底には，非暴力，不安からの解放，現地雇用・産業の振興，カースト差別の拒否，貧困の除去を唱えたガーンディーの理想がある。なかでも，近代性と進歩に対する服従心の克服を掲げ，宗主国と植民地の間の不等価交換を進める機械化ではなく，日々使用する手織綿布の糸車での生産を推奨した彼の独立運動の戦略は (Chatterjee 1984＝1998：206-217)，SEWA の組織化に影響を与えた。

SEWA はガーンディーにならい，非暴力による抵抗を通して，営業許可を持たず，警察などから暴力や商品の没収，賄賂の請求を受ける行商人や露天商の営業空間を求めて公権力に抗議してきた。また，中間業者に搾取される内職業の女性を保護するためデモ行進を行い，職業技術の訓練も施してきた。

このように SEWA の労働組合は，階級関係と生存のための日々の闘いに加えて，女性どうしの強い連帯 (sisterhood) と近代化の理念に対抗する「自営者」としての職業的アイデンティティの再構築に特徴がある (Hill 2010)。IS と女性の生きられた経験に即して，近代化を推し進める都市空間や生産関係の基礎となる支配階級の利害や価値に対して集合的に異議を唱えた SEWA の労

第10章 インフォーマル・セクターと女性による空間の生産

働組合は，都市社会運動の一例といってよいだろう（Castells 1983＝1997：534-538）。

3-3　社会の構想と運動の信念

　SEWAは理想的な社会のあり方も構想してきた。その理想とは，すべての会員に①必要な栄養，②安全な住居，③充分な衣服，④保健医療への十分かつ容易なアクセス，⑤子どもたちの中等教育の機会が保障されることである。こうした物的基盤を保障するような社会は，以下の特徴をもつ（SEWA 1988：13-14）。

1　障害がない成人が等しい価値のもと，生活を営むうえで充分な収入が得られ，かつ健康被害をおよぼさない仕事に就けるような社会。
2　資産と資源が平等に分配される社会。そこでは労使上の区分にかかわらず，成果の平等な配分にもとづいて協働する諸集団が，すべての資源を共同所有する。
3　男女の機会が平等であり，同じような役割が期待される社会。そこでは家庭，育児，家事が男女および社会全体の責任となる。
4　すべての人が何らかの組織の一員となり，意思決定過程に参加できるような社会。そこでは協働が資源の集団的所有や配分の中心となる。また，組合は各構成員の利害と権利を保護しなければならない。
5　もっとも弱い立場の者のニーズが優先される社会。そこでは配慮と分かち合いという価値のもと，かれらの社会的立場の改善が最優先される。

　SEWAは以上の理想にもとづき，階級関係や差別，男女間分業の不平等に根ざす抑圧に対して，IS女性がともに働きかける社会を構想してきた。SEWAが主張する資源の共同所有とは，現存の労使関係や男女間関係の打倒ではない。「闘争を行うのではなく日々の闘いに打ち勝」（Bhatt 1998：WS-26）つことである。SEWAの信念は，会員が力をつけ，可視的な存在になるとともに，各会員がリーダーとして行動を起こすことで，彼女たちの経済的・社会的貢献が認識されることである（SEWA 2003：5）。このように，SEWAはIS女性を社会変革の主体として位置づけ，彼女たちの意識化を図ってきた。

また SEWA は設立以降，活動の効率性を維持し，連帯意識を高める目的から，以下の「11 の質問」をもとに会員たちの自省を促してきた。

(1) より多くの会員が増えたか。
(2) 収入は増えたか。
(3) 食物と栄養を摂ったか。
(4) 健康は維持されたのか。
(5) 子育て支援は得られたのか。
(6) 住居・水・衛生状態は改善されたか。
(7) 組合または自分の名義で所有する貯蓄，土地，家，作業場，作業具，作業免許，身分証明書，家畜などの資産は増したか。
(8) 労働者としての組織力は増したか。
(9) 労働者の指導力は増したか。
(10) 集団としても個人としても自立したか。
(11) 読み書きができるようになったか。

　以上は，運動が目標に向かって展開しているのかを計るうえで重要な指針とされる（SEWA 1988；Bhatt 2006：214）。うち 1～7 項目は SEWA の目標の 1 つである完全雇用に，8～11 項目はもう 1 つの目標である自立（self-reliance）にかかわる。
　SEWA の社会構想は複合的なジェンダー差別と階級矛盾に根ざすものであり，自らを狭義の西洋のフェミニズムとは区分している（伊藤 1995：75）。バットは「闘い」と「開発」が貧困女性の組織化において妥当性をもつのは，貧困が山積する南アジアにあるからだという。彼女が SEWA をより普遍的な女性問題のなかに位置づけるようになったのは，かなり後になってからであった[6]。こうした意味で SEWA をフェミニズム運動とする（Spodek 1994）のは妥当ではない。
　次項では，SEWA の労働組合が，IS 女性が従事する雑多な経済活動をどのように都市計画の局面において可視化させようとしてきたのかを，行商人・露天商ならびに内職労働者の事例に絞って分析する。このことを通して，SEWA による「都市への権利」の主張が，地方・中央政府の政策にどう影響

を及ぼしたかを，1980年代後半までの経験を軸に考察する。

4 女性労働者の可視化と権利要求
―― 1980年代までのSEWAによる都市的効果

　SEWAの労働組合は生業別――内職労働者，建設労働者，家事労働者，行商人・露天商，屑拾い・廃品回収人――に構成されている（SEWA 2024b）。本節では，①行商人と露天商による営業空間をめぐる排除の論理と抵抗と，②内職労働者が直面した仲介業者による搾取と権利獲得を事例に，1980年代後半までの労働組合の都市的効果を検討したい。

4-1 行商人・露天商の組織化と効果
　バットは近代的な都市空間を是とする中産階級の態度を問題視していた。行商人や露天商から低価格で新鮮な野菜や果物を購入する一方で，彼女らの貧素な服装や粗野な話し方に嫌悪感を示し，購買の際の価格交渉で騙されることに不信感を抱いているからである（Bhatt 2006：93）。
　こうした態度は，建造環境の生産と維持，そしてこれらを支える国家による資本主義の再生産の道具としての都市計画のイデオロギーに密接にかかわっている。建造環境は社会の再生産と成長を促すのに必要な使用価値を含み，資本蓄積のための適正な産業とインフラの「合理的」配置によって整備されるものである（Harvey 1985＝1991：233-239）。区画整理や土地利用について定めた1976年グジャラート州都市計画・都市開発法には，土地所有権がない多くのスラム居住区や路上など公用地を生業の場とする行商人や露天商に関する記述がいっさいない。一方で，公用地の無許可の開発や使用に対する罰則規定が盛り込まれている。そこには，文書命令による通告後15日以内に退去しなければ，州がアフマダーバード市警察に依頼して，当該業務を即座に停止させることが明記されている（GoG 1976：33）。しかしながら，IS女性労働者たちには非識字者が少なくない。かくして，行政による「表象された」空間から彼女たちが排除されることになる。
　このように，公的な営業空間や営業許可書を与えられていない行商人や露店

商の生業活動は「違法」行為として扱われ，警察などの公権力から日常的に商品を没収されたり，賄賂を請求されたりしてきた（Rose 1992：30）。これに対し，本章の冒頭で登場したラージは，自身の経験から組織化の必要性を以下のように述べる。

　　私たちは自分たちの権利を勝ち取ったのです。私は重いものなど運べません。視力をほとんど失ったので。私の子どもたちは警察に蹴られて叩かれました。彼らは「お前らの悪魔をさっさと片付ければ，俺たちのスクーターを停められるんだよ」と言ったのです。彼らにだって家族の居場所，私にだって座る場所があるのです。だから私にも権利があるべきなのです。そのために権利を主張しなければなりません。（Camerini 1990）

インド憲法第19条第1項のgは，街路が通行・再通行のみに利用されることにかんがみ，適切な規制があるかぎり，歩道での商売と事業運営の権利は否定できないと記している（Bhatt 2006：94）。この条項のもと1985年にボンベイ露天商組合がボンベイ市当局を提訴し，最高裁の判決で露店の場を獲得した成功例があるが，バットによるとこれは例外であり，多くの女性——アフマダーバード市では全行商人・露天商の約40％を占める——は立ち退きの対象になる（Bhatt 2006：94-95）。選挙時に票田になりうる貧困層への福祉行政のための「道具」と，公共財としての歩道の「侵害」に対する措置とのあいだに揺れ動く政治的妥協がここに認められる（Chatterjee 2004＝2015：76-77）。SEWAは後者を正当化する都市計画の論理に対して，以下のように異議を申し立ててきた。

　　SEWAは女性行商人に営業空間を割りあて，営業許可書を発給するよう何年にもわたり市当局と警察に要求してきたが，応じてもらえなかった。（中略）こうした経緯から，SEWAの活動家たちは最高裁判所での訴訟に踏み切ったのである。最高裁の判決は女性行商人に対して有利な方向に下された。彼女たちはようやく立ち退きや「罰金」の請求を拒否するうえで欠かせない許可書を手にし，路上で商売をいとなんでいる。この判決はSEWAが目下，国会での通過をめざしている「露天商・行商人にかかる

第10章　インフォーマル・セクターと女性による空間の生産＿175

表10-1 SEWAの労働組合が都市政策にもたらした影響（行商人・露天商・屑回収人）

年	部門	変化の水準 近隣・自治体	変化の水準 州・国
1972	組合全体	労働組合としてのSEWAの認可	中央政府による集団および労働者としての自営者の認定
1975	古着商	プーリ市場での営業空間の確定	州政府が行商人の営業空間の必要性を認識
1978	野菜商	マネーック・チョーク市場での営業空間の確定	州政府が行商人の営業空間の必要性を認識、のち84年に最高裁の決議により行商人の営業権が法律に適用される
1980	灯油商	女性灯油商への営業許可書の発行	中央政府による女性灯油商の認知
1982	野菜商	マネーック・チョーク市場の野菜商とSEWAが最高裁で訴訟を起こす	最高裁が野菜商の労働および営業空間の権利を認める
1986	野菜商	最高裁の裁判が再開する	マネーック・チョークの野菜商に対して期限付営業許可書が発給される 市がSEWAに請求した裁判費用を最高裁が負担
1987	紙屑回収労働者	市の事務所から捨てられた紙屑を無料で提供するため，市が政府の規制を通過させる	

（出所） SEWA（1988：125-142）および Chen, Khurana and Mirani（2005：88-98）を一部改変のうえ作成。

国家政策」[7]を一歩前進させるものである。当政策は，行商人たちの営業に必要な許可書・空間・設備を供給することで，全国の都市や農村の市場でいとなまれる伝統的な方式の商売を合法化するものである。このように，SEWAはインドの生活・労働様式を周縁化する植民地主義の遺制と西洋の影響にたえず立ち向かい，社会全体に対してSEWAの政策と優先事項を要求しているのである。(Rose 1992：30)

都市機能の円滑化や美化の観点からISを周縁化する公権力に対して，SEWAは政府・自治体に抗議するだけでなく，従来のインドの生活や労働様式を否定する近代化の論理に対しても抵抗してきた。この抵抗は，西洋の機械文明に対してインドの土着技術の再生をめざしたガーンディーの思想にもとづく。そこでSEWAが模索してきたのは，暴力による奇跡の変革ではなく，日常の生活や労働の実践に必要な権利獲得を志向する社会変革である。

表10-1はSEWAの労働組合の複数の部門が市場や市，州政府や国にもた

らした効果を示している。とくに州レベルでの政策決定に与えた影響は大きい。露天商と行商人の営業空間をめぐる規制にはアフマダーバード都市開発公社と市当局がかかわるが，両者ともにグジャラート州の都市開発・都市住宅庁のもとにある。ここで強調すべきは，1976年グジャラート都市計画・都市開発法には貧困層に関連した記載が1カ所のみ[8]である点である（GoG 1976：36）。

女性労働者らが撮影し，SEWAの広報を担うVideo SEWA (n.d.) が発信した短編映像である"Manek Chowk"は，旧市街の中心部に位置するマネーック・チョーク市場で警察や市当局によって嫌がらせや侮蔑を受ける女性行商人・露天商の様子を描いている。同映像は，SEWAが彼女たちの労働条件改善のために奔走する場面や，営業許可書や固定した営業空間の確保に向けて女性たちが闘う場面も映している。Video SEWA (n.d.) によると，視聴者には法律家や都市貧困層に働きかける都市計画家，貧困女性の現金収入創出に関心のある者が含まれていた。

4-2 内職労働者の組織化と効果

領有空間が特定され，可視的であることから組織化が容易とされる行商人・露天商に比べて（Cross 2000），内職労働は住居内でいとなまれる不可視の領域である。とはいえ，内職業が生みだす資本蓄積の規模は大きく，生産と交換においてFSと密接につながっており，労働過程における社会関係は高度に個人化している（Holmström 1985：320）。こうした個人化された関係は労働者の団結を妨げ，低賃金労働力の再生産を促す要因となる。この点は，FS労働者の生活・労働条件を改善した国家と労働組合が，農業やIS労働者にまったく対処しきれていないとして，インドの第3次5カ年計画（1961〜66年）ですでに指摘されていた（Gandhi Labour Institute 1993：135）。

内職労働は再生産労働の延長線上にある。ムスリム女性は女性隔離規範（purdah）によって屋外就労が制限されており，同じく貞操観念が強いヒンドゥー女性にあっても内職労働が好まれる。住宅は露天商や行商人にとっては資材置き場として，内職労働者にとっては労働の現場として重要である。こうした認識にもとづき，1974年設置のSEWA銀行は内職労働者の居住改善を目的とした小口融資や住宅に関する法的助言などを提供してきた。

本章の冒頭で登場したカマラは，1983年のSEWA労働組合への入会から

2021年に新型コロナウイルス感染症の罹患により逝去するまで，SEWAの会員らに労働法の基本理解をうながし，ビディ煙草生産者の権利覚醒に尽力した（SEWA 2021：8）。彼女のリーダーシップのもとで，SEWAは1983年にビディ加工労働者が雇用−被雇用の関係にあることを法的に認め，勤労者共済基金への加入に向けた許可願を州政府に提出した。同陳情の承認にもかかわらず，雇用契約書の不在や非識字が，女性従事層への仲買人らの搾取につながる状況はあいかわらずであった。この点についてカマラは以下のように語る。

　　ビディ煙草の葉を扱っている仲介人たちは，労働者を保護する目的で制定された政府の新しいビディ法を無視しようとしています。過去には商人たちが材料を提供し，ビディ煙草労働者たちが出来高に応じて賃金を支払われていました。しかし，いまでは業者たちは，労働者は自分たちで材料を買い，業者にビディ煙草を売っているのだと言っています。なので，業者たちは「この人たちは商売をしてるんだ。だから俺たちの労働者じゃないんだ！」と言ってくるのです。（中略）あの業者は私たちに乾いた葉物だけを売りつけてきます。それを売りつけられる私たちには何の権利もなし。私たち女性は充分に組織されていません。(Camerini 1990)

　SEWAは労働者たちが労働者としての権利を獲得する（Camerini 1990）という目標を掲げ，内職やその他労働者に対しても，市および州に対して最低賃金の補償――インドでは業種ごとに額が異なる――や身分証明書の発行などを求めてきた（表10-2）。身分証明書には選挙人IDカードも含まれる。これは労働法による庇護だけでなく，スラム撤去の際に市から提供される補償を受ける際にも必要となる，法的権利を有する「市民」の必携書類なのである。
　1987〜88年には，当時のインドで成長しつつあった輸出縫製産業の最末端を担う，内職縫製労働者の最低賃金付則が定められた。最低賃金法の適用前に彼女たちが州の労働監察官に陳情した際，組織化の経験が豊富なビディ加工労働者らが闘いに加わったことは（表10-2），SEWAが醸成した連帯を雄弁に物語る（Bhatt 2006：73）。とはいえ，バットの回想録からは，女性内職労働者がおかれた脆弱な立場が垣間みえる。本陳情は労働監察官にいったんは認められたものの，縫製産業の雇用者たちの圧力で反故にされた。その後，SEWA

表10-2 SEWAの労働組合が都市政策にもたらした影響（内職・その他労働者）

年	部門	変化の水準 近隣・自治体	変化の水準 州・国
1977	布切れ製造労働者	労働委員会事務局での調停	内職労働者の権利が労働委員会事務局および労働法により認定される
1979	頭上運搬人	頭上運搬人保護の立法に向け，州政府に対してのロビー活動がなされる	未組織労働者に対する法が制定され，頭上運搬人の権利保護の必要性が認識される
1980	ビディ加工労働者	ビディ加工労働者に身分証明書が発行される	政府の労働者に対する身分証明書の発行義務が認知される
1981	布切れ加工労働者	布切れ製造労働者に対する売上税の計画が撤回される	自営者の救済を目的に政府の税金政策を賃金政策への融合を図る
1981	衣類・繊維労働者	10年にわたる闘争と陳情の末，衣類製造労働者の最低賃金が定まる	グジャラート州政府の最低賃金付則に既成服製造労働者がはじめて追加される
1981	衣類・繊維労働者		布切れ加工労働者の売上税が廃止される
1982	ビディ加工労働者	ビディ福祉委員会がビディ加工労働者を同業種の労働者として認定する	(1) 左記委員会によるSEWAのビディ加工労働者に対する身分証明書の発行 (2) 自営者の代表組織としてのSEWAの認知 (3) 自営者の権利保護を保障する義務を政府の各省庁と共有
1983	ビディ加工労働者		SEWAによる共済基金の訴訟がグジャラート高裁と国営共済基金の法廷で取りあげられる ビディ加工労働者に対して雇用－被雇用の関係が法的に認められ，勤労者共済基金への加入が認められる
1985	ビディ加工労働者		SEWAがビディ加工労働者福祉審議会の支部の代表となる
1986	ビディ加工労働者	州政府がビディ加工労働者の争議を産業法廷に付託 実際に用いられる原材料の量を決定すべく，州政府がビディ加工労働者の三者裁判を組織する	州政府がビディの原材料の売買に携わる労働者を労働法令の適用範囲に追加 ビディ加工労働者の最低賃金を定める会計基準を設ける
1987～1988	縫製労働者		グジャラート州政府によって縫製業の請負労働者に対する最低賃金付則がはじめて定められる
1989	内職労働者		SEWAのアドボカシーにより政府の第8次5カ年計画（1992～97年）に内職労働者の政策が盛り込まれる

（出所）SEWA（1988：125-142）およびChen, Khurana and Mirani（2005：88-98）を一部改変のうえ筆者作成。

第10章 インフォーマル・セクターと女性による空間の生産 179

は州議会の議員との面会を重ね，数カ月にわたるロビー活動を行うとともに，約2000名の会員が州の商工会議所を訪れ，内職縫製労働者にも最低賃金法を適用するよう訴えかけた (ibid.: 75)。1988年にようやくその適用が実現されるものの，内職女性らの解雇が相ついだ。これを受けて，SEWAは州の高等裁判所でこうした企業を訴えたわけだが，その間に名称を変更した企業や，SEWAの会員に賄賂を支払うことで，闘いに加わる女性たちの分断を図った企業が現れた (ibid.: 75)。こうした経験から，バットは「労働者がより高い賃金を要求するたびに彼女らは犠牲になったり，解雇されたりする。女性の就労機会が乏しい場合，彼女らはみずからの権利を訴えることを恐れてしまう」(ibid.: 75) と懸念した。

　こうした困難を抱えながらも，SEWAが市や州でもたらした効果は，国家政策にも影響を与えた。特筆すべきは，1987年に中央政府に設置され，バットが議長を務めた「自営女性／インフォーマル・セクター従事女性の国家委員会」の450頁超におよぶ報告書『シュラムシャクティ』(「労働の力」の意) である。同報告書は，国家がIS従事層女性にはたしうる役割として，公共空間での「非合法」の商いに対する法的規則を法と秩序の問題に回収しないこと，組織化活動の支援，法的権利や福祉プログラムなどの可視化，政策決定と計画レベルでの女性の声の代弁などを提案した (Bhatt ed. 1989: 247-248)。

　以上のように，都市での活動が州・中央政府によるISの女性労働者の社会的保護にかかる政策形成につながった点は，SEWAの都市社会運動としてのもう1つの特徴であるといえる (Pickvance 1976=1982: 301)。

5　結語——女性労働者の「生きられた空間」に向けて

　本章では，近代都市計画のイデオロギーがISを「前近代」「後進的」と位置づけ，ISを担う貧しい女性労働者らを都市空間から排除し，ISの実体経済への貢献を不可視化してきた過程を，1980年代までのインド都市の事例を通して検討した。こうした諸力に抗ってきたSEWAの生起と展開，争点，アイデンティティ，組合員の組織化にかかわる運動の信念からは，IS女性による労働者としての権利意識の醸成とその文化的裏づけがみえてくる。とりわけ，露

天商・行商人と内職労働者の組織化が国家や州，都市自治体にもたらした都市的効果は，ポストコロニアルな状況において，下からの「生きられた空間」の創造が可能であることを示す一例である。

本章の知見は，次のように集約できる。

1つめは，SEWA の設立の契機から，TLA が FS を中心とした旧(ふる)い労働組合の政治を体現しており，独立後，インドの都市が看過してきた膨大な IS 従事層の組織化が問われた点である。ここで SEWA は，女性の組織化においてガーンディーが説いた地場産業に重ねるかたちで「自営者」アイデンティティを醸成してきた。このことは，「近代の」都市計画に彼女たちの存在を承認させる意味で重要であった。

2つめは，IS の労働力が市民として扱われず，都市政策において公共空間から排除されてきたことである。こうした「空間の表象」は，資本主義に内在する交換価値の優位性が，実体経済に貢献する IS 従事女性を劣位に置く都市社会の構造に深くかかわっていることを示している。行商人や露天商の場合，営業空間をめぐる権利要求が市ではなく，むしろ国家レベルの法制化につながった点は興味深い。

3つめは，不可視の労働に従事することから組織化が難しいとされてきた内職女性労働者たちの権利を要求してきた SEWA の軌跡である。賃金をめぐる使用者側との交渉における困難は，インドで「未組織部門」と表現されることの多い IS の特質を体現するものである。一方で，ビディ加工労働者たちが他業種の SEWA 会員の組織化を支えた点は，ジェンダーと階級を軸とした連帯を通じた社会運動の発展を示している。

SEWA が都市レベルで女性労働者の権利要求を進め，州と中央政府での IS 労働者の保護に向けた制度化を具現化させた事実からみえてくるのは，都市という場が IS 女性の労働運動をめぐる政治を可能たらしめたことである。IS の生業は近代都市計画の基準から逸脱するとされ，都市空間における女性労働者の排除または不可視化に寄与してきた。こうした諸力に抗い，闘ってきた SEWA の事例は，生きられた空間を生産する主体としての貧困女性と，彼女らの声を地方・中央レベルの政策につなげる都市社会運動の役割を，ポストコロニアルかつ開発／発展の文脈で再考するうえで示唆的である。

注

1　今日の都市計画と社会運動との関係は別文脈でとらえる必要がある。なぜならば，1991年の経済自由化を嚆矢とし，今世紀に加速化した新自由主義的な都市化と，宗教ナショナリズムを背景として権威主義化する現在のインド政治のもとで，都市社会運動が新局面を迎えているからである。この傾向は，いち早く1998年に長らく与党であった国民会議派（The Congress）がヒンドゥー原理主義のインド人民党（Bharatya Janata Party）に政権を奪還されたグジャラート州とアフマダーバード市に顕著にみられる。
2　インド都市部の女性の識字率は，1991年には61%，2011年には82%であった。
3　SEWAが2022年に算出したデータによると，インドの都市人口の2～2.5%，推計で500万～600万人が行商人・露天商であり，1日の平均労働時間は10～12時間と推定されている。インドの総労働者数の9%，約4185万人が内職労働者であると推定されている（SEWA 2024b）。
4　イラ・バット氏への聞き取り（2010年9月15日）およびSEWA（2024a）。
5　SEWA（1999：9）によれば，国内総生産の約64%に相当する。なお，SEWAは1988年の最初の年次報告書の発行時から今日にいたるまで，インドの全女性労働力の93%から94%がIS従事者であると指摘している（2010年9月11日のSEWAの現書記長，ミライ・チャタジー氏への聞き取り）。インド国立応用経済研究所の試算によると，インド経済全体の83%をISが占めている。より悲観的な試算によれば，政府に認可された事業所で雇用され，国の社会保障や労働法の適用を受けるFSの労働者は7%にすぎない（Harriss-White 2003：17）。
6　イラ・バット氏への聞き取り（2010年9月15日）。
7　都市行商人のための国家政策（National Policy for Urban Street Vendors）として2004年に制定された（Sundaram 2008）。しかしながら，敵手である市や，都市自治体の政策や規程に対し権限をもつ州（GoG 1976：13）は，現在，新自由主義的な文脈でIS労働者の排除を続けている（SEWA 2024b）。
8　市の所有地の1割を社会的・経済的後進階級（socially and economically backward people）の住宅供給にあてるという文言である（GoG 1976：36）。

第11章　高密度化する死者の都市空間

辻井敦大

1　はじめに──都市の建造環境の拡大と納骨堂

1-1　都市の政治経済学と住宅の高層化，納骨堂開発

　近年，都内の電車内を見渡せば，自動搬送式納骨堂[1]の広告をみないことは稀であろう。そこには清潔で美しい参拝施設の写真と「駅前○分」「○○な空間」といった，さも新築の分譲マンションを販売するかのような言葉が並んでいる。

　筆者が，こうした広告にあるような都心部の駅から徒歩数分程度の場所にある自動搬送式納骨堂に足を運ぶと，そこには明るく清潔なホテルのフロントのような受付があった。この自動搬送式納骨堂では，本堂や葬式場も兼ねており，フロントからエレベーターに乗って上のフロアに向かうと個室のブースのような参拝室を複数設けている。

　筆者がこの参拝室を訪れたのは，コロナ禍も明けた2024年の平日昼過ぎであったが，参拝室には常に1組ほどの家族が姿をみせていた。しばらくそれをみていると，たびたび自身の娘や息子と一緒に高齢者が来ており，時折，参拝室で遺骨に向けて話す声が聞こえる場面もあった。まさに残された家族・親族が，親しい死者を想い出し，参拝する場所として都心部の自動搬送式納骨堂は存在しているのである。

　このように，都心部では自動搬送式納骨堂という，死者を埋葬し，弔うための空間が存在しており，人々もまた近親をはじめとした親しい死者を弔うために訪れている。

　さて，近年多くの自動搬送式納骨堂の広告が打たれていることを裏付けるように，1990年代以降，東京都の23区を中心に急激に納骨堂が増加している[2]

183

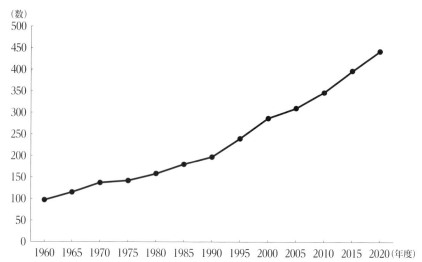

(出所)　厚生労働省『衛生行政報告例（旧 厚生省報告例）』（各年版）をもとに筆者作成。
図11-1　東京都における納骨堂数の推移（1960年度以降）

（図11-1）。納骨堂は，高度経済成長期以降の住宅の団地化，アパート・マンション化と対応するかのように，さまざまな形態が現れてきたことが指摘されている（松崎 2004：400-31）。すなわち，都市の建造環境の変化に即して，さまざまな形式の納骨堂の成立や増加が論じられてきたのである。

　この点を考えるうえで，東京都では1990年代以降も人口以上に建造環境が拡張し，特に2000年代に超高層ビルの建設が進んできた（町村 2017, 2020）。すなわち，東京都の建造環境の拡張と連動するかのように，納骨堂は増加してきたことがうかがえる。

　こうした東京都における建造環境の拡張と納骨堂の増加の関係について，平山洋介は，「土地の不足によって住宅地と墓地は高密度化した。集合住宅の建設が増え，それに並行して，納骨堂と合葬墓は増加した」と指摘している（平山 2006：256）。つまり，平山は，土地不足にともない住宅と同じく，死者を埋葬し，弔う空間である墓地も高密度化が進み，納骨堂と合葬墓が増加したと理解しているのである。

　以上のように，東京都，なかでもその都心部では住宅と同じく，死者を埋葬し，弔う空間が高密度化され，増加したと理解されてきた。

さて，東京都の都心部で住宅の高層化・高密度化が進む契機については，主に政府の規制緩和，民間主導による「都市再生」政策といった政治経済学的な要因のもとで論じられてきた（平山 2006；上野 2008, 2017：町村 2017, 2020；饗庭 2021）。これらの研究は，都心部の大規模な開発の背景や国家の政策がいかなる論理のもとで展開し，都市の再編に影響を与えてきたのかを詳細に分析したものである。

しかし，図 11-1 や平山の指摘でみたように，東京都では商業施設や住宅だけでなく，死者を埋葬し，弔う空間である納骨堂もまた増加している。それならば，納骨堂という死者を埋葬し，弔う都市空間が生み出されていった過程を，都市研究として問う余地があるだろう。なかでも，資本主義のメカニズムのもとで建造環境への投資が進み，都市が再編されている点（Harvey 1985＝1991）を踏まえ，東京都の都心部で納骨堂が増加したプロセスを明らかにする必要がある。

1-2 都市空間としての墓地と納骨堂

都市空間のなかの墓地は，村落社会とは異なる論理のもとで，死者の問題に対応してきた（中筋 2013）。そうした死者を埋葬し，弔う都市空間としての墓地は，都市における近代化の急激さとそれに適応してきた人々の強い生活力（中筋 2000），家格的な秩序を超える平等性（辻井 2021），ないしは都市郊外そのものの文化的表象として理解されてきた（佐幸 2018）。このように，先行研究では，都市郊外を対象に，そこで開発された墓地が表象する社会像が分析されてきた。

一方で，現代の都心部の再開発のなかで納骨堂が増加した背景や，その納骨堂がいかなる社会を表象しているのかは，十分に解明されていない状況にある。なかでも，現代の都市で数多く存在する自動搬送式納骨堂と呼ばれる納骨堂は，技術的に可能な限界まで高密度化が進められているが，それらが成立し，増加した背景は問われていない[3]。

前述した平山洋介は，住宅の高密度化と関連させて，納骨堂や合葬墓の増加を墓地の高密度化と解釈している（平山 2006）。とはいえ，その分析は，あくまで東京都の公営墓地（都営霊園）の展開だけに注目しており，数多くの墓地区画を供給してきた民営墓地の展開は，先行研究の指摘（森 2000）を紹介する

ことにとどまっている。

　しかし，実態として，東京都の住民が利用してきた墓地や納骨堂の多くは，政府や地方自治体ではなく，民間企業を中心とした事業者によって開発されてきた（辻井 2023）。それならば，民間企業が，納骨堂の開発を通して，いかに死者を埋葬し，弔う空間を高密度化してきたかを問う必要がある。そして，なかでも先行研究では十分に扱われていない，現代の自動搬送式納骨堂をはじめとした納骨堂の開発の実態を明らかにする必要がある。

　以上より，本章の目的は，東京都の都心部において納骨堂が1990年代以降に増加した経緯を分析し，都市において死者を埋葬し，弔う空間が高密度化してきた理由を解明することである。

1-3　本章の視点と扱う資料

　本章が分析の視点として取り上げるのは，都市社会学者である植田剛史のアプローチである（植田 2008, 2016, 2018, 2021）。これはマテリアルな位相において進む都市空間の変化に迫るために，都市空間を構成するモノの設計者・施工者と専門知識・技術を分析し，都市の政治経済学のアプローチを補完しようとするものである（植田 2018）。この植田のアプローチは，さまざまな事例に応用可能な視点であるだろう。

　先述した住宅の高層化・高密度化と重なるように，死者を埋葬し，弔う空間である墓地も高密度化が進み，納骨堂や合葬墓は増加してきた。それゆえに，死者を埋葬し，弔う都市空間である納骨堂が，モノの設計者・施工者と，それらが保有する専門知識・技術とのかかわりのもとで，いかに造られてきたのかを問う余地がある。

　上記の視点にもとづき，本章では東京都の都心部を事例に，納骨堂の開発にかかわる設計者や施工者である事業者を取り上げ，死者を埋葬し，弔うための都市空間の再編過程を分析する。そこで，綜合ユニコムが出版する経営情報資料，はせがわの社史・IR資料，および『日経新聞』『日経産業新聞』を主に取り上げる。

　綜合ユニコムとは，レジャー産業や葬祭業に関する経営情報資料や年鑑の出版から企画・開発・運営のための調査・コンサルティングなどを行う企業である（綜合ユニコム 2024）。綜合ユニコムは，1980年代からレジャー施設に関する

経営情報資料や年鑑を販売するなかで，墓地開発に関する経営情報資料を出版している。さらに，こうした経営情報資料で事例として取り上げている企業，および宗教法人とその事業の多くは，都市圏に所在しており，情報の応用可能性という点では市場規模が大きい都市部の事業者を念頭においている。

また，ここで取り上げる綜合ユニコムは，都市計画といった大規模な開発ではないものの，墓地や納骨堂の開発を手掛ける「都市計画コンサルタント[4]」と密接にかかわる存在である。綜合ユニコムが出版している経営情報資料は，現場で墓地開発にかかわる「都市計画コンサルタント」が実際に記載したもの（綜合ユニコム 2018）もあれば，詳細な経緯は不明なものの独自の取材により，「都市計画コンサルタント」向けに作成されたもの（綜合ユニコム 1985, 1990, 1993）も存在する。ここからうかがえるように，上記の資料は，「都市計画コンサルタント」の実践，ひいては都市空間を再編する専門知識・技術を捉えるうえで有用な資料といえる。

以上より，本章では，墓地や納骨堂の開発を手掛ける「都市計画コンサルタント」の実践とそれらが保有する専門知識・技術を分析する。そして，その分析から，東京都で住宅の変化と関連して進んだとされる納骨堂開発，すなわち死者を埋葬し，弔う空間の高密度化の実態を明らかにする。

2 死者を埋葬し，弔う空間の高密度化に向けた構想（1980年代）

2-1 バブル経済を背景にした墓地開発の困難

先行研究が指摘してきた通り，東京都において納骨堂の開発が進み，死者を埋葬し，弔う空間が高密度化してきたのは，1990年代以降の出来事である。しかしながら，すでに1980年代には，地価の高騰にともない，1990年代以降の納骨堂開発につながる構想が生み出されてきた。

この背景には，1980年代に都市部の墓地不足が深刻化するとともに，徐々に地方自治体による墓地開発・経営の認可が厳しくなったことが関係していた。1983年には，行政改革のための一括法である「行政事務の簡素合理化及び整理に関する法律」が施行された。そして，それにともない「墓地，埋葬等に

関する法律（以下，墓地埋葬法）」が改正され，都道府県知事の権限であった墓地の経営等の許可が，機関委任事務から団体委任事務に変更された（生活衛生法規研究会監修 2017：6）。ここで墓地開発・経営の認可が，機関委任事務から団体委任事務に変更されたことで，地方自治体の権限が強化されたのである。

　そして，地方自治体の墓地開発・経営の認可の権限が強化された結果，容易に墓地開発・経営は認可されないようになった。この理由は，地域住民と地方自治体の双方にとって，新たな墓地開発には経済的メリットが少ないからであった（綜合ユニコム 1990：6, 1993：6-7）。

　1980 年代は，地価が上がり続けるという「土地神話」が顕在であり，市街地が拡大するとともに住宅地が不足していた（町村 2020：179-230）。そうなると，住宅地の近くから遠く離れた場所を除いて，新たに墓地用の土地を確保するのは困難となっていた。こうした状況のなか，住宅地の近くに墓地を開発しようとすれば，地域住民側は墓地開発による周辺の地価の下落を気にして，反対する場合が多かった。

　加えて，地方自治体側にとっても，墓地開発には道路や下水道などのインフラ整備に負担がかかるばかりで認可するメリットが少なかった。商業施設や工場の開発ならば，固定資産税などの税収入を得られるほか，地域の雇用増進にもつながる。しかし，墓地は原則的に無税地とされており，雇用を拡大するわけでもなく，土地価格を下落させることにつながる（綜合ユニコム 1993：6-7）。そうなると，地方自治体側にとって，地域住民の意向を無視してまで墓地開発・経営は認可すべきものではなかったのである。

　また，地方自治体が都市計画，または都市計画事業として決定する場合における「墓地計画標準（1959 年）」の存在も，当時の墓地開発・経営の認可の厳格化に影響していた。この墓地計画標準では，「墓地外縁部は，植樹帯で囲む」とともに「墓所面積を全墓地面積の三分の一以下とする」ことを規定していた[5]。さらに，さまざまな配置の基準を設け，1 つの墓地の面積を 10ha 以上にするように明記していた。地方自治体は，この墓地計画標準をもとに，事業者の墓地開発には，大規模な土地を用意したうえで，自然緑地をできるだけ残し，造成緑地をつくるように指導していた（綜合ユニコム 1993：6-7）。この指導を厳密に守ると，墓地開発に大規模な土地が必要なのに対して，分譲できる区画数が少なくなるため，事業者が十分な採算をとることが困難だったのである。

もちろん1980年代以前も以後も，墓地計画標準がすべて守られた場合のみに墓地開発・経営が認可されていたわけではなく，民間の事業者が主体となって多くの墓地が開発されていた。しかし，1983年に墓地開発・経営の認可にあたっての地方自治体の権限が強化されたことで，墓地計画標準にもとづく指導は，墓地開発を認可しない名目にもなったと考えられる。そのため，民間企業が主体となって開発しても十分な採算を取れるような墓地の開発・経営の認可は得にくくなっていた。

　こうした経緯から，1980年代には，地方自治体が容易に墓地開発・経営を認可しないようになり，墓地開発のための大規模な用地の確保が困難となっていた（綜合ユニコム 1990：6，1993：6-7）。その状況から，墓地開発の場所は，都市郊外から山間部に移行するなど，住宅地から遠のいていた（綜合ユニコム 1990：7）。

　一方で，「この反動現象として，主に市街地の寺院が墓所の立体化を狙い目にして，仏壇・ロッカー方式の霊廟，屋内墓所などの新しい墓地スタイルを開発し，都市生活者のライフスタイルに対応する動きが出てきた」という（綜合ユニコム 1990：7）。これは上述した墓地計画標準は，あくまで墓地を対象としたものであり，納骨堂の開発や既存の墓地を整備して納骨堂にする場合は適応しなくてもよかったからである。

2-2　大手ゼネコンによる墓地や納骨堂の高層化／地下化の構想

　こうして東京都の都心部の仏教寺院では，民間企業と提携することで，既存の施設や墓地を利用した墓地や納骨堂の高層化，ないしは地下化に向けた動きが模索されるようになる。

　1980年代半ばから，中小規模の石材店によって都心部の寺院墓地の再開発手法が生み出された（綜合ユニコム 1985；辻井 2023：149-75）。さらに，1980年後半には，中小規模の石材店にとどまらず，大手のゼネコンであるフジタや鹿島建設も，同様の再開発手法を開発し，大規模なビル型の墓地や納骨堂の開発を構想するようになる（『日本経済新聞』1988年4月27日朝刊；綜合ユニコム 1992：62）。

　たとえば，フジタでは1980年代以降，寺院墓地の再開発や移転工事にかかわるようになり，土地の有効活用や地域社会との合意形成の問題に直面してい

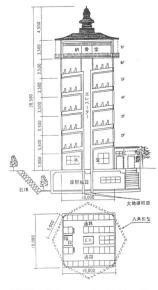

(出所) 綜合ユニコム (1992：56)。
図11-2 フジタ「大地接続重層型・墓園塔」の構想図

た。そこで，フジタでは「そうした隘路や問題を解決していくうちに，寺院墓地は移転するよりもむしろ既存地で立体化し，施設を総合化していったほうが，これからの時代に適応できるのではないか，という結論に達した」という (綜合ユニコム 1992：58)。

ここから，フジタは1988年に「墓苑ビル事業システム」を開発した[6]。「これは寺院側の要望にこたえて，同社が企画，事業設計，諸官庁への手続き，販売，管理などを，寺院に代わってそれぞれの専門家が当たるというもの」であった (綜合ユニコム 1990：107)。このように，フジタのような大手ゼネコンが，仏教寺院に代わって墓地や納骨堂の開発を主体的に手がけるようになったのである。

以上のように，1980年代から大手ゼネコンを含む民間企業により，大規模なビル型の墓地や納骨堂の開発が構想された。その構想は，巨大なビルを一棟丸ごと墓地にする，ないしは建物の地下に複数階にわたる壮大な墓地の開発を計画したものであった (図11-2，図11-3)[7]。

こうしたビル型の墓地や納骨堂は，事業者がモデルにした事例などを含めて一部では実現していた (綜合ユニコム 1992；横田 2008b)。しかし，上述した大手ゼネコンによる構想は，仏教寺院の一部の檀家からの反対や，当時の納骨堂への利用意識が低かった (山田 2018) ことから，完全には実現しなかった。そうこうしているうちに，1990年代にバブル経済が崩壊すると，日本全国で地価が下落し，これらの構想は一度凍結されるようになる。

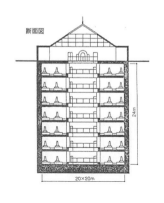
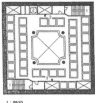

（出所）　綜合ユニコム（1992：60）。

図 11-3　鹿島建設「地下式霊園」の構想図

3　バブル崩壊後の墓地開発と自動搬送式納骨堂の技術的な成立（1990 年代）

3-1　増加した遊休地を利用した住宅地の近隣の墓地開発

　1990 年代は，不動産バブルの崩壊とアジア通貨危機により，遊休地が増加しており，規制緩和による「都市再生」が模索されていた。そのなかで，都市開発は停滞しており，民間不動産企業による都市開発プロジェクトは急減していた（町村 2017）。

　こうした状況のなかで，大規模な都市開発とは逆に，墓地開発を担ってきた事業者は，住宅地に近い土地を墓地として開発できるようになっていた。この点について，戦後以降に墓地開発を担ってきた石材店は，次のように振り返っている。

　　平成 10 年前後から，首都圏における霊園のあり方が大きく変化してく

第 11 章　高密度化する死者の都市空間＿191

る。バブル崩壊後，金融機関では不良債権化した不動産の処分をはじめ，企業においては寮やグラウンドなどの遊休地を処分する動きもあって，地価も大きく下落していた。住宅街に近いこうした土地を霊園として開発する動きが顕著となったのである。
　　　従来であれば，住宅街に近い土地は価格も高いうえ墓地としての開発は難しく，入手は不可能だった。しかし，建墓者としては，墓は住居場所の近くにほしいという思いがあり，住宅地に近い墓地は歓迎されるため，郊外ではなく，居住地近隣の霊園開発が盛んになってきたのであった。（須藤石材 2005：124）

　ここからうかがえるように，1990年代には，1980年代に不可能であった住宅地の近くでの墓地開発が可能となっていた。しかもそれは，利用者側の「墓は住居場所の近くにほしいという思い」とも重なっていたのである。
　このなかで，民間企業が宗教法人の名義を借りて，遊休地への墓地開発を行う事例が増加し，なかには開発プロジェクトが破綻する事例も現れ，社会問題化していた（森 2000：65-113；平山 2006：251）。この理由は，バブル崩壊後，資金不足や業績不振に陥った不動産業者が，遊休地や開発予定地をなんとかしようと宗教法人の名義を借りて，強引に墓地を開発しようとしたからであった（小松 2021：21）。
　上記のように，企業側は，仏教寺院をはじめとした宗教法人の名義を借りて，不良債権化した遊休地や開発予定地を墓地として開発していた。ここからうかがえるように，1990年代にはバブル経済の崩壊やアジア通貨危機により，一時的にではあるが，住宅地の近くに小規模な墓地を開発できたのである[8]。

3-2　自動搬送式納骨堂の技術的な成立とその高密度性
　この状況ゆえに，自動搬送式納骨堂が技術的に成立していたが，現在ほど注目を集めていなかった。
　1990年代，企業の規模を問わず，もともと墓地や納骨堂の設計・管理を行ってきた企業や産業機械，環境機器メーカーが自動搬送式納骨堂を次々と開発し，特許を取得していた（『日経産業新聞』1994年6月9日，1994年7月22日，1995年12月5日）。

たとえば，1995年には環境機器メーカーの三緑が物流機器メーカーの最大手であるダイフクと提携し，自動搬送式納骨堂を共同開発し，販売を始めた。これは「ダイフクが製造している自動倉庫のノウハウを製品開発に転用した」（『日経産業新聞』1995年12月5日）ものであり，立体駐車場のような形で，墓参りをする際に，遺骨を参拝施設まで搬送できるようにした納骨堂であった（ダイフク，山崎義和，納骨保管装置，特開平9-137634, 1997-05-27）。そして，1996年3月には，東京都北区の仏教寺院がこの自動搬送式納骨堂を購入し，実際に販売している（『日経産業新聞』1997年2月24日）。

　このように，1990年代に自動搬送式納骨堂は技術的に成立した。そして，この自動搬送式納骨堂は，これまでにないほど死者を埋葬し，弔う空間の高密度化を実現したのである。

　先述した三緑とダイフクが提携して開発した納骨堂では，約60㎡の空間に102基の墓が入るようになっていた（『日経産業新聞』1997年2月24日）。こうした自動搬送式納骨堂の高密度性は，都心部の土地を利用するうえで大きなメリットとなり，現在では「10坪ほどの土地の場合，一般的な墓（墳墓）は20-60基作るのがやっと。ロッカー型納骨堂でも30-150基というところなのだが，自動搬送式納骨堂ならば500-1,000基程度の収蔵が可能」（吉川2018：17）になっている。

　納骨堂において，多くの遺骨が収蔵可能になればなるほど，利用者を増やすことが可能となる。そうなると，多くの利用者から利用料や管理費が得られ，通常の墓地区画より利用料を下げても十分な収益を上げられるようになったのである[9]。

4　墓地開発・経営への規制強化と自動搬送式納骨堂の開発（2000年代）

4-1　墓地開発・経営への規制から逃れた納骨堂の開発

　こうして1990年代に技術的に成立した自動搬送式納骨堂は，死者を埋葬し，弔う空間の高密度化を可能とした。この自動搬送式納骨堂の高密度性とそれに付随した高い収益性は，2000年代以降に都心部で納骨堂が増加するうえで重

要な要素となった。

　2000年代の東京都では、1990年代と打って変わって、「都市再生」政策にともなう規制緩和により、「塩漬け」になっていた土地の開発があらためて進み、都心部の地価は上昇していた（上野 2008；町村 2017, 2020）。さらに、2000年代以降は都心部でのタワーマンションの建設が進み、人口の都心回帰が進んでいた。

　この状況のなかで、墓地開発には、1つの大きな転換点が存在した。それは地方自治法の一部改正にともない、2000年に墓地埋葬法における都道府県及び市町村のすべての事務が団体委任事務から自治事務へ移行し、地方自治体の権限が強化されたことである（生活衛生法規研究会監修 2017：7）。

　この法律の改正ともない、同じく2000年には、厚生省から地方自治体の行政運営のための指針として「経営管理の指針等について」という通知が出された。これは、先述した宗教法人の名義を借りた民間企業による墓地開発を懸念した厚生省が、それを規制するため、地方自治体の墓地開発・経営の許可の基準を厳格化するように通知したものであった（生活衛生法規研究会監修 2017：178-200）。

　このように、2000年代以降は、地方自治体の権限強化とそれにともなう厚生省の指針により、墓地開発の規制が強化されていた。そのため、人口の都心回帰が進むなかではあったが、地価の高騰もあり、都心部での墓地開発は、これまで以上に困難となっていた（綜合ユニコム 2009, 2019：12-13）。

　その状況から、墓地開発は再度、郊外で実施されるようになった（綜合ユニコム 2009：75-76）が、それに加えて1990年代に技術的に成立した自動搬送式納骨堂に注目が集まるようになる。この点を裏付けるように、東京都内では2002年以降に1000基以上の大規模な自動搬送式納骨堂が開発されるようになった（井上 2018：72）。

　2000年代以降に自動搬送式納骨堂に注目が集まった理由は、墓地の開発や新規拡張と比較して、納骨堂の開発は、地方自治体の認可の要件が厳格ではなかったからである（吉川 2018：16-17）。ここで納骨堂の開発に対して、地方自治体の認可が厳格ではなかったのは、墓地開発と比べて新たに土地取得の必要がない場合が多く、周辺住民からの苦情が出にくいからであった（綜合ユニコム 2019：13）。

4-2 大手の葬祭関係企業による自動搬送式納骨堂の開発戦略

そこで，東京都の都心部では，既存の墓地や施設を用いて，自動搬送式納骨堂が開発され，死者を埋葬し，弔う空間の高密度化が進んでいく。とはいえ，都心部における自動搬送式納骨堂の開発は，地価の高騰と墓地開発に対する法規制の強化だけで進んだわけではない。そこでは，これまで仏教寺院と提携し，墓地開発を行ってきたような民間企業が，自動搬送式納骨堂の開発を促進してきたことも影響を与えていた。

この点について，大手の葬祭関係企業である，はせがわとニチリョクの事例を取り上げたい。この理由は，後述するように2010年代に，さまざまな事業者が自動搬送式納骨堂の開発に参入するまで，主にその開発を先導してきた「2強」であったからである（週刊ダイヤモンド 2018：69）。

もともと大手の仏壇・仏具の小売店であったはせがわは，1997年以降，墓石小売業に進出し，2000年代以降は自社での墓地開発を行うようになる（はせがわ 2013）。

そして，はせがわでは墓地開発と分譲のノウハウを身につけたのちに，2007年に葬祭事業の展開への一環として，東京都文京区で自動搬送式納骨堂の販売に携わった。はせがわでは，この自動搬送式納骨堂の販売をきっかけに，2009年にマーケティング調査を行い，納骨堂に関する事業は「これから伸びる市場との感触を得た」（はせがわ 2013：173）という。そこで，はせがわでは2010年には納骨堂事業を行う専門部署を設立し，自動搬送式納骨堂を「屋内墓苑」と呼称すると同時に，新規開発を行い，販売に力を入れ始めた。

しかし，2010年代以降，納骨堂開発に参入する事業者が増え，後に論じるように2012年以降に地方自治体の条例の規制が適応されるようになった。そのため，次のように，はせがわ側から仏教寺院への「開発提案」が必要となってきたという。

> 現在の課題は，有望な市場として参入業者が増える一方，地元住民の建設開発反対運動の拡がりなどを反映して行われた自治体条例の改正によって，都市部，とりわけ東京都23区内での新規開発の余地が狭められつつあることである。納骨堂事業の基本的なビジネスモデルは，契約主体である宗教法人から販売手数料収入を得る典型的な受託販売だが，こうした状

況下で需要の拡大に対応するためには，聖石事業と同様に，開発提案が必要となってきた。（はせがわ 2013：174）

　つまり，仏教寺院側が主体的にはせがわと提携し，自動搬送式納骨堂を開発するのではなく，はせがわ側が仏教寺院に営業をかけてその開発を促進しようとしたのである。墓地開発において，企業側が仏教寺院に営業をかけて開発を促進する方法は，高度経済成長期に確立した（辻井 2023：120-48）が，それが都心部では納骨堂開発でも実施されるようになったのである。
　また，これは納骨堂の開発にあたっての資金調達，地方自治体から開発の認可を得る手続き，広告や販売までを仏教寺院に代わって民間企業が代行するものであった（綜合ユニコム 2009：158；井上 2018）。高度経済成長以降，墓地開発では，宗教法人と提携した企業が積極的に広告を出して販売していたのに対して，基本的に多くの納骨堂の開発業者や納骨壇のメーカーは利用者を募集していなかった（横田 2008b）。
　しかし，上述したはせがわやニチリョクといった葬送関係企業が納骨堂の開発にかかわることで，民間企業が墓地と同じく納骨堂でも広告を通して販売を促進するようになったのである。本章の冒頭で論じた自動搬送式納骨堂の広告は，以上の経緯から増加したものであるだろう。
　こうした仏教寺院への「開発提案」を通した，はせがわの納骨堂事業は成功を収め，次々と都心部の駅前立地の仏教寺院に営業をかけ，納骨堂の開発を促進した。この点を裏づけるように，はせがわの自動搬送式納骨堂の売上高は，震災の影響を受けた2012年3月期と提携先を売り切った2013年3月期を除いて，2018年3月期まで増加し続けている（図11-4）。
　同様に，大手の墓石小売業者であるニチリョクでは，1999年に自動搬送式納骨堂を開発し，2005年から自動搬送式納骨堂を「堂内陵墓」と呼称し，販売に力を入れ始めた。
　ここからニチリョクは，「寺院に代わって用地手配や販売代行，施設管理を一貫して請け負う大型納骨堂の展開を加速」（『日経産業新聞』2005年8月2日）させたという。つまり，はせがわと同様にニチリョク側が，仏教寺院に対して営業をかけて，自動搬送式納骨堂の開発を促進していたのである。こうして，ニチリョクでは，全国で自動搬送式納骨堂を開発し，仏教寺院に代わって販売

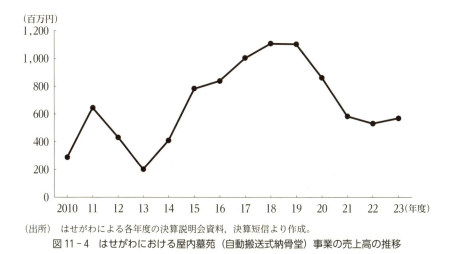

(出所) はせがわによる各年度の決算説明会資料，決算短信より作成。
図11-4 はせがわにおける屋内墓苑（自動搬送式納骨堂）事業の売上高の推移

を代行するようになった（綜合ユニコム 2019：18）。

5 東京都における自動搬送式納骨堂の増加とその限界点（2010年代）

　以上のように，2000年代以降，大手の葬祭関係企業は，仏教寺院に積極的に営業をかけて提携し，自動搬送式納骨堂の開発を促進してきた。
　こうした状況のなか，2012年には，地方分権改革のなかで墓地埋葬法が改正され，墓地の経営許可権限が，市または特別区では市長または区長の権限となった。ここで大きく変化した点は，墓地の開発・経営の認可にあたって，それぞれの自治体の条例が適応されるようになったことである（生活衛生法規研究会監修 2017：8；綜合ユニコム 2019：13）。そこから，都心部で墓地開発・経営の認可はより得にくくなり，納骨堂の開発も規制が強化されていた。しかし，墓地開発と比較して，まだ多くの地方自治体での納骨堂の開発規制は緩い状況にあった。それゆえに，以前よりも開発が難しくなったとはいえ，2010年代以降の都心部の地価の高騰のなかでも納骨堂，特に自動搬送式納骨堂の開発が進んでいた。

第11章　高密度化する死者の都市空間＿197

しかし，2010年代後半に入ると，自動搬送式納骨堂の開発に少しずつ歯止めがかかり始め，その動きに変化が生じていく。
　そのきっかけとなったのは，東京都が自動搬送式納骨堂に対して，固定資産税と都市計画税の課税措置をとったことである。もともと墓地は，地方税法によって固定資産税の非課税の対象となっていた。しかし，納骨堂は，宗教法人法を根拠にして，宗教活動に必要な「境内建物及び境内地」だからこそ，非課税の対象とされていただけであった。ここに目をつけた東京都は，自動搬送式納骨堂が宗旨宗派を問わずに利用者を集め，民間企業に販売委託をしている点から，宗教活動に必要なものではないとして，2015年から課税措置をとるようになった。そして，2016年には，課税措置に対して取消訴訟を起こした仏教寺院との裁判に勝訴し，課税は適法という判決を得た（忠岡 2017；鵜飼 2016：95-106）。
　こうして自動搬送納骨堂への課税は適法であるという判決が出たのも，先述したように民間企業が開発・販売にかかわり，その高密度性から数千単位の大量の遺骨を集めて高い収益を得ているからであった（鵜飼 2016：95-106）。
　しかし，同じく2010年代後半には，自動搬送式納骨堂の高い収益性も揺らぎ始める。自動搬送式納骨堂は，その高い収益性ゆえに，さまざまな事業者に目をつけられるようになったのである。それゆえに，2010年代には，はせがわやニチリョクのように，以前から仏教寺院とかかわってきた葬祭関係企業だけでなく，ゴールドマンサックスのような外資系投資銀行まで開発にかかわるようになった（勝 2018；週刊ダイヤモンド 2018）。
　さらには，葬祭関係企業に加えて，大手スーパーやパチンコ店，ないしはリゾート開発やホテル建設を本業とする企業すらも，宗教法人に営業をかけて納骨堂の開発を促進しようとしていた（勝 2018：49）。このなかで，自動搬送式に限られず，納骨堂の開発では，暴力団関係者がかかわる，ないしは活動実態が不明瞭な宗教法人の名義で行われる，経営破綻した事例が現れるといった問題が生じ，各地で開発反対の住民運動が生じていたほどであった（林 2018；西岡 2018；小川 2018a）。
　これは納骨堂の開発が数十億から100億もの資金が動く新興ビジネスとしての側面をもち，2010年代には作れば作るほど売れるという状況があったからである（森 2017；小川 2018b）。この状況を支えていたのは，自動搬送式納骨堂

への高い需要の存在である。

　戦後から現代にかけて，死んだ後にも自身や家族を記録・記憶して欲しいという願いは，常に存在していた（辻井 2023）。その願いと，家族構造・意識の変化，都心部への人口集中，高齢者にも容易にアクセス可能な立地，草むしりなどが必要なく気軽な参拝が可能な点，墓の移動（改葬）先の必要性，従来の墓に対しての相対的な低価格性などの要素が合致したことで，自動搬送式納骨堂には高い需要が存在していたのであった[10]（井上 2018；森 2017；綜合ユニコム 2019）。すなわち，死んだ後にも自身や家族を記録・記憶したいと願い，過去ならば従来の墓を求めていたような層が，自動搬送式納骨堂を求めていたのである。

　しかし，高い需要があったとしても，さまざまな事業者の参入による価格競争やイメージの悪化，そして東京都による課税措置によって，自動搬送式納骨堂の開発は 2010 年代後半になると停滞するようになった。こうした点を裏づけるように，はせがわの 2020 年 3 月期の決算短信では，競争環境が激化した影響によって売上高が減少していると記載され，その後の売上高も下落している（図 11-4）。また，ニチリョクの経営者は，2019 年に「ここ数年で供給過多になってしまった。ニーズが高いだけに，玉石混淆になってしまうと，自動搬送式納骨堂のイメージが悪くなることも懸念される」と語っている（綜合ユニコム 2019：21）。

　以上の経緯から，2010 年代をピークに，東京都において，死者を埋葬し，弔う空間を極限まで高密度化した自動搬送式納骨堂の開発は，徐々に停滞するようになった。一方で，東京都では都心部を中心に地価そのものは上昇し続けており，それに即して建造環境も拡張している。それゆえに，2020 年代以降は，さらなる都市の再編のなかで，自動搬送式納骨堂に代わる新たな死者を埋葬し，弔う空間が現れていると予想される。それを問うことは，本章の課題を超えるが，今後の都市研究の重要な課題となりうるだろう。

6　死者を埋葬し，弔うための都市空間はいかに変化したのか──

　東京都では，1990 年代以降も継続して人口は増加し，建造環境が拡張し続

けていた（町村 2017, 2020）。このなかで，自動搬送式納骨堂をはじめとした納骨堂は増加し続け，死者を埋葬し，弔う空間の高密度化が進んできた。この状況に対して，本章では，東京都で一方向的に死者を埋葬し，弔う空間が高密度化したわけではなかった事実を明らかにした。

　この内実として，1980 年代にはバブル経済により地価が高騰するなかで，大手ゼネコンにより，都心部での墓地や納骨堂の高層化／地下化が構想されていた。しかしながら，その構想は部分的に実現し，寺院墓地の再開発を通して納骨堂を増加させたが，完全に実現することはなかった。

　なぜなら，1990 年代にはバブル経済の崩壊により遊休地が増加し，事業者が住宅地に近い場所を再び墓地として開発できるようになったからである。それゆえに，すでに 1990 年代に自動搬送式納骨堂が技術的に成立したにもかかわらず，死者を埋葬し，弔う空間を高密度化しようとする実践は大きく広がりをみせることはなかった。

　しかし，2000 年代になるとその状況は大きく変化する。2000 年代以降，政府の規制緩和により，都心部では大規模な再開発が進んでいく。このなかで，タワーマンションの建設が進み，人口の都心回帰が進んだ（町村 2017, 2020）。この状況から，都心部の地価は高騰し，加えて地方分権改革などにともない地方自治体による新たな墓地開発・経営への規制は強化され続けていた。それゆえに，1990 年代のように住宅地に近い場所での墓地開発は，ほぼ不可能となっていた。そこで，都心部で増加する人々の需要を満たし，死者を埋葬し，弔う空間を生み出すために，自動搬送式納骨堂の開発に注目が集まった。

　自動搬送式納骨堂は，その高密度性ゆえに，1980 年代に構想された墓地や納骨堂の高層化／地下化よりも，多くの利用者を集めて，高い収益を得ることを可能とした。そこで，2000 年代以降，はせがわやニチリョクといった葬祭関係企業が目をつけ，自動搬送式納骨堂の開発が大きく進んだ。つまり，規制緩和により活性化した民間による都市開発とのせめぎ合いのもとで，事業者が資本を拡大し続けるための苦肉の策が自動搬送式納骨堂の開発だったのである。こうして 2000 年代から 2010 年代にかけて自動搬送式納骨堂は，東京都の都心部で広がり，死者を埋葬し，弔う空間は高密度化してきた。

　このように，死者を埋葬し，弔う空間の高密度化は，東京都では 1990 年代以降の人口増加や都心回帰，ないしは家族構造・意識の変化だけに即して進ん

だわけではなかった。それは，2000年代以降の都心部の再開発や地方分権改革にともなう墓地開発・経営への規制強化などとリンクしながら展開したのである。

　以上の知見は，「都市計画コンサルタント」といえるアクターの分析により明らかになったものである。本章が示した知見は，バブル経済以降の都市変容を「ジェントリフィケーション」として一面的に理解せず，時期による変容を追う視点（町村 2017）と交錯するものであった。この知見は，常に地価の変化と向き合い，イノベーションを引き起こそうとする民間企業と密接にかかわる「都市計画コンサルタント」を取り上げたからこそ明らかになったものである。このように，墓地や納骨堂をはじめ，さまざまな具体的な都市空間をとらえていくことは，マテリアルな位相における都市空間の再編を解明し，都市の政治経済学の知見を補完するのである（植田 2018）。

　一方で，本章の知見は，地価の高騰が進み続けている東京都の都心部という地域の特殊性を考慮する必要がある。それゆえに，今後の課題としては，その特殊性を踏まえたうえで，死者を埋葬し，弔う空間がいかに再編されてきたのかを問わなければならない。

　そこで第1に，世界のさまざまな都市の再編を踏まえて，葬送・墓制の変化を比較する必要がある。たとえば，韓国では「都市化が進む現代社会の政治経済的な要請が，葬墓の変容を要請し，それに対応する死生観の変容を人々に迫る」状況になっている（田中 2017）。本章が明らかにした納骨堂開発の展開も，韓国の葬送・墓制の変化と一部重なる側面が存在する。この知見が示すように，フレキシブルな蓄積体制のもとで世界の都市が再編されるなかで，いかに葬送・墓制をめぐる都市空間の変化が生じ，それに対する意識が変化しているのかを問い，比較することは重要な課題となる。

　第2に，必ずしも人口が増加していない日本のほかの都市の再編と関連させて，納骨堂の開発をはじめとした葬送・墓制の変化を分析する必要がある。本章が取り上げた自動搬送式納骨堂は，地方都市では立地の問題から利用者が集まらず経営破綻した事例も存在し，同じ東京都でも「多摩地域」の駅から離れた仏教寺院では開発しても採算が取れないと予想されている（小川 2018b：37）。こうした事実を踏まえ，惑星的都市化のもとで農山漁村や地方都市が再編されるなか，いかに死者を埋葬し，弔う空間が変化しているかを問うことは

重要な課題である。

　また，この点については，地域ごとの歴史的な経路依存性を検討する必要がある。たとえば，福岡県では1960年代の新生活運動により，納骨堂に遺骨を埋蔵する文化が根づいており，九州地方では東京都よりもはるかに数多くの納骨堂が存在している（綜合ユニコム 2019：15）。このように，納骨堂開発という事例を1つ取り上げるだけでも，地域ごとに歴史的な経路依存の差異が存在する。それゆえに，東京都以外の都市を事例に取り上げ，地域ごとの歴史的な経路依存性を考慮しつつ，本章が示したような納骨堂の開発がいかに展開したのかを明らかにすることが望まれる。

　　本研究はJSPS科研費24K15908，および日本科学協会の笹川科学研究助成（2023年度）を受けたものです。

注

1　本章では，ロッカーや棚，仏壇を配置するのではなく，何かしらの機械やシステムを利用し，遺骨を参拝施設まで移送する形式の納骨堂を「自動搬送式納骨堂」とする。この「自動搬送式納骨堂」は，「堂内陵墓」「搬送式納骨堂」「屋内墓苑」ないしは「ビル型納骨堂」「永代供養墓」など，事業者ごとにさまざまな商標や概念のもとで呼称されているが，本章では引用をのぞいて「自動搬送式納骨堂」に用語を統一する。

2　この点は（土居 2024）でも検証されている。なお，土居は，行政統計上に計上されない「納骨堂」が存在していることを示唆しており，図11-1で示した以上に東京都では納骨堂が増加している可能性も存在する。

3　一方で，明治初期から戦前期にかけて納骨堂が成立し，普及した背景については，法制度の変化や関東大震災といった出来事との関連のもとで論じられ，研究が蓄積しつつある（土居 2022；問芝 2023a, 2023b；山田 2018）

4　植田は，「クライアントを介して専門知識・技術を都市空間へと適応する民間コンサルタント業者」の総体を「都市計画コンサルタント」として定義している（植田 2008：158）。そして，この「都市計画コンサルタント」を都市空間の再編にかかわる専門知識・技術を保有するアクターとして位置付けている（植田 2021）。

　　この点について，植田は，行政や日本住宅公団の業務委託を引き受けていた専門家を「都市計画コンサルタント」として扱っている。それゆえに，植田が都市研究の分析対象として提起する「都市計画コンサルタント」は，ある種の大規模な都市開発を手掛けるアクターを想定している。

　　一方で，本章が取り上げる綜合ユニコムは，植田が想定する「都市計画コンサルタント」のように大規模な都市開発を手掛けてはいない。しかしながら，パチンコホールなどのレジャー施設や墓地といった，大手のデベロッパーが手掛けないニッチな開発に関する経営情報資料を販売し，都市空間の再編にかかわる専門知識・技術を保有している。こうした実態の差異を加味したうえで，本章では，綜合ユニコムを墓地や納骨堂の開発にかかわる「都市計画コンサルタント」として分析し，研究を蓄積することをめざす。

5 「墓地計画標準について（抄）」（2024年12月24日最終取得，https://www.mlit.go.jp/notice/noticedata/sgml/027/76000006/76000006.html）。

6 フジタの「墓苑ビル事業システム」は，開発当初は注目を集め，都内の40近くもの仏教寺院から相談を受けていた。しかし，その後の1992年段階では1件も成約していなかった。これは前向きに墓苑ビル事業を計画しようとした仏教寺院でも，一部の檀家が反対することで，構想を極端に縮小，ないしは断念せざるをえない状況になっていたからであった（綜合ユニコム 1992：58）。しかしその後，1996年にはフジタの開発事業関連子会社が「バブル崩壊で開発の滞っている遊休地を有効活用するため，地元ニーズを組み上げた計画を積極化させる」ために納骨堂を開発し，事業化に成功している（『日経産業新聞』1996年10月13日）。なお，このフジタの開発事業関連子会社による納骨堂の開発には，綜合ユニコムの経営情報資料に寄稿している「都市計画コンサルタント」もかかわっている（綜合ユニコム 2018；2019）。

7 なお，1980年代に開発が構想された，ないしは実際に開発された納骨堂は，関東大震災にともなう特別都市計画土地区画整理事業の施行による寺院の境内墓地の整理・移転の際に作られた「特殊納骨堂」と酷似しているという（横田 2008b）。

8 とはいえ，東京都で1990年代から急激に納骨堂数が増加しているように，1980年代に構想された寺院墓地の再開発も同時に行われており，その一環として納骨堂は開発され続けてきたと考えられる。

9 鎌倉新書による「お墓の消費者全国実態調査」（2024年12月24日最終取得，https://guide.e-ohaka.com/research/survey_2024/）によると，納骨堂の平均購入価格は，おおむね従来の墓の半分強になっている。この統計では，納骨堂に対して自動搬送式納骨堂かどうかの区別をしていないが，従来の墓よりも多くの遺骨が収蔵可能な納骨堂の方が低い価格となっていることがうかがえる。

10 こうした要素に加えて，納骨堂が，かつては一時的な遺骨の収蔵先であったのに対して，現在では永続的な祭祀施設へと変化し，合葬墓と連動させることで継承者が不在の場合にも利用可能になっている点も関係していると考えられる（井上 2018；横田 2008a；山田 2018）。こうした納骨堂の利用実態や利用者側の意識変化の内実を問うことは，今後の課題となる。

第12章 日本都市における
ジェントリフィケーション批判に向けて

金澤良太

> 住まい（home）や近隣地域からの立ち退きは，打ちのめされるような経験でありうる。それは最悪の場合，ホームレス状態につながる。もっともましな場合でも，コミュニティの感覚を損なう。一般的合意によれば，公共政策は立ち退きを最小化すべきである。それにもかかわらず，さまざまな公共政策——特にジェントリフィケーションに関するもの——は，それを助長しているように思われる。(Marcuse 1985a：931)

1　日本の都市研究とジェントリフィケーション

　ジェントリフィケーション（gentrification）という語は，中央・地方政府や民間デベロッパーが主導する都市の再生・再活性化に批判的な世界中の研究者や活動家の間で広く用いられている。ジェントリフィケーションとは，一言でいえば「より富裕なユーザーのために都市空間を生産すること」（Hackworth 2002：815）を指す。都市空間の高級化は，老朽化した工場や倉庫をカフェやブティックにリノベートすることによって，住居や店舗の建てこんだ庶民的な街並みの一画を取り壊して高層マンションを建てることによって，あるいは広大なウォーターフロントに複合商業施設を建設することによって達成される。これらは都市再生・再活性化として喧伝される都市変容の典型である。しかし，それらの変化の負の側面に着目する人びとは，あえてそれらをジェントリフィケーションと呼ぶのである。

　日本でも，近年ジェントリフィケーションは都市研究のトピックとして注目を集めており，実証研究が取り組まれるようになっている。それらの研究では，ジェントリフィケーションの地理的・歴史的多様性を前提に，（特に欧米都市の

〈典型的〉事例とは異なる）日本都市における現れ方の特殊性への着目を通して，新たな経験的知見の提供や既存の理論の再検討・発展が目指されている（藤塚 2017；丸山・徳田 2019；金 2024）。

しかしながら，日本都市の現実にジェントリフィケーション概念をあてはめることには慎重であるべきという考えは，根強く存在し，広く共有されている（下村・五十嵐 2017）。そのような慎重論は，諸外国のジェントリフィケーションにおける立ち退きと比べれば，日本都市におけるそれは深刻な問題ではなく，反立ち退き運動の広がりもさほどではないという理解にもとづいている（町村 2017；浦野 2017）。

ジェントリフィケーションという概念には，立ち退きという階級的不平等を前景化し，それが指し示す都市変容の階級的側面を批判しようとする意図が込められている（Slater 2006）。ジェントリフィケーション概念の日本都市への適用に消極的な論者は，このような概念の政治性を察知している。だからこそ，慎重論においては，反立ち退きと分かちがたく結びついたジェントリフィケーション概念は，日本における都市過程の問題や矛盾を分析するにはややピントがズレていると評価される（町村 2017）。

他方で，日本都市の事例をジェントリフィケーションの国際的な比較研究に位置づけている論者は，ジェントリフィケーション概念の政治性を脇に置く傾向がある。このような態度は，〈典型的〉事例と異なり，日本都市のジェントリフィケーションは立ち退きをめぐる激しい階級対立をともなわず進行したという理解にもとづいている。橋本健二が 1980 年代から 2000 年代にかけての東京の 30 年にわたる変化を「無血革命としてのジェントリフィケーション」（橋本 2017：42）と呼んだのは，その象徴である。

以上のように，概して日本の都市研究においては，ジェントリフィケーション概念の使用に消極的な論者がその概念の政治性を正しく認め，同概念の使用に積極的な論者がかえってその概念を脱政治化するという，転倒した状況がみられる[1]。このような状況は，両者がともに立ち退きの不利益を過小評価していることと関連しており，反立ち退きの政治の矮小化につながっている[2]。要するに，日本におけるジェントリフィケーション研究の展開は，現在のところ，どちらかといえばジェントリフィケーション批判を触発するのではなく，その力を削いでしまっているのである。

本章では，上述のような研究状況を乗り越え，日本都市におけるジェントリフィケーション批判のあるべき方向を示したい。そこで，まずジェントリフィケーション概念の展開を跡付ける。ジェントリフィケーションは歴史的・地理的条件によって多様な現れ方をすることが認められるようになり，概念がより抽象的に定義されるようになった。そのような概念の展開において，同概念のネーミングが都市変容の階級的側面を表現したものであり，階級的不平等としての立ち退きに焦点をあてる点が，一貫して他の類似した概念と異なる特徴であることを確認する。次に，2000年代以降の立ち退き論争を整理する。ジェントリフィケーションの変化は，その過程の構成要素である立ち退きのあり様に影響する。立ち退きを経験として概念化し，その質的な次元を把握することの重要性について論じる。最後に，経験としての立ち退きに着目することの意義について，日本における都市言説・実践の文脈で論述する。

2 政治性をもった概念としてのジェントリフィケーション──

　ジェントリフィケーションは，都市の言説と政治において，もっとも理論的・イデオロギー的対立が先鋭化する概念のひとつである。なぜならば，ロレッタ・リーズらがいうように，「再活性化や再生，ルネッサンスに反対するのは困難だが，ジェントリフィケーションに反対することはずっと容易」（Lees et al. 2007：155）だからである。このような概念の政治性は，批判的論者によって肯定的に評価され，資本主義的都市過程の矛盾と問題の分析に活用されていった。

2-1　ルース・グラスによる〈発明〉

　世界中の都市研究者が当たり前に用いているジェントリフィケーション──直訳すれば紳士階級化──という語は，1960年代にイギリスの社会学者ルース・グラスが考案したものである。その当時，ロンドン中心部の地域において，老朽化した住宅ストックが資本の再投資によって修復・格上げされ，そこに住んでいた労働者階級の立ち退きと中流階級の新住民の流入が進行し，労働者階級地区が中流階級の居住地へと一変する事態が生じていた。彼女は，当時ロン

ドン中心部の労働者階級地区で進行していた老朽住宅ストックの修復，ミドルクラスの新住民の流入，そして労働者階級の立ち退きによって特徴づけられる地域変容をジェントリフィケーションと呼んだ。

　グラスによれば，ジェントリフィケーションとは以下のような過程である。

> ロンドンの労働者階級地区の多くは，アッパーとロウアーのミドルクラスによって次々と侵入されている。上下階に各2部屋ある古ぼけた質素な小屋や小さな家は，賃貸契約が終了すると買い取られ，上品で高級な住居に生まれ変わる。より大きなビクトリア様式の住宅は，以前ないし近ごろに格下げされ，下宿屋として使われるか，複数の世帯が居住する状態にあったが，再び格上げされている。（中略）このような「ジェントリフィケーション」の過程は，ひとたびある地域で始まると，元からいた労働者階級の居住者のすべてかほとんどを立ち退きさせるまで続き，地区全体の社会的性格が変化する。(Glass 1964：xviii-xix)

　グラスが記述した過程は，物理的・経済的・社会的側面にまたがるものである。彼女は，このような総合的な変容過程が地域の階級的変化であることを表現すべく，それにジェントリフィケーションという名を与えた。このことは，その後の研究と論争を方向づける決定的な影響力をもったという意味で，重大な〈発明〉であった。

　グラスがロンドンに見出したジェントリフィケーションは，立場や見方によっては住環境の改善や衰退地域の再生としてポジティブに語られうる。しかし，彼女はあえて階級的ニュアンスのある語を用いることで，その過程を批判的に評価していることを明示したのである（Smith 1996＝2014；Slater 2006）。ジェントリフィケーション概念の登場により，目下進行中の都心部への再投資を通した都市景観の変化が，実は「階級的不平等の地域的表現」(Lees et al. 2007：80) に他ならないことが強調されることとなった。

　ジェントリフィケーションの階級的不平等は，社会的地位が低く，支払い能力の乏しい人びとが立ち退かされるという事実にもっともわかりやすく表れる。立ち退きは，土地市場において相対的に不利な立場にある階級に押しつけられる。というのも，資本の蓄積を実現するためには，再投資された空間の地代が

上昇し，そこを支払い能力のある人びとで満たすことが求められるからだ。グラスが的確に指摘するように（Glass 1964），改善された都市環境から労働者階級は排除され，向上したアメニティはミドルクラスの新住民によってほぼ独占的に享受されることになるのである。

　ジェントリフィケーションという概念は，階級的不平等としての立ち退きを欠くことのできない構成要素のひとつとしている。そのため，同概念には，それが指し示す都市過程に対する批判的な視点が内在している（Slater 2006）。都市再生・再活性化を推進するアクターの言説において，立ち退きの発生はまったく言及されずにポジティブな変化ばかりが語られるか，言及されるとしても適切に対処されるので取るに足らない話題として片づけられる。しかし，都市再生・再活性化における立ち退きの発生は，再生・再活性化が結局のところ資本の蓄積に奉仕する都市空間の階級的改造にすぎないということを体現している。ジェントリフィケーション概念の批判的視角は，この点を浮き彫りにするのである。

　概念の政治性を軽くみることはできない。批判的な論者にとって，ジェントリフィケーションは都市再生・再活性化の負の側面を指摘するための有力な概念である。そのポテンシャルを生かすべく，ジェントリフィケーション概念をめぐる議論は，それをより抽象的で包括的に定義し，その現象形態のヴァリエーションを認める方向へと展開していった。

2-2　ジェントリフィケーションの多様性と概念の再定義

　ジェントリフィケーションが生み出す都市景観についてのライトモチーフは，いまだにグラスの記述が基本線となっている。老朽化したローカルな建築ストックが漸進的に修復されることで地域が物理的に改善され，しかも建築の歴史的・文化的特徴を生かした修復が施されることで地域に審美的魅力が与えられ，アートやファッションに関心のあるミドルクラスが流入するという過程がそれである。確かにこのような過程は，1960年代から1970年代までの欧米都市におけるジェントリフィケーションの典型であった（Smith 1996=2014；Lees es al. 2007）。

　しかしながら，ジェントリフィケーションを特定の都市的文脈や景観的特徴に限定して定義することは，それが歴史的・地理的に変化し，多様な現れ方を

することを見逃すこととなる。このことは，都市空間の変容の階級的次元を捉えるという，ジェントリフィケーション概念の学術的・政治的意義を損なうことにつながる。グラスによるジェントリフィケーションについての具体的な記述とそれに沿った概念規定は，「定義を制限する何かではなく，定義を広げるための跳躍台として使われなければならない」（Davidson and Lees 2005：1187）。このような精神のもと，ジェントリフィケーション概念はより抽象的に再定義されていった。

　欧米の研究において，都市のジェントリフィケーション過程の変化は1980年代には指摘され始めていた。その時期，欧米先進諸国の都市経済をけん引する産業が製造業からFIRE（金融・保険・不動産業）や情報通信業，文化・芸術産業，ならびに観光業へと転換したことを背景に，都市中心部が劇的に作り変えられていった。古い建築物を修復して高級住宅を供給することは，都市をミドルクラスのために作り変える広範な階級的変容の一部をなすに過ぎない。したがって，グラス流の定義に執着して住宅の修復だけを特別扱いすることは，正当化されなくなったのである（Smith 1996＝2014）。

　ある都市景観の変容がジェントリフィケーションであるか否かを区別するとき，それが既存の建造環境の修復によるのか，再開発によるのかは関係がない。また，それが高級住宅の供給であるのか，専門職層の働く最新オフィスの建設であるのか，高所得層向けの商業施設の開発や専門店の集積形成であるのか，あるいは文化資本の豊かな人びとをターゲットにしたギャラリーの増加であるのかも関係がない。より富裕な人びとのために空間を生産し，より貧しい人びとを追い出すような都市の階級的変容は，いずれもジェントリフィケーションに含めることができるのである。

　ジェントリフィケーションの一般的定義として頻繁に言及されるのは，エリック・クラークによる以下の定義である。

> ジェントリフィケーションは，新しいユーザーが以前のユーザーよりも高位の社会経済的地位に属するような土地利用者の人口における変化を含む過程であり，それに随伴する固定資本への再投資を通した建造環境の変化をともなう。（中略）どこでということは問題にならないし，いつということも問題にはならない。（Clark 2005：258）

概念についての理解が改められるのにともない，かつてであればジェントリフィケーションとみなされなかった種類の都市変容が批判的視点から検討されていった。ジェントリフィケーション研究の対象は住居という私的空間だけでなく，公園やストリートなど種々の公共空間にもひろがり，また居住面（再生産の領域）だけでなく商業面（消費の領域）や産業面（生産の領域）におけるジェントリフィケーションが指摘された。

　ジェントリフィケーションの多様性を認める動きは，立ち退きについての理解にも影響を及ぼさざるをえない。労働者階級が手ごろな家賃の住まいから追い出されるという，通俗的な立ち退き理解に固執することは，ジェントリフィケーションを限定的に理解することにつながるからである。たとえば，立ち退かされるのは労働者階級や貧困層だけではない。経済の金融化が進み，住宅が投機の対象となることで生じる，すでにジェントリファイされた地域におけるさらなるジェントリフィケーション，すなわち「スーパー・ジェントリフィケーション」（Lees 2003）では，立ち退くのはミドルクラス住民である。このような変化も，クラークの定義にもとづけばジェントリフィケーションと呼びうる。

　また，立ち退きは直接的な追い出しに限らない。老朽住宅の修復とミドルクラス住民の流入によって特徴づけられる古典的ジェントリフィケーションは，住民を直接に入れ替えるものであり，労働者階級の旧住民の追い出しをともなわざるをえなかった。しかし，2000年代以降，欧米都市において多くみられるようになった「新築ジェントリフィケーション」（Davidson and Lees 2005, 2010）は，直接的に住民を入れ替えるとはかぎらない。

　工場跡地やウォーターフロントでおこなわれる再開発は，もともと住宅用途ではない土地でおこなわれるので，直接に追い出される住民はいない。また，ソーシャル・ミックスを目指した公営住宅の建て替えでは，主にもともとそこに住んでいた低所得の住民のために，一定の戸数が低家賃住宅として割り当てられる。しかし，新たに流入するのはミドルクラスである。そのため，それらはやはり階級的な都市変容といいうる。

　直接的な立ち退きがなければジェントリフィケーションではないのかという問いは，ジェントリフィケーション概念の重要な構成要素である立ち退きへの理論的関心を喚起する要因のひとつとなった。

3 立ち退きについての理解の展開

　批判的地理学者のトム・スレーターは，「立ち退きはジェントリフィケーションの理解にとって，定義の一貫性を維持する点とその過程への批判的視角を保つ点とにおいて，不可欠であり，これからも不可欠であり続ける」（Slater 2006：748）と述べている。ジェントリフィケーションが批判され，反立ち退きの実践と言説が展開するのは，立ち退きが「打ちのめされるような経験」（Marcuse 1985a）だからである。ただし，立ち退きそれ自体がジェントリフィケーション研究の焦点となることは長い間ほとんどなく，それはジェントリフィケーションについてまわる不平等だということが前提とされていた。

　経験されるものとしての立ち退きについての理論的・経験的研究が活発化したのは，2000年代に入ってからのことであった。そのころ，欧米の都市研究において，立ち退きなきジェントリフィケーションが語られるようになった。〈典型的〉ジェントリフィケーションの本拠地と目される欧米都市を対象とした研究において，ジェントリフィケーションと立ち退きとの間の関連が疑問視されたのである。それは反立ち退きの政治を内包するジェントリフィケーション概念への挑戦として受けとめられ，批判的研究者によって立ち退き把握についての理論的・方法論的再検討が進められた。

3-1　押し付けられた転居としての立ち退き

　ジェントリフィケーション研究において当初から問題とされているのは，居住の立ち退きである。1960年代にグラスがジェントリフィケーションを造語したときに問題視したのは，明らかに居住の立ち退きであった（Glass 1964）。現代の反ジェントリフィケーション運動において中心的イシューとなっているのも，居住の立ち退きであることがしばしばである（森 2023）。居住の立ち退きこそジェントリフィケーションがもたらす主な負の結果であるということは，一般に広く共有されているといえよう。そのため，ジェントリフィケーションに起因する居住の立ち退きの発生数を把握することは，学術的にも実践的にも重要な課題となっている。

　しかし，居住の立ち退き発生数の把握は，方法論的な困難とデータの制約が

あるため，一筋縄でいく仕事ではない。まずは居住の立ち退きを定義しなければならない。その際，立ち退きと転居を区別する必要がある。この点をふまえて，ジョージ・グリーアとユーニス・グリーアは次のように定義している。

> 立ち退きは，住居ないしその周辺に影響を及ぼす諸条件によって，ある世帯が現住地から移動するよう強いられるときに生じる。それらの諸条件とは（1）世帯が統制したり阻止したりする妥当な能力を超えており，（2）世帯が従前の占有条件を満たしているにもかかわらず生じるもので，（3）その世帯による継続した占有を不可能にしたり，危険にしたり，手が届かないようにするものである。(Grier and Grier 1980：256)

居住の立ち退きは広い意味での転居に含まれるが，権力不均衡のもとで構造的に押し付けられたものであるという点で，個人的な要因による自発的な転居とは異なる。ただし，このように定義できるとしても，立ち退きの発生数を実証的に把握することは難しい。

居住の立ち退きという事象は，そもそも調査することが方法論的に困難である。ジェントリフィケーションが進行して立ち退きが発生した地域を訪ねても，立ち退いた人びとはすでにそこを去ってしまっている（Newman and Wyly 2006）。ローランド・アトキンソンのことばを借りれば，立ち退き発生数の把握は「見えないものを測定する」(Atkinson 2000：163) ようなものなのだ。

立ち退き発生数の把握には，センサス（人口調査）や住宅に関する公的統計のデータが用いられるのが通例である。というのも，公的統計は行政機関が継続的に調査をおこなっているため，異なる時点間のデータを比較することで立ち退きの発生を推定できるからである。ただし，立ち退きを他の人口変動と峻別するには代替的な指標を用いなければならない。そのため，どのような指標を用いるのかによって分析結果は異なってしまう（Carlson 2020）。「立ち退きと［自発的転居による住民の］入れ替わりを直接に定量化することの諸困難とデータにおける他の『ノイズ』は乗り越えがたい」(Atkinson 2000：163) のである。

居住の立ち退きの発生に関する実証的研究は，学術的・実践的意義の大きさは広く共有されているものの，方法論的・データ的な制約があるため，あまり

取り組まれることがなかった。ジェントリフィケーションは都市研究のなかでも激しい論争が繰り広げられるトピックだが、1990年代半ばまではジェントリフィケーションがなぜ生じるかが主たる論点であった (Lees et al. 2007)。ジェントリフィケーションの帰結、すなわち立ち退きの発生は多くの研究者にとって当然のものとされていたといえよう。

3-2　立ち退き発生の否定とジェントリフィケーション批判の危機

　すでに触れたように、立ち退きがジェントリフィケーション論争の主たる論点となったのは、2000年代に入ってからのことである。そのきっかけのひとつは、ジェントリフィケーションが立ち退きを促進するわけではないと主張する研究が登場し、その知見が広められたことにある。その代表格がランス・フリーマンである。

　フリーマンは、フランク・ブラコーニとの共著論文でニューヨーク住宅・空き室調査 (New York City Housing and Vacancy Survey) の縦断データを分析し、ジェントリフィケーションの進む地区とそうではない地区との間で、立ち退きの発生率に統計的に有意な差がないことを発見した (Freeman and Braconi 2004)。彼らは、立ち退きの発生とかかわりなく、社会経済的地位の高い住民が流入することによって、ジェントリフィケーションが進行していると主張したのである。

　ジェントリフィケーションの進行と立ち退きの発生とのあいだの関連が否定されただけではない。彼らはジェントリフィケーションの発生している地域では住宅市場において不利な世帯の移動率が低下するという、一般に流布したジェントリフィケーション言説と真っ向から対立する分析結果を提示した。彼らは、このような多くの論者にとって意外な結果となったことについて、ジェントリフィケーションが地域にアメニティの向上——犯罪の減少、就労機会の増加、良質な小売店の開店など——をもたらすため、たとえ家賃の負担が大きくなるとしても、不利な世帯は現在の住居にとどまろうとするからだと解釈している (Freeman and Braconi 2004)。ジェントリフィケーションは、低収入層も含め広範な住民にポジティブな結果をもたらすと主張されたのである。ジェントリフィケーションは立ち退きを促進するわけではなく、むしろ不利な人びとからもポジティブに評価される変化を地域にもたらすという知見は大きなイン

パクトをもった[3]。

　以上のような主張は，都市の再生・再活性化を推進するデベロッパーや政策立案者にとって都合の良いものであり，再生・再活性化の言説に疑問を抱く人びとからは危機感をもって受けとめられた。というのも，ジェントリフィケーションの進行と立ち退きの発生との間に有意味な関係がなければ，再生・再活性化を批判するというジェントリフィケーション概念の学術的・政治的意義が失われるからである。ジェントリフィケーションが再生・再活性化と互換可能な語になってしまう事態は，批判的研究者が絶対に避けなければならないものであった。

　「立ち退きが立ち退かされる」（Slater 2006）というジェントリフィケーション概念の危機は，研究を2つの方向で進展させた。第1は，居住の立ち退きの統計的研究における方法的な反省である。ジェントリフィケーションと立ち退きは統計的に有意な関連がないとする研究では，分析に用いられたデータに伏在する偏りや立ち退きの操作的定義の不備によって，立ち退きの発生が過小評価されているということが指摘された（Newman and Wyly 2006；Carlson 2020）。第2は，立ち退きを強制的転居としてだけでなく，より多面的に捉える視角の発展である。立ち退き（displacement）をより広い意味で人びとが場所（place）とのつながりを断たれることとするならば，それは強制的転居に尽きるものではない（Davidson 2009）。このような理解にもとづき，ジェントリフィケーションが進む地域の事例研究を通して，そこで暮らす人びとの経験のなかに立ち退きが見出されていった。

3-3　経験としての立ち退き

　立ち退きは，ジェントリフィケーションのために払われる犠牲であり，量的な側面だけでなく質的な側面がある。ジェントリフィケーションの過程にある地域において，立ち退きの感覚は，ある一時点で生じる転居においてだけでなく，地域での人びとの生活を通して日常的に経験される。このことをいち早く指摘したのはピーター・マルクーゼである。彼は1985年の論文で，ジェントリフィケーションが進行する地域で生活をおくる人びとが日常的に経験する立ち退きを「立ち退き圧力」（Marcuse 1985b）として概念化した。

立ち退きは，ある時点で実際に立ち退いた人びとよりも多くの人びとに影響を及ぼす。ある家族が彼らを取り巻く近隣地域が劇的に変化しているのを見るとき，彼らの友人が近隣地域を去るとき，彼らがひいきにしていた店がつぶれ，他の顧客のための新しい店がその場所を奪うとき，公共施設，交通パターン，ならびに支援サービスにおける変化のすべてが明らかにその地域をますます住みづらくするとき，立ち退き圧力はすでに深刻である。
（Marcuse 1985b：207）

　マルクーゼは，次の2点を指摘したことにおいて先駆的であった。第1は，立ち退きが既に地域から転出した人びとだけでなく，地域にとどまっている人びとにも影響を及ぼすことである。ジェントリフィケーションの社会的コストは，強制された転居としての立ち退きがどれくらいの件数発生したのかのみにとどまらない。このことは，2つ目の点と深く関連している。すなわち，立ち退きは，ある時点におけるイベントとしてよりも，時間的な広がりのある過程として理解されるべきだということである。彼の論は，地域に暮らす人びとが立ち退きをどのように経験するのかということに，研究者の関心を向けさせるものであった。
　立ち退き圧力という概念は，ジェントリフィケーションが進行する地域で暮らす人びとが，居住の立ち退きをする前から，あるいは居住の立ち退きをすることなしに，立ち退きという階級的に不平等な経験を押し付けられていることに言及する。立ち退きを物理的な居住の移動としてだけでなく，人びとの経験として捉えるからには，その象徴的な次元に焦点をあてる必要がある。そこで，批判的研究者たちは立ち退きを場所との関連で理解する方向に進んでいった。それは「立ち退き（displacement）における場所（the place）の再主張」（Davidson 2009：226，強調は原文ママ）であった。
　場所はある特定の地理的な位置であり，一定の物理的形態をもち，人びとの実践や表象によって与えられた意味と価値を帯びている（Gieryn 2000）。場所は単に地理的地点や建造環境であるだけでなく，象徴的な固有性をもつのである。それゆえ，場所は「個人的なまたは社会的に共有されたアイデンティティの重要な源泉であり，多くの場合，人々が深く感情的かつ心理的に結びついている人間存在の根源」（Relph 1976＝1999：294）となる。立ち退きは，場所を喪

失する過程として人びとに経験される。

　立ち退きが人びとにとって重大な問題であるのは，それが場所の喪失をともなうからである。場所は人びとのアイデンティティの基盤となり，社会関係や連帯の焦点となり，人びとがその地域をホームとして生きることを可能にする。ある人にとって場所の喪失とは，彼・彼女の場所と結びついた社会的アイデンティティが不安定化し，社会関係や連帯が損なわれ，地域への帰属が掘り崩されることを意味する。居住の立ち退きが多くの人にとって恐れられているのは，それが単に住居の変更を迫るからではなく，場所の喪失という存在論的な危機を引き起こしかねないことに起因する。

　場所の喪失にとって強制的転居は必要条件ではない。マルクーゼが指摘した立ち退き圧力は，居住の立ち退きにいたるまでの期間に人びとはすでに立ち退きを経験していることに言及する（Marcuse 1985b）。これを敷衍すれば，人びとは居住の立ち退きをすることなく立ち退きを経験しうるといえる。ジェントリフィケーションは地域を物理的・経済的にだけでなく象徴的にも変貌させるため，同じ地域に居住を続けているとしても，あたかも別の地域に押し出されたかのように「慣れ親しんだ場所からの強制的切り離しと新しい都市的・社会的文脈への（現象学的な）再配置」（Davidson and Lees 2010：405）が生じうる。レスリー・カーンがいうように，「たとえ住民は実際に引っ越す必要がなくても，近隣地域やローカル・ビジネス，そして建造環境が，彼・彼女らに部外者であるかのように感じさせ，部外者であるかのように扱いさえする仕方で変化するので，コミュニティの喪失，帰属感の喪失，そして場所の感覚の喪失を経験しうる」（Kern 2022：11）のである。

　場所の喪失に照準した立ち退き概念は，非自発的な転居＝居住の立ち退きがなぜ問題であるのか，多くの人がそれを恐れ，抵抗するのはなぜかについて，実際に居住の立ち退きの危機にある人びとや立ち退いた人びとの視点からの理解をもたらしてくれる。そして，実際に立ち退きの危機にある人びとだけでなく，都市社会の広範な成員がなぜ反立ち退きを唱えるのかを説明するものである。

4 日本都市におけるジェントリフィケーション批判の可能性——

　近年，ジェントリフィケーションは地球上のありとあらゆる都市で発生しうるプラネタリーな現象となっている（Lees et al. 2016）。これは，都市再生・再活性化に対する批判がグローバルな広がりをみせていることを意味する。世界中の都市で，成長や再生のヴィジョンのもとに政府や民間デベロッパーがおこなうさまざまな介入——法的に正当化されたスラムクリアランス，デベロッパーの利益が最優先の大規模再開発，国際イベントの開催と連動した社会浄化など——に対する抵抗運動が発生し，また，それらの介入に異を唱える言説が広がっている。プラネタリーなジェントリフィケーションの〈発見〉は，反ジェントリフィケーションの言説・実践と手を携えて進展しているのである。

　以上のようなグローバルな研究動向に反応して，日本においても，ようやく2010年代半ばから，ジェントリフィケーションに関する議論が活発化し始めた（森 2020）。日本の都市研究では，早くから欧米におけるジェントリフィケーションの実態と研究成果が紹介されていたが（成田 1981），ジェントリフィケーションが論点として正面から取り上げられることは長い間ほとんどなかった。1990年代にはパイオニア的な事例研究がいくつか公表されたものの（藤塚 1992；高木 1996），それらの研究がただちに日本都市の研究者の間にジェントリフィケーションへの関心を引き起こしたわけではなかったのである。

　日本都市におけるジェントリフィケーション研究に多くの研究者が消極的であるのは，諸外国にくらべれば，日本における立ち退きの実態はそこまでひどいものではないという理解にもとづいている。日本でもバブル期には，一部の悪質な地上げ屋が住民を半ば無理やり追い出すためにおこなうハラスメントが社会問題になったこともある。しかし，ニール・スミス（1996＝2014）が報復都市（The Revanchist City）と呼ぶような，暴力的な手段による強制的な立ち退きが公然とおこなわれ，激しい抵抗運動と市当局が直接に衝突する状況と比べれば，全体として日本の状況はかなり穏当であるように思われる。

　地上げによって立ち退きにあうとしても相応の金銭的・物質的補償がされるし，バブル期には非常に高額の立ち退き料を手にすることもできた（浦野 2017）。都市再開発法にもとづいた法定再開発の場合，住民は権利者であれば

補償を受けて転出するか権利変換をするかを選ぶことができるし，借家権者も転出の際には補償を受けることができる（都市再開発法制研究会 2018）。地上げや再開発に巻き込まれた人びとは，そのような状況を一種のライフチャンスとして捉え，したたかに行動することが少なくない（町村 2017）。日本における立ち退きは立ち退く人びとにとって大した損失ではなく，立ち退きは許容可能な社会的コストであるという前提が，立ち退きを階級的不平等として強調し，反立ち退きの政治と結びついたジェントリフィケーション概念の使用を阻害していると考えられる。

　上述のような傾向に対して，筆者は日本においてもジェントリフィケーション批判は可能であるし，すべきであると主張したい。はじめに述べたように，ジェントリフィケーションは都市空間の階級的変容を記述する概念として，一定数の論者によって，すでに日本都市の現実に適用されている。しかし，その際に同概念は脱政治化されて，資本主義的都市過程に対する批判的視点抜きに使用されている。必要なことは，ジェントリフィケーション概念を日本の都市言説・実践の文脈で再政治化することである。そのためには，第3節で詳述した立ち退きをめぐる議論をキャッチアップすることが求められる。

　日本の都市言説・実践におけるジェントリフィケーション概念の再政治化は，日本社会において広く共有された立ち退きについての前提を問うことから始めなければならない。立ち退きは当事者にとって不利益ではなく，社会的コストとしても問題とはならないという理解において，立ち退きは物理的・経済的側面のみに限定され，その場所的側面は無視されている。そこで，立ち退きを問題視する前提のもとに展開してきた海外のジェントリフィケーション研究における立ち退き論の展開を踏まえて，立ち退きを場所の喪失過程として捉え，立ち退きは物理的な住環境の向上や金銭的補償によって埋め合わせることができるものではないということを日本都市における人びとの経験の中に見出していくことが，ひとつの方向として挙げられよう。

　もうひとつの方向は，立ち退きを問題化させず，場所の喪失を甘受させるような統治のあり様をあばくことである。原口剛は，公共空間からのホームレスの追い出しを念頭に，日本では「街が明るくなること，きれいになることを無批判に『善し』とし，それを汚す存在や行為を『迷惑』だとする差別的な感性は，世界のどの都市よりも根深く，日常生活の奥底に巣食っている」（原口

2016：107) と述べている。実のところ，迷惑とみなされるのは，公共空間を住みかとする他に選択肢のないホームレスや貧者の存在だけではない。都市空間の生産を通じた資本の蓄積にとってのあらゆる障害が迷惑とみなされる。それには，都市に暮らすほとんどの人が当たり前にもっているような場所への愛着や，それと関連する日々のルーティンも含まれうる。

都市空間の高度利用が何よりも優先され，土地の個性を要求することはノスタルジーでしかないと片づけられ，場所の喪失は仕方がないとして甘受させられる。都市に暮らすほとんどの人がもつ場所とのつながりもまた，資本の循環と蓄積を阻害しうる。資本にとっての迷惑——それは都市空間の高度利用を阻害し，経済成長の妨げとなる——は，都市に暮らすあらゆる人にとっての迷惑でもあるということが，当たり前のこととみなされている。立ち退きを助長する公共政策に対して問題提起をしようとするならば，われわれ自身が内面化している都市についての価値——都市における場所性を軽視ないし否定する価値——もまた批判されなければならない。

日本におけるジェントリフィケーション研究が批判すべきは，公共政策だけでなく，われわれの内にある都市の想像力である。そのような二重の批判的視点をもつことで，日本都市のこれまでの展開と現在の状況におけるジェントリフィケーション研究は可能となり，比較都市研究に寄与することができるだろう。

注

1　あまり多くはないが，ジェントリフィケーション概念の使用に積極的で，かつ同概念の政治性を生かした批判的議論を展開している論者もいる（たとえば原口 2016）。
2　たとえば，橋本が東京の空間変容について「局地的には，地上げや再開発をめぐる対立などあったかもしれないが，全体としては変化は，階級間の衝突をともなうことなく進行したといっていい」（橋本 2017：42）と述べ，局地的な対立を軽んじているのは，反立ち退きの政治を矮小化する言説の一例である。
3　フリーマンは別の論文でも同様の主張を展開しており（Freeman 2005），彼の見解はアメリカの一般紙『USA トゥデイ』で取り上げられた。その見出しは「ジェントリフィケーション　みんなを後押し (Gentrification a boost for everyone)」(USA today Apr. 20th 2005) であった。

第13章 東京における野宿者排除にみる懲罰と福祉の両輪

北川由紀彦

1 野宿者排除とは

　日本社会で野宿者[1]の増加・可視化がいわゆる「ホームレス問題」として社会問題化されるようになって約30年が、「ホームレスの自立の支援等に関する特別措置法」が制定された2002年から数えても20年以上が経過した。その間に、行政やNPO等による、野宿から退出することを前提とした支援策も（自治体によって幅はあるものの）多様化してきた。そうした支援策によって施設やアパートへの移行が進んだこともあって、野宿者数は全国的にも、またほとんどの都市においても、2000年代中盤以降ほぼ毎年、減少の一途をたどっている。たとえば、厚生労働省による調査結果（各年1月）では、2003年の野宿者概数は国内で2万5296人、そのうち本章が注目する東京都では6361人であったが、10年後の2013年には国内8265人、うち東京都2006人、さらに10年後の2023年には国内3065人、うち東京都661人にまで減少している。一方で、野宿しつつ生きている人々のおかれた状況は、雑業の「犯罪化（criminalization）」[2]や、野宿可能な空間的なすきま自体の減少などによって、1990年代よりもむしろ悪化しつつある。

1-1 野宿者排除とは何か

　野宿者の排除とは、社会的排除の一形態である。一般に社会的排除にはさまざまな形態がある。野宿者が直面する排除に限定しても、住宅市場からの排除、労働市場からの排除、社会保障からの排除、選挙などの政治的権利の行使の機会からの排除など、さまざまな位相における排除が含まれる。たとえば長谷川貴陽史は、「ホームレス」の排除を直接的排除と間接的排除に区別している（表

表 13-1 「ホームレス」排除の形態

種　類		例
直接的排除		公園からの野宿者の強制退去
間接的排除	法的排除	空き缶回収の禁止，福祉制度の利用申請機会の制限
	物理的排除	公園の夜間封鎖，歩道橋下空間へのフェンス設置

（出所）長谷川（2019）をもとに筆者作成。

13-1）。
　直接的排除とは、「ホームレスをその占有する土地区画から公権力や法的権能を行使して排除することである」。また間接的排除はさらに法的排除と物理的排除に分けられ、法的排除とは法的手法を用いてしかし間接的な排除が行われるもの（先に挙げた雑業の犯罪化や、各種福祉制度の利用申請機会からの排除等）であり、物理的排除とは物理的な手段を用いて間接的な排除を行うもの（歩道橋下の空間にフェンスを設置したり公園を夜間施錠したりするなどして野宿者が立ち入れないようにするなど）である（長谷川 2019）。本章では、これらの排除のうちの直接的排除、つまり公園や路上にいる野宿者をその場所から強制的に立ち退かせるタイプの排除（eviction）に注目する。なお、特に注釈をつけずに「排除」と呼ぶ場合は、野宿者に対する直接的排除のことを指す。

1-2　貧困管理という視点
　これまで日本国内では、幾度も野宿者の排除が繰り返されてきた。それらは、数十人から数百人規模の野宿者に地下道や公園からの立ち退きを迫り、野宿者や支援団体と行政とが衝突するなどしてマスメディアでもニュースとして報じられるような大規模なものもあれば、さほど目立たない場所で寝泊まりしている数人単位の野宿者を対象とした日常的な退去要請のように、社会的に注目されにくい小規模なものもある。
　大阪市と並んで野宿者数が多い東京の場合、1990年代後半に新宿において大規模な排除があった後しばらくは大規模な排除はみられなかったものの、隅田川や荒川の河川敷などでの小規模な排除は、報じられることこそ少ないものの散発してきた。また、2010年代以降は、特に渋谷・代々木という都心地域において、公園のリニューアルを含む当該地域の再開発のための排除が幾度か

実施されてきた。

　野宿者の排除というこうした現象は，日本においてのみみられるものではない。たとえばニール・スミスは，ニューヨーク市におけるホームレスなどの貧困層への懲罰的な対策——都心における強制排除や路上での飲酒や物乞い行為の犯罪化による取り締まりなど——を指して，報復主義（revanchism）的都市政策（Smith 1996）と呼んだ。これに対してジェフリー・ドゥヴェルトゥイユは，ロスアンジェルス市においては貧困層への対策は懲罰的対策と福祉的対策（シェルターの設置等）との混交物となっていることを指摘したうえで，貧困層への対策の諸形態を包括する概念として，「貧困管理（poverty management）」を提起している（DeVerteuil 2006）。本章では，この貧困管理という視点を念頭に置きながら，1990 年代の新宿と 2010 年代以降の渋谷における野宿者排除の事例を手がかりに，東京において行政が野宿者に対して懲罰的対策と福祉的対策をどのように組み合わせるようになってきたのかを具体的に記述・検討していく。

1-3　日本における先行研究

　林真人は，1950 年代から 2000 年代後半までの日本を対象に，野宿者等のホームレス状態にある貧困者に対する規制（poverty regulation）のあり方の変化について，ニール・ブレナーによって提起された国家のリスケーリング（rescaling）論を援用しながら検討している（Hayashi 2013，林 2014）。林によれば，2002 年の「ホームレスの自立の支援等に関する特別措置法」（以下「特別措置法」）の制定までは，貧困者に対する規制のあり方について決定する権限は基本的に国家が担っていたが，同法制定（および翌年の同法に基づく基本計画の策定）以降，その権限はそれぞれの地域の実情に応じて「ホームレス政策」を立案・実施する各自治体へと移譲されたという。次節以降で行う東京の野宿者対策の検討は，2002～03 年を契機に「ホームレス政策」が国家単位から都市単位へと再スケール化されたというこの林の指摘を前提としている。

　公園などから野宿者排除が行われる文脈・背景については，東京と同じく大規模な野宿者排除が幾度か行われてきた大阪を事例とした研究がある。たとえば原口剛は，2006 年に大阪市内の靱公園と大阪城公園で行われた野宿者の強制排除の背景に，都市の担い手を住民だけでなくビジネス客や観光客といった

ビジターにまで広げて考える「集客都市論」の存在を指摘する。原口は,「集客都市論」においては都市の公共性の生成過程への参加資格が消費能力の有無によって暗黙裡に制限され,野宿者は公共空間から締め出されるのみならず,消費を媒介として定義される公共性を害する「敵」として取り締まりの対象とされてしまう危険性を指摘する（原口 2006）。また東京における野宿者排除に関しては,渋谷区内の公園（宮下公園,美竹公園等）を事例として,園部雅久や木村正人等によってその背景に都市再開発があるという点が指摘されてきている（園部 2014；木村 2019,小川 2021）。

　これらの研究では,野宿者の排除を駆動する背景にある利害としての都市再開発とそれを正当化するイデオロギーに注目している。本章もまた,近年の野宿者の排除がマクロな都市政策の一環としての都市再開発を背景に強行されていること自体を否定するものではない。そのことをふまえたうえで,野宿者排除の過程における懲罰的対策と福祉的対策の組み合わせられ方に注目するものである。

2　東京における野宿者排除の基本動向

　そもそも東京では,どのような排除が行われてきたのか。ここでは,1994年に新宿で行われた最初の大規模な野宿者の強制排除から近年に至るまでの強制排除の発生状況と,排除以外の形で＝支援策などとして実施されてきたホームレス対策の展開過程と概略を示す。なお,**表 13 - 2** に,東京における主だった強制排除とホームレス対策の展開を年表形式で整理したので,適宜参照されたい。

　東京における大規模な野宿者強制排除の例として挙げられるのは,新宿駅西口の地下道からの排除である。この排除は 1994 年 2 月と 1996 年 1 月の 2 度にわたって行われたものであり,東京において現在まで続くホームレス自立支援事業などのホームレス対策の出発点となった出来事である[3]。

　最初の排除が行われた 1994 年頃は,東京においては,新宿・渋谷などの都心部において野宿者数が増加すると同時に,段ボールで簡易な寝床や小屋（以降,段ボール小屋と略）を構えるという野宿の形態が広まったことによって野宿

表 13-2 強制排除と支援策の展開（主要なもの）

年	内容
1994年	東京都，新宿駅西口地下道から野宿者強制排除。「路上生活者問題に関する都区検討会」設置。（いずれも2月）
1996年	東京都，新宿駅西口地下道から野宿者強制排除（1月）。『路上生活者問題に関する都区検討会報告書』発表。
1997年	東京都，試行的「自立支援センター」設置。
2001年	東京都，報告書『東京のホームレス』（通称"東京ホームレス白書"）発表（「自立支援システム」策定）。
2002年	「ホームレスの自立の支援等に関する特別措置法」成立。
2004年	都区，「地域生活移行支援事業」発表，6月開始。東京都，「ホームレスの自立支援等に関する東京都実施計画」発表（以降5年ごとに見直し）。
2006年	都区，「巡回相談事業」開始。
2008年	都区，「自立支援住宅」設置開始，「地域生活継続支援事業」開始。
2010年	都区，「新型自立支援センター」設置開始。渋谷区，区立宮下公園から野宿者強制排除。
2012年	渋谷区，区立美竹公園から野宿者強制排除。江東区，区立竪川河川敷公園から野宿者強制排除（2月と12月の2回）。
2017年	渋谷区，区立宮下公園から野宿者強制排除。都区，「支援付地域生活移行支援事業」開始。

（出所）木村（2019）などをもとに筆者作成。

者の可視性が急速に高まった時期でもあった。その中でも特に新宿駅の西口から都庁へと伸びる地下道（都道4号街路）は，屋根があり，小屋を構えることができる空間も相対的に豊富であったことから，段ボール小屋が林立するようになっていた。

　こうした状況に対して，道路管理者である東京都は，臨時施設への収容とセットにして1994年2月に最初の野宿者排除を実施し，同時に，都と23区からなる会議体「路上生活者問題に関する都区検討会」を設置し，「路上生活者対策」の策定を開始していった。この排除を契機として，（排除されたものの施設に入所しなかったあるいは新たに野宿に至った）野宿者と支援者による運動団体（以下，運動体）が結成され，東京都や新宿区に対して，強制排除への異議申し立てや福祉的支援の要求行動などが展開されるとともに，地下道のうち1994年の排除に際して封鎖されなかった部分には段ボール小屋が再び林立するようになった。

　この地下道への「動く歩道」の設置にともなう再度の立ち退きと臨時施設へ

の収容をめぐって，1995年から東京都と運動体との間で交渉が試みられたものの着地点が見出されないまま，1996年1月に東京都によって2度目の大規模な強制排除が実施された。この排除に際して運動体は，排除された人々の「緊急避難所」を（封鎖によってさらに狭くなった地下空間に）設営するとともに，その周辺に段ボール小屋の集落を再建していった。その後は，東京都と運動体との間で「自立支援センター」の原型となる施設の開設の是非をめぐってのせめぎあいが続いたのち，1997年10月の団体交渉において，開設する施設を「排除の受け皿」にはしないことなどで合意し，運動体は自立支援事業を積極的に評価する方針へと転換した（本田1998）。

　その後行政は，都区共同事業として，自立支援センターを軸とした支援体系である「ホームレス自立支援システム」を策定（2000年）・実施・展開していった。その一方で，自立支援センター等の施設への入所を希望しない野宿者（公園等でのテント生活者が主要な対象とされた）を東京都が借り上げた民間アパートに直接入居させる「ホームレス地域生活移行支援事業」を実施（2004年から2010年）した。この事業は，路上から（施設を経由せずに）ほぼ直接にアパートへ入居できるというインパクトから，事業期間全体で1995人が利用し，テント等で生活する野宿者数は激減した。

　他方，その間にも，公園や道路からの野宿者の排除は断続的に行われてきた。たとえば，1990年代から渋谷で野宿者支援活動に携わってきた木村正人の論考内の「渋谷区における野宿者排除（一部）関連年表」には，渋谷区内のあちこちの公園や地下道において野宿者の排除が毎年のように行われてきたことが示されている（木村2019：142）。また，山谷を中心に東京の東部で日雇労働者・野宿者の支援活動を続けている支援団体のニューズレター『山谷から』には，2002年から2014年に限っても，隅田川テラス，荒川河川敷，江東区竪川河川敷公園，隅田公園，上野公園等での野宿者の排除とそれに対する抗議行動等の報告が毎年のように掲載されている[4]。

　2000年代以降も続くそうしたさまざまな排除のうちの象徴的な事例として，渋谷区の宮下公園からの排除を挙げることができる。宮下公園は，渋谷駅からほど近い山手線の線路沿いに位置する長細い公園であり，1990年代からは野宿者のテント・小屋などが建てられるようになった。木村によれば，2006年10月時点で97名，「ホームレス地域生活移行支援事業」が実施された後の同

年12月でも29名の野宿者が確認されていた（木村 2019：151）。しかし，2007年にナイキジャパン社が渋谷区に対し10年間の公園のネーミングライツと引き換えに公園の整備改修を行うという計画を提案したことを発端として，2009年に区長とナイキジャパン社との間で基本協定が締結され，2010年に工事着工のために閉鎖された[5]。この閉鎖に際して，封鎖された地区で暮らしていた野宿者2名が排除された。その後も渋谷区では，宮下公園に隣接し支援団体による炊き出しの場ともなっていた美竹公園からの排除（2012年），さらに宮下公園のさらなる再開発工事（大規模商業ビルの建設とその屋上への公園移転を含む「新宮下公園等整備事業」）による排除（2017年）が行われている（木村 2019）。

3 野宿者排除と支援策

3-1 行政にとってのホームレス問題

　行政は，そもそもホームレス問題をどのような問題として提示してきたのか。前節で示した「路上生活者問題に関する都区検討会」が1996年にとりまとめた報告書では，「路上生活の問題点」として，「路上生活が，しばしば最低限の生活基盤を欠いていること」「路上生活者が起居している周りの地域への影響」の2点が挙げられている（路上生活者問題に関する都区検討会 1996：1-2）。

　こうした問題認識のもと，同報告書では，「路上生活者対策の根本は，路上生活者が自らの意思で路上生活から抜け出すことができるよう支援すること」「行政の努力は，結果的に路上生活を続ける手助けとなるような方向ではなく，路上生活者の自立を支援することに傾けなくてはならない。したがって，路上生活を前提とした支援は，緊急的・過渡的・限定的なものにとどめる必要がある」とする一方で，「路上生活者対策が進んでいくとしても，現実には道路，公園，河川，駅等の公共施設等にかなりの数の路上生活者が存在し続ける可能性がある。他方公共施設管理者は，住民共有の財産として，これらの公共施設を適正に管理する責任を負っている。それは路上生活者の自立をめざす対策とは別の次元の問題であり，路上生活者が望むからといって，公共施設等を住居がわりにすることが容認されるものではない」と述べている（路上生活者問題に関する都区検討会 1996：2）。これら2点の問題認識は，その後の東京都の対策に

おいても基本的に踏襲されている[6]。

　東京23区においては、それまでに実施された臨時的な施設収容とは異なる継続的な支援策として、自立支援センターを軸とした支援体系である「自立支援システム」が計画・開始されてきた。その過程においては、野宿者が路上生活を余儀なくされる存在であるということだけではなく、野宿者に対して求める、あるべき人間像も併せて示されるようになった。たとえば、先に触れた「自立支援システム」の全体像を示した東京都の2001年の報告書『東京のホームレス』には、「問題解決のための基本的視点」として、「ホームレス自身の自助努力が必要です」という見出しとともに、次のように書かれている。

> ホームレス対策の基本は、自立への意欲をもつホームレスを支援し、地域社会の一員に復帰させることです。／ホームレスに対する支援システムを社会が用意する一方、ホームレス自身にも自立への意欲と自助努力が求められます。さまざまな事情が重なってホームレス状態に陥ったとしても、そこから脱却する仕組みを社会が用意する以上、その仕組みを活用して自立を回復していくのは本人自身の責任です。職業訓練を受けて技能を高めたり、就職後の定着を図るのは困難なことではありますが、これは多くの人も同様に経験していることです。(東京都福祉局 2001：37)

　ここで提示されているのは、「自立への意欲」を持ち、行政から提供された支援策を「活用し」「自助努力」して「自立を回復していく」という人間像が「ホームレス」に対して求められているということである。このことは、そのような人間像に合致しない「ホームレス」は支援の対象ではない、ということも暗示されている。

　ただし、この2001年の報告書がとりまとめられた当時は「自立支援システム」に位置づけられる「自立支援センター」などの施設が試行的にいくつか設置され始めたという程度であり、それよりもはるか以前の段階で行われたのが、前節で触れた1994年と1996年の新宿における野宿者の強制排除であった。

3-2　支援策の展開

　1994年と1996年に新宿で野宿者排除が行われた際には、野宿者に対する支

援策はきわめて貧弱な状況にあった。1994年の排除に際して野宿者に対して提示されたのは数カ月の期間限定での臨時施設への収容のみであり、1996年の排除の際もほぼ同様であった。そのため、いずれの排除に際しても、臨時施設に入所した後の就労や生活再建のための支援は高齢者・傷病者への生活保護適用以外はほとんどなかったため、入所期間満了後に再度路上へと戻される人も少なくなく、一方で臨時施設への入所をためらい路上に残った野宿者も相当程度の厚みをもって存在していた。その結果、1996年の排除後にも新宿駅西口地下道のうち封鎖されなかった空間には、野宿者の段ボール小屋がさらに密集して林立する状態が続いた。

そうした状況下の翌1997年に東京都は、排除に対する抗議行動を展開し自立支援センターの開設にも（"センターは排除の受け皿だ"として）反対していた支援・当事者団体と交渉し、"自立支援センターを排除の受け皿にはしない"との合意を形成したうえで、自立支援センターの開設を開始していった[7]。その後2000年代前半には、「自立支援システム」の策定（2001年）、「ホームレスの自立の支援等に関する特別措置法」の成立（2002年）とそれに基づく国からの財政措置などを背景に、自立支援センターの新規開設が進んだ。だがその一方で、センターを利用しても「就労自立」によるアパート生活の獲得に至らなかった人々の再野宿化や、そうした結果を見越してそもそもセンターの利用を希望しない人々が存在したために、都内では野宿者数の高止まりが続いた[8]。

こうした状況を受けて2004年から3年間の期間限定で、「減らないブルーテント」（東京都2004b）対策として、東京都が借り上げたアパートへの低家賃（月額3000円）での路上からの直接入居を柱とする「地域生活移行支援事業」が実施された。この事業は、対象地区が野宿者の多い公園などに限定され、事業を利用しての借り上げアパートの入居期間も原則2年、最長でも3年に限定された[9]事業であった。しかし、先に施行されていた自立支援システムとは異なり、施設入所も就労も要件とせずに路上からアパートへと入居できるという触れ込みはアパートでの生活を希望する人々に大きな衝撃を与え、最終的には1995人の野宿者が利用し、公園等のテントも激減した。ただしこの時期のテントの減少は、すでにテントを張っていた人が事業利用によってアパートへと移っていったことだけに起因するものではなく、事業対象地区となった公園などにおいて新規にテントを張らせないといった「新規流入防止措置」が行われ

たことにも起因している（山田 2005）。

さらに，この地域生活移行支援事業の実施以降，利用者数が低迷していた自立支援システムについても再構築が続けられていった。具体的には，相談員が巡回して野宿者に個別の声掛けを行い自立支援システムについて紹介していく巡回相談事業の開始（2006年～），それまで「緊急一時保護センター」と「自立支援センター」という2種類の施設に分かれていた施設の「新型自立支援センター」への統合（2010年～），自立支援センター在所中に就職が決まった人のアパート生活の体験・練習の場とする「自立支援住宅」の設置（2008年～），自立センターから就労自立によりアパートに入居した人を路上に戻さないためのアフターケアを行う「地域生活継続支援事業」の開始（2008年～），高齢の野宿者を路上から支援付アパートへ入居させる「支援付地域生活移行支援事業」の開始（2017年～）等である。

その一方で，2000年代からは，上記のような「ホームレス対策」ではなく生活保護制度を積極的に申請・利用することで路上生活から抜け出すことを支援する民間の活動も活発化した。そうした取り組みにより，それまで生活保護制度からは排除されがちであったいわゆる稼働層の人々——困窮してはいても高齢者でも傷病者でもなく「働ける」とされる人々——が生活保護を申請・受給することにより路上生活から抜け出すという動きも進んだ[10]。

2000年代半ば以降の東京23区においては，野宿者を野宿から退出させるための支援策が（完璧とまではいえないにせよ）「多様化」し，また，個々の利用者を路上へと再度戻さないための支援も付加されていったのである。念のため付け加えておけば，ここでいう「多様化」は，あくまでも政策的支援レパートリー全体としての「多様化」である。個々の野宿者が支援策を利用する局面においては，福祉事務所のケースワーカーなどがあらかじめ取捨選択した支援策が提示されるので，「多様化」した支援策の中から個々の野宿者が自由に選べるとは限らない。しかしいずれにせよ，本章の冒頭でも触れたように，2000年代半ば以降，東京における野宿者数は減少が続いている。

3-3 何が変わったのか

こうした変化が続く一方で，先に触れたように，東京の各地において野宿者の排除は散発的に続いてきた。その中でも，特に長年にわたって繰り返されて

いるものとして，2010年代以降の渋谷区における一連の野宿者排除[11]を挙げることができる。それらを1990年代の新宿における野宿者排除と対照させた場合に見られる特徴としては，次の点を挙げることができる。

　まず，排除の対象となる野宿者の絶対数の少なさである。1990年代の新宿における野宿者排除においては，1994年では120人弱（笠井1999），1996年でも100人以上が実際に排除されたが，2009年に野宿者の退去を前提とした渋谷区立宮下公園の整備計画が発表された時点での同公園の野宿者数は約30名，翌年9月に工事のために実際に強制排除された野宿者は2名（園部2014）である。

　また，2つ目の特徴として，排除に先駆けて，行政から個々の野宿者に対して，さまざまな支援策を提示しての退出に向けた働きかけが行われているということが挙げられる。たとえば，2017年に「新宮下公園等整備事業」にともなって行われた公園への仮囲い設置についての渋谷区長の区議会説明は，区報において次のようにまとめて報じられている。

> 　本区では，これまでホームレス支援策として，生活保護の相談を行うとともに，生活保護の対象となる前の段階から住まいを確保することを優先し提供する「ハウジングファースト事業」をはじめ，さまざまな福祉的対応に，丁寧かつきめ細かに，継続的に取り組んでまいりました。その結果，宮下公園の敷地には，昨年6月には約25人のホームレスが起居していましたが，3月27日の時点でシェルターやアパートへの入居が完了いたしました。
> 　一方，宮下公園は，［引用者注：平成］23年4月のリニューアルオープン以来，スポーツ施設への夜間侵入による事故などを防ぐことを目的に，24時間安全に管理するため，夜間閉鎖するかたちで適正な維持管理を図っており，公園として利用されているエリアに常時起居するホームレスはいませんでした。
> 　ところが，昨年9月頃よりホームレス支援団体と称する団体などが，門扉の閉鎖妨害や，個人所有の荷物を公園内に長期間放置したり，許可なく小屋などの不法工作物を設置するといった，区としても，あるいは公園の一般利用者や公園周辺の住民としても，断固として認められない行為が続

きました。
　7年前の宮下公園リニューアル時の執拗な妨害行為や昨年の新国立競技場建設のための明治公園閉鎖に伴う同様の妨害行為などをみると，今後の「新宮下公園等整備事業」の工事に備えて行う既存施設や埋設管の状況の調査等に対しても，継続的な妨害行為が予想されました。このような状況において，公園管理者として，公園利用者や歩行者の安全を確保し，公園を適正に管理するためには，公園の供用停止および仮囲いが必要であると判断し，作業を実施したものです。
　現在，美竹公園などにも数人のホームレスがいますが，引き続き，ケースワーカーからの声かけ，生活保護の案内，ハウジングファースト事業など，福祉的視点からの支援をしっかりと行なっていきたいと考えています。
（渋谷区 2017）

　この説明の前段では，「生活保護」の申請・適用についての「相談」や，先にアパートなどを提供する「ハウジングファースト事業」の（区独自事業としての）実施，そうした「さまざまな福祉的対応に，丁寧かつきめ細かに，継続的に」取り組んだことによって「ホームレス」が「シェルターやアパート」へ入居したという結果が示されている。続く部分では，先行して（2010年に野宿者排除とセットで）実施された当該公園の「リニューアル」によってそもそも「常時起居」する「ホームレス」がいなくなるように「夜間閉鎖するかたちで適正な維持管理」を図っていたこと，にもかかわらず「ホームレス支援団体と称する団体など」が「断固として認められない」「妨害行為」を行っていると批判したうえで，「ホームレス」に対する「福祉的視点からの支援」を継続していくことが宣言されている。
　ここにおいて示されているのは，野宿者に対して行政が福祉的対応をきめ細かにかつ継続的に行っておりそのことにより野宿者を路上生活から退出させることに成功してきていることのアピールであり，野宿者排除・閉め出しに抗議する団体を「支援団体と称する団体」と表現しその活動について「妨害」「不法」といったラベルを貼ることによりその正当性を剥奪しようという姿勢である[12]。行政にとって野宿者は，あくまでも行政が相談・支援を行うことによって個別に対応されるべき孤立した客体としてのみ位置づけられ，他の野宿者や

支援者とともに団体を結成して行政と話し合いや交渉を行う集合的な主体としての地位はあらかじめ剝奪されている。

新宿において2度の強制排除が行われた1990年代半ばには，対象となる野宿者の数自体が多数であった一方，行政の支援策は臨時施設への収容など短期タームの場当たり的なものがほとんどであったために，支援策の利用を希望せず路上にとどまる（とどまらざるを得ない）人も多かった。結果的にそのようにして残った人々に対する強制排除は，大規模なものとならざるを得ず，またその「受け皿」としての支援策も表層的でその場しのぎ的なものであったために批判にも晒されやすかった。しかし，2000年代以降，支援策がさまざまに開始・拡充され，個々の野宿者が支援策を通じて路上生活から抜け出すチャンスは増大し，野宿者数は減少を続けてきている。その結果，路上にいる人々に対して個別に支援策を提示しその利用を働きかけて路上から退出させることもより容易になってきている。そのような働きかけを先行して排除対象となる野宿者数をできるだけ減らしたうえで最後に残った少数の人々を排除しそのことを正当化するというかたちへと排除の形態が変化してきたのである。

4 福祉的対策と懲罰的対策の連動

本章の第1節ではドゥヴェルトゥイユが提唱した貧困管理という概念を参照した。本章で取り扱った東京23区の場合，貧困管理の手法としては，1990年代には懲罰的対策が主流であったが，野宿者の路上への滞留・顕在化を抑制することによって「公共空間の管理」をより容易にするために，福祉的対策を次第に拡充してきた。具体的には，初期は「自立支援センター」のように野宿者を労働市場に再参入させることを重視するワークフェア型の支援策が主であった。しかし，施設経由で短期間での「就労自立」を目標としたこうした支援策の限界が見えるようになった2000年代からは，公園などからのテント減らしを促進するために，就職も施設入所も条件とせずに路上からアパートへと入居させる「地域生活移行支援事業」などの「ハウジングファースト」型の政策も追加し，また，（行政の積極的な意志というよりも民間支援団体による活動の結果としてではあるが）生活保護適用も拡大することによって，実際に野宿者数を減少

させ続けてきた。2010年代以降の東京においては，そのようにして野宿者数自体を減らすことによって公園などからの排除というあからさまな懲罰的対策を実施する必要性を全体として縮小させたうえで，特定地域の再開発などのために排除を強行する際には福祉的対策の実施を根拠として，残った野宿者の排除を正当化するというかたちで，福祉的対応と懲罰的対応を車の両輪のように用いて貧困管理が進められてきたということができるだろう。

　一般論としては，望まずして野宿に至った人々が自らの意志で路上以外の場所——それが施設であれアパートであれ——で生活できるようにするための支援策が実施され，またそれらが拡充されること自体は否定されるべきことではないだろう。しかし，そうした支援策がすべての人々を包摂し得ているわけではない。失業や困窮等の事情で新たに野宿に至る／野宿に戻る人自体もゼロになったわけではない。野宿という生活が，暑さや寒さ，暴力に遭う危険などの過酷さを伴うことは事実である。しかしその一方で，路上生活や野宿者支援に関する多くの先行研究（山口 1998；1999，北川 2001，室田 2018，木村 2019，Hayashi 2021）が指摘してきたように，路上という空間はそれ自体，他に行き場のない野宿者にとっては，生存の可能性を切り開くために，さまざまな雑業に従事したり他の野宿者や支援者と社会関係を紡いだりする場ともなっている。いいかえれば，路上という公共空間はそれ自体，住居を確保することが困難な野宿者にとっての社会的な避難場所，生きていくための場所としての側面を持っている。

　しかし，ここまで述べてきたように，野宿から抜け出すための支援策は，それを利用する野宿者と利用しない野宿者とを選別し，後者の排除を正当化するための方便としても用いられるようになってきた。施設であれアパートであれ，路上以外の住まいを提供していくという対応が，現に路上で生きている人の生存の機会を脅かす対応を間接的に正当化していく——そのような連動を断ち切ることはできるだろうか。

注

1　アパートなどの慣習的な住居を確保できず，公園，道路，河川敷などで野宿する人々を総称して本章では野宿者とよぶ。ただし野宿者などに関する特定の政策や法令に言及する場合にはそれぞれにおいて用いられている文言（「路上生活者」「ホームレス」など）を用いる。

2　人々の行為のうち特定の行為を犯罪と定義し取り締まりの対象とすること。米国においては，路上での飲酒や物乞いなどの行為が犯罪として定義され野宿者の取り締まりが強化された。日本の場合，たとえば，空き缶などの廃品を拾い集めリサイクル業者に買い取ってもらう雑業は，野宿状態にあっても従事可能な仕事の一つであるが，2000年前後から，資源ごみとしてごみ集積所に出された空き缶などを拾い集めることを違法行為として取り締まることを可能にする「資源ごみ持ち去り禁止条例」などの制定を行う自治体が増加してきた。

3　この排除の前後の経緯については，支援団体および活動家による記録（新宿連絡会編 1997，笠井 1999）のほか，筆者も構築主義の視点に基づいて整理したことがあり（北川 2002），本節での記述はそれらに依拠している。

4　山谷労働者福祉会館活動委員会編『山谷から』91号（2002年2月）～147号（2014年12月）

5　この時期の宮下公園の整備改修計画策定の詳しい経緯については園部（2014）の第4章を参照。

6　たとえば，2002年に制定された「ホームレスの自立の支援等に関する特別措置法」に基づき2004年に策定された「ホームレスの自立支援等に関する東京都実施計画」でも，冒頭の「計画の策定にあたって」の中で「ホームレスの問題」として「ホームレス自身が厳しい生活状態に置かれていること」と「ホームレスが公園等の公共施設を占拠していることにより，地域社会との軋轢を生んでいること」の2つが並置されている（東京都 2004a）。

7　この時期の詳しい経緯については，北川（2002），本田（1998）。

8　自立支援センター利用者が路上に再度戻ってくる要因としては，一般労働市場における再就職の困難（特に中高年者など），再就職自体ができても職業適性上問題があったり就業先における差別やいじめに遭遇したりしたことに起因する就労継続の困難，施設の生活環境の問題（相部屋であったり居室が狭隘であったり職員からの「指導」を絶えず意識させられたりして労働力再生産の場たり得ない）などが挙げられる（北川 2006）。

9　事業期間終了時には，入居者とアパートの大家との間で本来の家賃で直接の賃貸契約を結ばせ，収入が不十分な場合には生活保護の申請・受給を支援するなどの対応がとられた。

10　一方で同じく2000年代からは，社会福祉法に基づく「無料低額宿泊所」を開設し，路上等で野宿者を勧誘して入所させ生活保護を申請・受給させたうえでその大半を（実際に入所者に提供する設備や支援に比して高額な）「施設利用料」などの名目で徴収する悪質な事業者も出現してきている。

11　詳細については先に挙げた園部（2014），木村（2019），小川（2021）を参照。

12　ここまでで参考文献として挙げてきた木村（2019）や小川（2021）などを一読すればわかることであるが，これらの団体が行っている公園封鎖への抗議活動や炊き出し活動などは，現に行き場がない野宿者の生存のための最低限の寝場所や食を確保するための活動であり，その意味においてこれらの団体はまぎれもない野宿者の支援団体である。

あとがき

　本書は，私が東京都立大学を定年になる少し前に，放送大学に転出したことを機に，都立大で私の指導を受けた元院生たちが編んだ論文集である。いわゆる退職記念論文集と言われるもので，今や絶滅危惧種と言ってもよい出版形態である。まずはこのような形での出版を引き受けてくれた有斐閣とその編集者に感謝したい。もちろんそこにはある程度の勝算もあってのことだろうが，いずれにせよそのような可能性やあるいは恩義を感じさせたのも，編者をはじめとした執筆者たちの力で，私は何もしていない。私の退職を口実に，自分たちの業績を出せる機会が作れるなら，それにこしたことはないので自由にやってくださいと了承したのが，私のやった唯一のことである。

　そんなわけで比較的早い時期に私の指導を受けた人で，編者を引き受けることになった発起人たちが，まずは私を公式に指導教員として博士課程まで進んだ人に執筆を打診した。その結果，執筆を引き受けてくれた人が本書に論文を寄せているわけである。ちなみに次の方々は事情があって執筆を見送っている。福田友子，柳信寛，林真人，山根清宏，前田悟志，結城翼。それぞれに事情があってのことだろう。たとえば，林真人さんなどはちょうど英文の著作を出版する間際であった。彼の著作 *Rescaling Urban Poverty* (Hayashi 2023) などは，本書と共に読んでいただければ，ありがたい。その他，留学生として指導を受けた人や，修士課程修了後に就職した人までは声をかけきれていない。この話が進んだ後で，私を指導教員にしてしまい，都立大に取り残された院生も同様で，誠に申し訳なく思っている。

　さて，かつてはひとつの出版形態として成立していた退職記念論文集が，今ではめったに出せないものになってしまったのには，それなりの理由がある。同じ人に指導を受けたからといって，同じテーマで研究をしているとは限らないから，どうしても本全体のまとまりがつかなくなる。一定の水準の学術論文が並んでいれば売れるというものではもはやない。本書も例外ではない。一応の対象やアプローチの違いから，3つの部分に分かれてはいるが，とてもまとまりがあるとは言えない代物である。にもかかわらず，編集者なり，出版社が

認めてくれた理由も含めて，少し昔語りをさせていただきたい。それを通して社会学という学問の辿りし日々と現状，今後の課題について，まさに老兵の退職にふさわしい「あとがき」を書くことにしよう。

　私が大学で社会学を学び始めたのは1980年代のはじめである。当時の大学生はまだ頭でっかちで，社会学も学説史や理論が主流であった。旧帝大や有名私大はどこもそうで，私が入学した都立大が唯一実証的な気風の強い大学であった。私ももともとは頭でっかちの理論志向だったのだが，学部の4年間で実証重視の洗礼を受けることになる。しかもひょんなことから大学院は東京大学に進むことになってしまって，しかも当時の東大社会学は橋爪大三郎の影響の下で宮台真司や大澤真幸が活躍する理論全盛の時代であった。いきおい理論よりも実証で勝負しようという気持ちが強くなった。そんな異分子であった私を，少数派の実証研究者やじつは実証研究をやりたいと考えていた先輩や後輩はおもしろがって，よくしてくれた。思えば，その頃から理論より実証へという密かな流れができていたのかもしれない。宮台，大澤と同じ世代から三浦耕吉郎，好井裕明，松本康，町村敬志といった東大出身でその後実証的な社会学に影響を及ぼす先達たちが出始めるのである。

　私もその後塵を拝しながら，実証的な方法で具体的に社会的な世界を描く社会学が，理論研究よりも重要だと考えて，そのような社会学が広く認められることに貢献しようとしてきた。ライフワークのつもりで取り組んでいた社会調査の結果をまとめた『東京のローカル・コミュニティ』（玉野 2005）は，思い切って物語風に全体をまとめ，理論的な注釈を極力省いた学術書として上梓した。当初，そのような構想を仲間内に公表したとき，やめた方がいいんじゃないですか，と言われたものである。実際にはその背後に，解釈の枠組としてマルクスやヴェーバーの理論があって，農民層分解による労働者階級形成の日本的形態や，そのような特殊な形態をとった労働者としての自営業者や創価学会員のエートスなどへの注目が理論的に想定されていたのだが，そんなことはどこにも書かなかった。

　ところが，その後の社会学的な出版物は，そのようなものが大量に認められるようになっていったのである。私の著作がその転機になったのなら身に余る光栄だが，その背景には，社会学を志す学生の大半が理論志向から実証を好む傾向に転換していったことや，パーソンズの社会システム論やマルクス主義の

社会理論が急速に色あせていったことが大きいのだろう。東大社会学の気風も，われわれの世代以降，アナール学派の歴史研究やフーコーなどへの関心へと推移していき，少なくとも身近な社会的世界を描く実証的な題材に棹さすものになっていく。とりわけ，阪神・淡路大震災，東日本大震災以降は，多くの社会学者が被災地に赴き，そこに展開する社会的世界を実証的に描いた作品を生み出していく。他方で，ジェンダーやトランスジェンダー，ケアやセルフヘルプグループなどの微細な世界を描く社会学研究も量産されている。

この論文集もその延長線上にある。どの論文も，一般の人があまり知ることのない世界を扱っている。この点のおもしろさが編集者や出版社が期待するところであろう。社会学は今，重要ではあるが，誰もが簡単には近づけない興味深い世界を知らせてくれるジャンルとして，少なくとも出版界には認められつつある。これを理論研究にたいする実証研究の勝利と勝ち誇っていいのだろうか。若いときの私なら，そう思っただろう。それほどかつては実証研究の地位が低かった。事例の報告には「それってルポルタージュとどう違うの」という揶揄があびせられるのが常であった。そのような状況を自分が打開してきたとまでは言わないが，少なくとも自分が指導した院生たちが，テーマは違っても，そのような傾向を帯びるぐらいの影響は与えたのだろう。その点では編集者の期待に十分応えるだけの論文集になっていると思う。

しかし，私もあらためて個々の論考を読んで思うし，おそらく読者も同じ感想をもつことだろう。「おもしろいけど，それでどうなの」という疑問である。これはこの本だけのことではなく，今の社会学研究に共通する課題である。戦後，社会学は大学で教えられる学問領域として自らを確立した後に，現在世間からはあまりなじみのない社会的世界について知らせてくれる学問分野として評価されるに至った。たとえば，政策担当者たる行政職員などからは，実態を知る上で有益な仕事と評価してもらえるところまではきたのである。しかしながら，それだけでは良心的な行政職員が少し気にかけてくれるぐらいで，経済的な事情や政治的考慮を優先する，より支配的な地位にある人々にまでは影響力をもちえない。

それはどういうことかというと，明らかにされた社会的世界における人々の苦悩や願いが，歴史的にどのような意味をもつのか，資本主義の経済的原理とどのように関連しているのか，政治的な制度や工夫によってどの程度改変可能

なのかというところまでを，指し示す理論的な説明と解釈が含まれていないかぎり，社会的な願いは経済や政治の都合を度外視してでも実現すべきもの，とまでは受け取ってもらえないのである。つまり，特定の社会的世界における苦難や矛盾を，歴史を前に進めるための普遍的な課題として提示し，経済や政治を含めた全体性の中に位置づける「理論化」こそが，次なる課題として求められている。社会学は，社会的な願いや要求を経済や政治の利害に伍してでも，実現すべきであることを根拠づけるだけの力をもたなければならない。それが，将来に残された社会学の課題なのである。

　かつて私が忌み嫌った理論のための理論ではなく，人々の社会的な願いを歴史的な全体性の中に位置づけることで，人々を未来に向かって鼓舞するような，たえざる「理論化」への挑戦があらためて求められている。本書は，残念ながらそこまでの理論化には届いていない。それはひとえに私の不徳の致すところであろう。今はただ，それを乗り越えていくべき必然性を読者に感じさせるに十分な，魅力ある論文集となったことを祈るのみである。

　2025年1月1日

　　　　　　　　　　　　　　　　　　　　　　　　　　　玉野 和志

文　献

饗庭伸, 2021, 『平成都市計画史──転換期の30年間が残したもの・受け継ぐもの』花伝社.
荒川剛, 2022a, 「デジタル化によるコミュニティでの運営・暮らし・意識変化──Fujisawa サスティナブル・スマートタウンでの取り組み」『地域開発』641: 39-43.
荒川剛, 2022b, 「Fujisawa サスティナブル・スマートタウンの取り組み」『研究開発リーダー』19(1): 44-49.
荒川剛, 2022c, 「Fujisawa サスティナブル・スマートタウン──共創による社会課題解決・持続的に進化するまちづくり」『市街地再開発』630: 28-32.
Arvidsson, Malin and Andrés B. Pinto, 2022, "Public Toilets for Women: How Female Municipal Councillors Expanded the Right to the City in Sweden, c. 1910-1925," *Women's History Review*, 31(3): 476-495.
朝日新聞, 2014, 「『乙女ハウス』, 困窮を問う　横浜にあった女性用シェアハウス, 映画に」朝日新聞クロスリサーチ, 2014年2月4日 (2024年12月30日最終取得, https://xsearch.asahi.com/kiji/detail/?1735817923571).
朝日新聞, 2024, 「妊娠中・産後の女性の自殺, 2年間で118人　警察庁の統計を分析」朝日新聞デジタル, 2024年7月12日 (2024年11月17日最終取得, https://www.asahi.com/articles/ASS7C31XZS7CUTFL013M.html).
Atkinson, Rowland, 2000, "Measuring Gentrification and Displacement in Greater London," *Urban Studies*, 37(1): 149-165.
渥美公秀, 2021, 「防災・減災活動の転換」渥美公秀・石塚裕子編『誰もが＜助かる＞社会──まちづくりに織り込む防災・減災』新曜社.
Bandyopadhyay, Ritajyoti, 2009, "Archiving from Below: The Case of the Mobilised Hawkers in Calcutta," *Sociological Research Online*, 14(5) (Retrieved 28 March 2010, http://www.socresonline.org.uk/14/5/7.html).
Bayat, Asef, 2000, "From 'Dangerous Classes' to 'Quiet Rebels': Politics of the Urban Subaltern in the Global South," *International Sociology*, 15(3): 533-557.
Bhatt, Ela R., 1998, "'Doosri Azadi': SEWA's Perspectives on Early Years of Independence," *Economic and Political Weekly*, 33(17): WS25-WS27.
Bhatt, Ela R., 2006, *We Are Poor But So Many: The Story of Self-Employed Women in India*, Oxford University Press.
Bhatt, Ela R., 2020, *Women, Work and Peace: A Collection of Selected Speeches of Ela R. Bhatt*, Navajivan.
Bhatt, Era R. ed., 1989, *Shramshakti: Report of the National Commission on*

Self-Employed Women and Women in the Informal Sector, Self-Employed Women's Association.
Breman, Jan, 2004, *The Making and Unmaking of an Industrial Working Class: Sliding down the Labour Hierarchy in Ahmedabad, India*, Oxford University Press.
Camerini, Michael dir., 1990, *Kamala and Raji: Working Women of Ahmedabad*, Film Distribution Office, Center for South Asian Studies, University of Wisconsin-Madison.
Carlson, H. Jacob, 2020, "Measuring Displacement: Assessing Proxies for Involuntary Residential Mobility," *City & Community*, 19(3): 573-592.
Castells, Manuel, 1983, *The City and the Grassroots: A Cross-cultural Theory of Urban Social Movements*, Edward Arnold. (＝1997, 石川淳志監訳『都市とグラスルーツ――都市社会運動の比較文化理論』法政大学出版局.)
Chatterjee, Partha, 1984, "Gandhi and the Critique of Civil Society," In R. Guha ed., *Subaltern Studies III*, Oxford University Press. (＝1998, 竹中千春訳「ガンディーと市民社会批判」『サバルタンの歴史――インド史の脱構築』岩波書店.)
Chatterjee, Partha, 2004, *The Politics of the Governed: Reflections on Popular Politics in Most of the World*, Columbia University Press. (＝2015, 田辺明生監訳／新部亨子訳『統治される人びとのデモクラシー――サバルタンによる民衆政治についての省察』世界思想社.)
Chen, Martha A., Ruchi Khurana and Nidhi Mirani, 2005, *Towards Economic Freedom: The Impact of SEWA*, Self-Employed Women's Association.
Clark, Erick, 2005, "The Order and Simplicity of Gentrification – A Political Challenge." Rowland Atkinson and Gary Bridge eds., *Gentrification in a Global Context: The New Urban Colonialism*, Routledge.
Cross, John, 2000, "Street Vendors, and Postmodernity: Conflict and Compromise in the Global Economy," *International Journal of Sociology and Social Policy*, 20(1/2): 29-51.
Davidson, Mark, 2009, "Displacement, Space and Dwelling: Placing Gentrification Debate," *Ethics, Place and Environment*, 12(2): 219-234.
Davidson, Mark and Loretta Lees, 2005, "New-build 'Gentrification' and London's Riverside Renaissance," *Environment and Planning A*, 37(7): 1165-1190.
Davidson, Mark and Loretta Lees, 2010, "New-Build Gentrification: Its Histories, Trajectories, and Critical Geographies," *Population, Space and Place*, 16(5): 395-411.
DeVerteuil Geoffrey, 2006, "The local state and homeless shelters: Beyond

revanchism?," *Cities*, 23(2):109-120.

DeVerteuil, Geoffrey, Jon May and Jürgen von Mahs, 2009, "Complexity not Collapse: Recasting the Geographies of Homelessness in a 'Punitive' Age," *Progress in Human Geography*, 33(5): 646-666 (=2016, 松尾卓磨訳「『懲罰』の時代のただ中でホームレスの地理を位置づけ直す──ホームレスの地理は崩壊しているのではない、複雑なのだ」『空間・社会・地理思想』19: 81-100.)

土居浩, 2022,「希望は, 納骨堂──昭和戦前期における墓の将来構想」山田慎也・土居浩編『無縁社会の葬儀と墓──死者との過去・現在・未来』吉川弘文館.

土居浩, 2024,「納骨堂存疑──東京都23区の納骨堂数から考える」『葬送文化』25: 54-61.

江口英一・西岡幸泰・加藤佑治編, 1979,『山谷──失業の現代的意味』未來社.

江原由美子, 2015,「見えにくい女性の貧困──非正規問題とジェンダー」小杉礼子・宮本みち子編『下層化する女性たち──労働と家庭からの排除と貧困』勁草書房.

Freeman, Lance, 2005, "Displacement or Succession?: Residential Mobility in Gentrifying Neighborhoods," *Urban Affairs Review*, 40(4): 463-491.

Freeman, Lance and Frank Braconi, 2004, "Gentrification and Displacement: New York City in the 1990s," *Journal of the American Planning Association*, 70(1): 39-52.

藤井敦・原田晃樹・大高研道編, 2013,『闘う社会的企業』勁草書房.

Fujisawa SST協議会, 2024,「Fujisawa SST ウェブサイト」https://fujisawasst.com (2024年12月24日最終取得).

藤塚吉浩, 1992,「京都市西陣地区におけるジェントリフィケーションの兆候」『人文地理』44(4): 495-506.

藤塚吉浩, 2017,『ジェントリフィケーション』古今書院.

福島真司, 2021,「避難行動要支援者名簿等の課題」渥美公秀・石塚裕子編『誰もが〈助かる〉社会』新曜社.

福武直編, 1954,『日本農村社会の構造分析──村落の社会構造と農政滲透』東京大学出版会.

福武直編, 1965,『地域開発の構想と現実Ⅰ・Ⅱ・Ⅲ』東京大学出版会.

Gandhi, Mahatma K., 1927, *Satyana Prayogo athva Atmakatha*, Navajivan. (=2000, 田中敏雄訳『ガーンディー自叙伝2──真理へと近づくさまざまな実験』平凡社.)

Gandhi Labour Institute, 1993, *Labour Laws and Cases: An Introduction*, Gandhi Labour Institute.

Giddens, Anthony, 1984, *The Constitution of Society: Outline of the Theory of Structuration*, University of California Press. (=2015, 門田健一訳『社会の構成』勁草書房.)

Gieryn, Thomas F., 2000, "A Space for Place in Sociology," *Annual Review of*

Sociology, 26: 463-496.
Glass, Ruth, 1964, "Introduction," Centre for Urban Studies ed., *London: Aspects of Change*, Macgibbon & Kee.
後藤広史, 2020,「ホームレス状態にある人々からみた福祉施策」山口恵子・青木秀男編『グローバル化のなかの都市貧困──大都市におけるホームレスの国際比較』ミネルヴァ書房.
Government of Gujarat (GoG), 1976, *The Gujarat Town Planning and Urban Development Act, 1976*, Vora Prakashan.
Grier, George and Eunice Grier, 1980, "Urban Displacement: A Reconnaissance," Shirley Bradway Laska and Daphne Spain eds., *Back to the City: Issues in Neighborhood Renovation*, Pergamon Press, 252-268.
Hackworth, Jason, 2002, "Postrecession Gentrification in New York City," *Urban Affairs Review*, 37(6): 815-843.
萩原修子, 2009,「語りえなさに耐える──水俣病事件がもたらした倫理と宗教の回路」『宗教研究』83(2):577-600.
浜松市, 1958,『広報はままつ』(1958 年 07 月 21 日) 92.
浜松市, 2012,『浜松市史 四』浜松市.
浜松市自治会連合会, 1981,『三十周年記念誌』浜松市自治会連合会.
浜松市自治会連合会, 2016,『創立 65 周年記念誌』浜松市自治会連合会.
原田利恵, 1997,「水俣病患者第二世代のアイデンティティ──水俣病を語り始めた『奇病の子』の生活史より」『環境社会学研究』3:213-228.
原田利恵, 2021,「胎児性水俣病患者が置かれた社会的環境に関する考察──過去のヒアリングデータ分析より」『環境社会学研究』27: 160-175.
原田利恵, 2023,「水俣病を研究するということ」『環境社会学事典』丸善出版.
原田利恵, 2024,「水俣病と事件史の捉え直しをめぐる今日的課題」『建築ジャーナル』1356(7): 32-35.
原田峻, 2020,『ロビイングの政治社会学──NPO 法制定・改正をめぐる政策過程と社会運動』有斐閣.
原口剛, 2006,「イベントと野宿者の排除」『寄せ場』19:122-134.
原口剛, 2016,「貧富の戦争がはじまる──オリンピックとジェントリフィケーションをめぐって」小笠原博毅・山本敦久編『反東京オリンピック宣言』航思社.
Harriss-White, Barbara, 2003, *India Working: Essays on Society and Economy*, Cambridge University Press.
Hart, Keith, 1973, "Informal Income Opportunities and Urban Employment in Ghana," *The Journal of Modern African Studies*, 11(1): 61-89.
Harvey, David, 1985, *The Urbanization of Capital: Studies in the History and Theory of Capitalist Urbanization*, Basil Blackwell. (=1991, 水岡不二雄監訳『都市の資本論──都市空間形成の歴史と理論』青木書店.)

はせがわ, 2013,『受け継ぐ心といのち 明日へ――1929-2013』はせがわ.
長谷川貴陽史, 2019,「ホームレス排除の諸形態」『法社会学』(85):90-106.
橋本健二, 2017,「1980年代以降の格差拡大と大都市分極化――『無血革命』としての時間差ジェントリフィケーション」『日本都市社会学会年報』35: 23-44.
林克明, 2018,「野放図に建てられる巨大納骨堂と続発する住民反対運動の相克」『宗教問題』21: 41-46.
林浩一郎, 2012,『多摩ニュータウン開発の構想と現実――都市計画と地域政治の社会学』首都大学東京人文科学研究科博士論文.
林浩一郎, 2022,「リノベーションという空間の生産――名古屋駅裏におけるドヤの継承と革新」『地域社会学会年報』34: 103-118.
林浩一郎, 2023,「名古屋駅裏のまなざし――戦後闇市の創造的破壊」『日本都市社会学会年報』41: 70.
林浩一郎, 2020a,「リニア開発主義の構造と主体――名古屋駅西地区におけるリノベーション事業と〈草の根の新自由主義〉」『日本都市社会学会年報』38: 116-131.
林浩一郎, 2020b,「『都市再生』の社会学――開発主義のなかを生きる」伊藤恭彦・小林直三・三浦哲司編『転換期・名古屋の都市公共政策』ミネルヴァ書房.
Hayashi, Mahito, 2013, "Times and Spaces of Homeless Regulation in Japan, 1950s-2000s: Historical and Contemporary Analysis," *International Journal of Urban and Regional Research*, 37(4):1188-1212.
林真人, 2014,『ホームレスと都市空間――収奪と異化, 社会運動, 資本-国家』明石書店.
Hayashi, Mahito, 2021, "Theorizing Regulation-in-City for Homeless People's Subaltern Strategy and Informality: Societalization, Metabolism, and Classes With (out) Housing," *Critical Sociology*, 48(2):323-339.
Hayashi, Mahito, 2023, *Rescaling Urban Poverty: Homelessness, State Restructuring and City Politics in Japan* (RGS-IBG Book Series), Wiley.
日高昭夫, 2018,『基礎的自治体と町内会自治会――「行政協力制度」の歴史・現状・行方』春風社.
日高昭夫, 2021,「都市自治体における町内会自治会のあり方――加入率低下問題を中心に」『都市社会研究』13: 37-72.
Hill, Elizabeth, 2010, *Worker Identity, Agency and Economic Development: Women's Empowerment in the Indian Informal Economy*, Routledge.
平山洋介, 2006,『東京の果てに』NTT出版.
Holmström, Mark, 1985, *Industry and Inequality: The Social Anthropology of Indian Labour*, Cambridge University Press.
本田庄次, 1998,「新宿ダンボール村の闘い――焼失から自主退去を決断した根拠」『寄せ場』11: 144-155.
Howard, Ebenezer, 1965, *Garden Cities of To-Morrow*, Gina Maccoby Liter-

ary Agency. (=2016, 山形浩生訳『[新訳] 明日の田園都市』鹿島出版会.)

Humphry, Justine, 2021, "Looking for Wi-Fi: youth homelessness and mobile connectivity in the city," *Information, Communication & Society*, 24(7): 1009-1023.

Humphry, Justine, 2022, *Homelessness and Mobile Communication: Precarious Mobilities*, Palgrave Macmillan.

いちむらみさこ, 2012,「望むこと」『現代思想』40(15): 136-142.

いちむらみさこ, 2013,「『しあわせ』の隠れた悲劇」『現代思想』41(12): 147-154.

いちむらみさこ, 2024,『ホームレスでいること──見えるものと見えないもののあいだ』創元社.

今井照, 2014,『自治体再建』筑摩書房.

今井照, 2023,『未来の自治体論──デジタル社会と地方自治』第一法規.

井上理津子, 2018,『いまどきの納骨堂──変わりゆく供養とお墓のカタチ』小学館.

石原信夫, 2016,「食中毒として扱われるべき水俣病」『日本衛生学雑誌』71:100-105.

石塚裕子・東俊裕, 2021,「避難行動要支援者の実態と課題──2018年西日本豪雨 倉敷市真備町の事例から」『福祉のまちづくり研究』23: 15-24.

磯村英一, 1953,「都市の社会集団」『都市問題』44(10): 35-50.

Itai, Yaeko, Fujino Tadashi, Ueno Keiko, and Motoyasu Yasuko, 2004, "An Epidemiological Study of the Incidence of Abnormal Pregnancy in Areas Heavily Contaminated with Methylmercury," *Environmental Sciences*,11(2): 83-97.

伊藤るり, 1995,「〈グローバル・フェミニズム〉と途上国女性の運動──WIDと女性のエンパワーメントをめぐって」坂本義和編『世界政治の構造変動 4──市民運動』岩波書店.

伊藤るり, 2002,「社会運動と女性のエンパワーメント──自助組織の可能性を考える」田中由美子・大沢真理・伊藤るり編『開発とジェンダー──エンパワーメントの国際協力』国際協力出版会.

伊藤嘉高, 2024,『移動する地域社会学』知泉書館.

岩崎信彦・鯵坂学・上田惟一・高木正朗・広原盛明・吉原直樹編, 1989,『町内会の研究』御茶の水書房.

岩田正美, 1995,『戦後社会福祉の展開と大都市最底辺』ミネルヴァ書房.

岩田正美, 2007,『現代の貧困──ワーキングプア／ホームレス／生活保護』筑摩書房.

岩田正美, 2008,『社会的排除──参加の欠如・不確かな帰属』有斐閣.

Jackson, Emma, 2012, "Fixed in Mobility: Young Homeless People and the City," *International Journal of Urban and Regional Research*, 36(4): 725-741.

Jackson, Emma, 2015, *Young Homeless People and Urban Space Fixed in Mobility*, Routledge.

Jaffe, Rivke, Christien Klaufus, and Freek Colombijn, 2012, "Mobilities and Mobilizations of the Urban Poor," *International Journal of Urban and Regional Research*, 36(4): 643-654.

過剰姉妹, 2009, 「SCOOP!!!!! 過剰姉妹」『インパクション』171: 40-45.

金川幸司・後房雄・森裕亮・洪性旭編, 2021, 『協働と参加——コミュニティづくりのしくみと実践』晃洋書房.

笠井和明, 1999, 『新宿ホームレス奮戦記——立ち退けど消え去らず』現代企画室.

河本一満, 2016, 「『ソーシャル・インクルージョンとアート』——横浜・寿町における心の貧困を包摂するアート活動の取り組み」竹中平蔵・南條史生編『アートと社会』東京書籍.

河村望・蓮見音彦, 1958, 「近代日本における村落構造の展開過程——村落構造に関する『類型』論の再検討 上・下」『思想』407・408.

Kern, Leslie, 2022, *Gentrification Is Inevitable and Other Lies*, Verso.

吉川美津子, 2018, 「都市部に増える巨大納骨堂の人気の秘密とその限界」『宗教問題』21: 14-19.

菊池美代志, 1973, 「居住空間と地域集団」倉沢進編『社会学講座5 都市社会学』東京大学出版会.

木村正人, 2019, 「〈共(コモンズ)〉の私有化と抵抗——渋谷におけるジェントリフィケーション過程と野宿者運動」『空間・社会・地理思想』22:139-156.

金善美, 2024, 「東京下町の移り変わりとジェントリフィケーション——東京都墨田区・向島の事例から」岸政彦・川野英二編『岩波講座社会学2 都市・地域』岩波書店.

北川由紀彦, 2001, 「野宿者の集団形成と維持の過程——新宿駅周辺部を事例として」『解放社会学研究』15: 54-74.

北川由紀彦, 2002, 「〈ホームレス問題〉の構成——東京を事例として」『解放社会学研究』16: 161-184.

北川由紀彦, 2005, 「単身男性の貧困と排除——野宿者と福祉行政の関係に注目して」岩田正美・西澤晃彦編『貧困と社会的排除——福祉社会を蝕むもの』ミネルヴァ書房.

北川由紀彦, 2006, 「野宿者の再選別過程——東京都『自立支援センター』利用経験者聞き取り調査から」狩谷あゆみ編『不埒な希望——ホームレス／寄せ場をめぐる社会学』松籟社.

北川由紀彦, 2018, 「もやいの活動から見える貧困——単純集計・類似調査との比較・相談者の変化」丸山里美編『貧困問題の新地平——もやいの相談活動の軌跡』旬報社.

北川由紀彦, 2020, 「都市の概要とホームレス化の背景」山口恵子・青木秀男編『グローバル化のなかの都市貧困——大都市におけるホームレスの国際比較』ミネルヴァ書房.

喜多村百合, 2004, 『インドの発展とジェンダー——女性NGOによる開発のパラダイム転換』新曜社.

国民生活審議会調査部会編, 1969, 『コミュニティ——生活の場における人間性の回復』

小松初男, 2021,『墓地・納骨堂, 葬送の法律相談』青林書院.

寿オルタナティブネットワーク, 2011,「寿合宿 2010 年春秋合併号」.

KOTOBUKI クリエイティブアクション, 2009-2011,「KOTOBUKI クリエイティブアクション　ニュース」各号.

KOTOBUKI Promotion/KOTO-LAB, 2012, https://vimeo.com/52294907（2024 年 6 月 5 日取得）

厚生省, 1956,『昭和 31 年全国食中毒事件録』.

厚生労働省, 2021,『［令和 3 年版］男女共同参画白書』.

厚生労働省, 2022,「ホームレスの実態に関する全国調査（生活実態調査）の結果［詳細版］」（2023 年 3 月 1 日取得, https://www.mhlw.go.jp/content/12003000/000932240.pdf）.

厚生労働省, 2023,「ホームレスの実態に関する全国調査（概数調査）結果について」（2023 年 2 月 1 日取得, https://www.mhlw.go.jp/stf/newpage_32790.html.）

小山弘美, 2018,『自治と協働からみた現代コミュニティ論――世田谷区まちづくり活動の軌跡』晃洋書房.

Kudva, Neema, 2009, "The Everyday and the Episodic: The Spatial and Political Impacts of Urban Informality," *Environment and Planning A: Economy and Space*, 41(7): 1614-1628.

倉沢進, 2002,「伝統的地域集団――町内会」倉沢進『コミュニティ論［改訂版］』放送大学教育振興会.

栗田隆子, 2014,「女は女というだけで貧乏になるのだ」大理奈穂子・栗田隆子・大野左紀子著, 水月昭道監修『高学歴女子の貧困――女子は学歴で「幸せ」になれるか？』光文社.

Lees, Loletta, 2003, "Super-gentrification: The Case of Brooklyn Heights, New York City," *Urban Studies*, 40(12): 2487-2509.

Lees, Loretta, Hyun Bang Shin and Ernesto López-Morales, 2016, *Planetary Gentrification*, Polity Press.

Lees, Loretta, Tom Slater and Elvin Wyly, 2007, *Gentrification*, Routledge.

Lefebvre, Henri, 1968, *Le droit à la ville*, Anthropos.（＝2011, 森本和夫訳『都市への権利』筑摩書房.）

Lefebvre, Henri, 1970, *La révolution urbaine*, Gallimard.（＝1974, 今井成美訳『都市革命』晶文社.）

Lefebvre, Henri, 1974, *La production de l'espace*, Anthropos.（＝2000, 斎藤日出治訳『空間の生産』青木書店.）

ライブドアニュース「寿町に立つ社会起業家（2007 年 1 月 11 日）」（2024 年 6 月 5 日取得, https://news.livedoor.com/article/detail/2974674/）

町村敬志, 2011,『開発主義の構造と心性――戦後日本がダムでみた夢と現実』御茶の水書房.

町村敬志, 2017,「誰が東京を奪ったのか？——都市空間変容の半世紀から考える」『日本都市社会学会年報』35: 5-22.

町村敬志, 2020,『都市に聴け——アーバン・スタディーズから読み解く東京』有斐閣.

町村敬志編, 2006,『開発の時間　開発の空間——佐久間ダムと地域社会の半世紀』東京大学出版会.

Marcuse, Peter, 1985a, "To Control Gentrification: Anti-displacement Zoning and Planning for Stable Residential Districts," *Review of Law & Social Change*, 13: 931-952.

Marcuse, Peter, 1985b, "Gentrification, Abandonment, and Displacement: Connections, Causes, and Policy Responses in New York City," *Journal of Urban and Contemporary Law*, 28, 195-240.

丸山真央・徳田剛, 2019,「ジェントリフィケーションとしての都心地区の変動」鯵坂学・西村雄郎・丸山真央・徳田剛編『さまよえる都市・大阪——「都心回帰」とコミュニティ』東信堂.

問芝志保, 2023a,「関東大震災と遺灰・納骨堂・墓」『東北宗教学』特集号：17-30.

問芝志保, 2023b,「大量死と遺骨——関東大震災の火葬はいかに経験されたか」『都市問題』114: 63-71.

松原治郎・似田貝香門編, 1976,『住民運動の論理』学陽書房.

松下冽, 2013,「民主的ガヴァナンス構築と『人間の安全保障』——グローバル・サウスからのアプローチ」『立命館国際研究』26(1): 129-161.

松崎憲三, 2004,『現代供養論考——ヒト・モノ・動植物の慰霊』慶友社.

みんなの宮下公園をナイキ化計画から守る会, 2010,「宮下公園アーティスト・イン・レジデンス」ねる会議ブログ（2024年8月11日取得, http://airmiyashitapark.info/wordpress/page/15）.

みんなの宮下公園をナイキ化計画から守る会,「宮下公園ナイキ化と反対の経緯」ねる会議ブログ（2024年8月11日取得, https://minnanokouenn.blogspot.com/p/blog-page.html）.

見田宗介, 1973,「まなざしの地獄——都市社会学への試論」『展望』173: 98-119.

見田宗介, 2018,「差別社会　若者を絶望させた　見田宗介『まなざしの地獄』」好書好日,（2024年2月15日取得, https://book.asahi.com/article/11576351）.

宮本憲一, [1967] 1976,『社会資本論』有斐閣.

溝口正, 1975,『自治会と神社——「町のヤスクニ」を糺す』すぐ書房.

森千香子, 2020,「テーマ別研究動向（ジェントリフィケーション）——英米発ジェントリフィケーション論を逆照射する研究に向けて」『社会学評論』71(2): 331-342.

森千香子, 2023,『ブルックリン化する世界——ジェントリフィケーションを問いなおす』東京大学出版会.

森健, 2017,「『墓じまい』最新事情ルポ——『ビル型納骨堂』の利点と難点」『週刊文春』59(49): 139-142.

森謙二, 2000,『墓と葬送の現在——祖先祭祀から葬送の自由へ』東京堂出版.
本岡拓哉, 2019,『「不法」なる空間にいきる——占拠と立ち退きをめぐる戦後都市史』大月書店.
村上英吾, 2020,「多様化するホームレス状態への経路——ホームレス状態への析出過程」山口恵子・青木秀男編『グローバル化のなかの都市貧困——大都市におけるホームレスの国際比較』ミネルヴァ書房.
室田大樹, 2017,「寛容な場としての〈路上〉——野宿者の生活保護利用が進むなかで路上生活を肯定すること」『理論と動態』10: 6-23.
名古屋市編, 1964,『駅西都市改造のあゆみ』名古屋市計画局整地部駅西都市改造事務所.
内閣府・総務省・経済産業省・国土交通省スマートシティ官民連携プラットフォーム事務局, 2023,「スマートシティガイドブック」.
Nair, Janaki, 2005, *The Promise of the Metropolis: Bangalore's Twentieth Century*, Oxford University Press.
中村八朗, 1980,「形成過程よりみた町内会——戦前における町内会」富田富士雄教授古稀記念論文集刊行委員会編『現代社会と人間の課題』新評論.
中村八朗, 1990,「文化型としての町内会」倉沢進・秋元律郎編『町内会と地域集団』ミネルヴァ書房.
中筋直哉, 2000,「〈社会の記憶〉としての墓・霊園——『死者たち』はどう扱われてきたか」片桐新自編『歴史的環境の社会学』新曜社.
中筋直哉, 2013,「都市霊園」中筋直哉・五十嵐泰正編『よくわかる都市社会学』ミネルヴァ書房.
中田実, 1993,『地域共同管理の社会学』東信堂.
中田実, 2017,『[新版] 地域分権時代の町内会・自治会』自治体研究社.
中田実, 2020,『住民自治と地域共同管理』東信堂.
中澤秀雄, 2007,「地方自治体『構造分析』の系譜と課題」蓮見音彦編『講座社会学 3 村落と地域』東京大学出版会.
成田孝三, 1981,「アメリカにおける都市再生の動向と問題点——ジェントリフィケーションを中心として」吉岡健次・崎山耕作編『大都市の衰退と再生』東京大学出版会.
Newman, Kathe and Elvin K. Wyly, 2006, "The Right to Stay Put, Revisited: Gentrification and Resistance to Displacement in New York City," *Urban Studies*, 43(1): 23-57.
日本建設業連合会, 2022,「可能性が永久に持続する『未完成』のスマートシティ——裾野市とウーブン・シティの挑戦：静岡県裾野市」『ACE：architecture & civil engineering／日本建設業連合会広報委員会企画・編集』12(3): 12-15.
新川達郎, 2008,「公共性概念の再構築とローカルガバナンス」白石克孝・新川達郎編『参加と協働の地域公共政策開発システム』日本評論社.
認定 NPO 法人ビッグイシュー基金, 2023,『路上脱出・生活 SOS ガイド東京 23 区編 [改訂五版]』(2024 年 02 月 1 日取得, https://bigissue.or.jp/wp-content/uploa

ds/2023/08/tokyo_guide2023.pdf）．
西岡研介, 2018,「大阪"脱税納骨堂"の背後にいた暴力団組長夫妻の来歴」『宗教問題』21: 30-35.
西山八重子, 2002,『イギリス田園都市の社会学』ミネルヴァ書房.
西澤晃彦, 1995,『隠蔽された外部――都市下層のエスノグラフィー』彩流社.
西澤晃彦, 1996,「『地域』という神話――都市社会学者は何を見ないのか？」『社会学評論』47(1): 47-62.
似田貝香門, 2006,「越境と共存的世界」似田貝香門・矢澤澄子・吉原直樹編『越境する都市とガバナンス』法政大学出版局.
似田貝香門, 2007,「『構造分析』の調査を振り返って――〈主体を介しての構造分析〉をめざして」『社会情報』16(2): 105-154.
野本三吉, 1996,『風の自叙伝――横浜・寿町の日雇労働者たち［増補版］』新宿書房.
額田勲, 2013,『孤独死』岩波書店.
越智昇, 1990,「ボランタリー・アソシエーションと町内会の文化変容」倉沢進・秋元律郎編『町内会と地域集団』ミネルヴァ書房.
小川寛大, 2018a,「寺院の倒産さえ招く巨大納骨堂，それは仏教界の救世主か劇薬か」『宗教問題』21: 36-40.
小川寛大, 2018b,「都市部を中心に乱立 納骨堂ビジネスのウラ事情」『サンデー毎日』97(27): 176-179.
小川てつオ, 2021,「この10年の渋谷における野宿者に関する運動などを自分なりにふりかえる」『寄せ場』(30・31) :73-90.
奥田道大, 1983,『都市コミュニティの理論』東京大学出版会.
奥井復太郎, 1953,「近隣社会の組織化」『都市問題』44(10): 23-33.
大畑裕嗣, 2004,「モダニティの変容と社会運動」曽良中清司・長谷川公一・町村敬志・樋口直人編『社会運動という公共空間――理論と方法のフロンティア』成文堂.
大沢敏郎, 2003,『生きなおす，ことば――書くことのちから 横浜寿町から』太郎次郎社エディタス.
近江哲男, 1958,「都市の地域集団」『社会科学討究』3(1): 181-230.
近江哲男, 1984,『都市と地域社会』早稲田大学出版部.
Our Planet-TV, 2010,「根来祐さん」, Our Planet-TV ウェブサイト, 2010年8月13日,（2024年6月30日取得, https://www.ourplanet-tv.org/40743/）．
Patel, Sujata, 2021, "Researching Gandhi's Ideas on Women: Engaging with Feminist Theories Then and Now," *Economic and Political Weekly*, 56(6): 44-51.
Pickvance, Chris G., 1976, "On the Study of Urban Social Movements," In C. G. Pickvance ed., *Urban Sociology: Critical Essays*, Tavistock.（＝1982, 鰺坂学訳「都市社会運動の研究」山田操・吉原直樹・鰺坂学訳『都市社会学――新しい理論的展望』恒星社厚生閣.

Ray, Raka, 1999, *Fields of Protest: Women's Movements in India*, University of Minnesota Press.

Ray, Raka and Mary F. Katzenstein, 2005, "Introduction: In the Beginning, There Was the Nehruvian State," In R. Ray and M.F. Katzenstein eds., *Social Movements in India: Poverty, Power, and Politics*, Rowman and Littlefield, 1-31.

Relph, Edward, 1976, *Place and Placelessness*, Pion.（=1999, 高野岳彦・阿部隆・石山美也子訳『場所の現象学──没場所性を越えて』筑摩書房.）

路上生活者問題に関する都区検討会, 1996,『路上生活者問題に関する都区検討会報告書』

Rose, Kalima, 1992, *Where Women are Leaders: The SEWA Movement in India*, Zed Books.

Roy, Ananya, 2003, *City Requiem, Calcutta: Gender and the Politics of Poverty*, University of Minnesota Press.

齊藤康則, 2019,「もうひとつのコミュニティ形成──『みなし仮設』と『同郷サロン』から考える仙台の復興」吉野英岐・加藤眞義編『震災復興と展望──持続可能な地域社会をめざして』有斐閣.

Sakamoto, Mineshi, Nakano Atsuhiro and Akagi Hirokatsu, 2001, "Declining Minamata Male Birth Ratio Associated with Increased Male Fetal Death Due to Heavy Methylmercury Pollution," *Environmental Research*, 87(2): 92-98.

佐幸信介, 2018,「死者が住まう風景──国道十六号線ともう一つの郊外」塚田修一・西田善行編『国道16号線スタディーズ──二〇〇〇年代の郊外とロードサイドを読む』青弓社.

佐藤裕, 2023,「インド社会学における貧困問題の研究動向──開発政策・言説・実践とのかかわりから」『ソシオサイエンス』29(1): 98-117.

生活衛生法規研究会監修, 2017,『新訂 逐条解説 墓地、埋葬等に関する法律［第3版］』第一法規.

Self-Employed Women's Association (SEWA), 1988, *SEWA Annual Report 1988*.

Self-Employed Women's Association (SEWA), 1999, *SEWA Annual Report 1999*.

Self-Employed Women's Association (SEWA), 2003, *SEWA Annual Report 2003*.

Self-Employed Women's Association (SEWA), 2021, "Amārā sāthī āgēvāna Kamalā," *Anasūyā*, 39(8).

Self-Employed Women's Association (SEWA), 2024a, "About Us," (Retrieved 18 November 2024, https://www.sewa.org/about-us/).

Self-Employed Women's Association (SEWA), 2024b, "SEWA's National Campaigns," (Retrieved 9 March 2024, https://www.sewa.org/sewa-work/struggle-for-voice-visibility-and-viability/).

仙波希望, 2021, 「ポストコロニアル都市理論は可能か」平田周・仙波希望編『惑星都市理論』以文社.

Sen, Amartya, 1992, *Inequality Reexamined*, Harvard University Press. (＝2018, 池本幸生ほか訳『不平等の再検討』岩波現代文庫.)

渋谷区, 2017,『しぶや区ニュース』1361（2017年6月15日）.

新宿連絡会編, 1997,『新宿ダンボール村――闘いの記録』現代企画室.

白波瀬達也, 2017,『貧困と地域――あいりん地区から見る高齢化と孤立死』中央公論新社.

白井絵里子, 2010,「地域福祉の推進に向けて市民・NPOと自治体との『協働』において自治体に求められるもの――中央省庁の行政文書において『協働』が用いられる変遷を踏まえての考察」『Social design review』2: 117-130.

生涯学習知の市庭, 2007, すぎなみ大人塾講演「『社会起業家とは～社会変革への挑戦～』CAC　社会起業家研究ネットワーク代表　服部篤子さん（2007年8月22日）」（2024年6月5日取得, http://www.chinoichiba.net/2007kouzapdf/070822hattori.pdf）.

庄司知恵子, 2011,「町内会と自主防災組織」吉原直樹編『防災コミュニティの基層――東北6都市の町内会分析』御茶の水書房.

庄司知恵子, 2023,「自主防災組織形成を巡る住民の選択の論理――秋田県千北市の事例から」『総合政策（岩手県立大学総合政策学部紀要）』23: 15-26.

週刊ダイヤモンド, 2018,「ゴールドマンサックスも参入する都心で空前の納骨堂ブーム」『週刊ダイヤモンド』106(12): 60-61.

SIDEWALK LABS, 2019, "'Chapter 5 Digital Innovation' Part 3 Creating a Trusted Process for Responsible Data Use," *Project Documents*.

下村恭広・五十嵐泰正, 2017,「特集1解題：バブル期の都市問題とジェントリフィケーション論――なぜ『地上げ』は『ジェントリフィケーション』と呼ばれなかったのか」『日本都市社会学会年報』35: 1-4.

塩崎賢明, 2009,『住宅復興とコミュニティ』日本経済評論社.

塩崎賢明, 2014,『復興〈災害〉――阪神・淡路大震災と東日本大震災』岩波書店.

Slater, Tom, 2006, "The Eviction of Critical Perspectives from Gentrification Research," *International Journal of Urban and Regional Research*, 30(4): 737-757.

Smith, Neil, 1996, *The New Urban Frontier: Gentrification and the Revanchist City*, Routledge. (＝2014, 原口剛訳『ジェントリフィケーションと報復都市――新たなる都市のフロンティア』ミネルヴァ書房.)

Snow, David, and Anderson, Leon, 1993, *Down on Their Luck: A Study of Homeless Street People*, University of California Press.

園部雅久, 2014,『再魔術化する都市の社会学――空間概念・公共性・消費主義』ミネルヴァ書房.
綜合ユニコム, 1985,『霊園墓地・寺院墓地の事業開発計画資料集』綜合ユニコム.
綜合ユニコム, 1990,『霊園墓地の事業開発計画資料集』綜合ユニコム.
綜合ユニコム, 1992,『屋内立体墓所の事業開発計画資料集』綜合ユニコム.
綜合ユニコム, 1993,『霊園墓地 事業開発・販売実態資料集』綜合ユニコム.
綜合ユニコム, 2009,『霊園墓地・納骨堂開発と葬送ビジネスの市場展望資料集』綜合ユニコム.
綜合ユニコム, 2018,『納骨堂の開発計画と管理・運営実務資料集』綜合ユニコム.
綜合ユニコム, 2019,「特集 埋葬手段としての『納骨堂』――現況と将来像」『フューネラルビジネス』273: 8-33.
綜合ユニコム, 2024,「会社概要」(2024年6月28日取得, https://www.sogo-unicom.co.jp/companyprofile/)
創造都市横浜推進協議会, 2010,「提言書 クリエイティブシティ・ヨコハマの新たな展開に向けて――2010年からの方向性」.
Spodek, Howard, 1994, "The Self-Employed Women's Association (SEWA) in India: Feminist, Gandhian Power in Development," *Economic Development and Cultural Change*, 43(1): 193-202.
Streetwise Opera ウェブサイト (2024年6月5日最終取得, https://streetwiseopera.org)
須藤石材, 2005,『須藤石材の100年』須藤石材.
菅沼若菜, 2019,「(研究ノート) スマートシティの取組みと課題に関する考察」『都市社会研究』11: 109-122.
菅沼若菜, 2020,「ICTを活用したまちづくりと近隣地域とのつながりに関する考察――横浜綱島スマートタウンを事例に」『地域社会学会年報』32: 136-150.
勝桂子, 2018,「乱立する巨大納骨堂の中に果たして"聖性"は存在するのか」『宗教問題』21: 47-51.
Sundaram, Satyam S., 2008, "National Policy for Urban Street Vendors and Its Impact," *Economic and Political Weekly*, 43(43): 22-25.
裾野市, 2022,「スソノ・デジタル・クリエイティブ・シティ構想 (SDCC構想) 構想の終了について」(2024年6月23日取得, https://www.city.susono.shizuoka.jp/soshiki/3/1/1/13801.html).
裾野市, 2024,「デジタル目安箱の今までの主なご意見と回答」(2024年6月23日取得, https://www.city.susono.shizuoka.jp/shisei/5/17562.html).
鈴木栄太郎, 1953,「近代化と市民組織」『都市問題』44(10): 13-22.
忠岡博, 2017,「宗教法人の『宗派を問わない納骨堂』と固定資産税」『税理』60(14): 178-183.
田所承己, 2017,『場所でつながる／場所とつながる』弘文堂.

高田昭彦, 1998,「現代市民社会における市民運動の変容——ネットワーキングの導入から『市民活動』・NPO へ」青井和夫・高橋徹・庄司興吉編『現代市民社会とアイデンティティ——21 世紀の市民社会と共同性：理論と展望』梓出版社.
高木恒一, 1996,「作られた空間と生きられた空間——再開発住宅地における空間の生産」『日本都市社会学会年報』14: 109-124.
高木鉦作, 2005,『町内会の廃止と「新生活協同体の結成」』東京大学出版会.
高橋国治, 1983,『名残三社神社史』名残三社神社史刊行会.
玉野和志, 1993,『近代日本の都市化と町内会の成立』行人社.
玉野和志, 1996,「都市社会構造論再考」『日本都市社会学会年報』14: 75-91.
玉野和志, 2005,『東京のローカル・コミュニティ——ある町の物語一九〇〇-八〇』東京大学出版会.
玉野和志, 2010a,「コミュニティを枠づける制度と組織」浅川達人・玉野和志『現代都市とコミュニティ』放送大学教育振興会.
玉野和志, 2010b,「町内社会と町内会」浅川達人・玉野和志『現代都市とコミュニティ』放送大学教育振興会.
玉野和志, 2015,「地方自治体の政策形成と社会学者の役割」『社会学評論』66(2): 224-241.
玉野和志, 2024,『町内会——コミュニティからみる日本近代』筑摩書房.
玉野和志編, 2020,『都市社会学を学ぶ人のために』世界思想社.
田中悟, 2017,「韓国葬墓文化の現状と課題」『国際協力論集』24(2): 99-113.
田中重好, 2019a,「防災パラダイムの転換へ」田中重好ほか編『防災と支援——成熟した市民社会に向けて』有斐閣.
田中重好, 2019b,「復興を社会学からどう研究するか」高橋誠編『巨大地震災害の国際比較研究報告書』3.
田中輝美, 2021,『関係人口の社会学』大阪大学出版会.
戸叶トシ夫, 2010,「封鎖された公共圏——宮下公園 2008-2010」『インパクション』インパクト出版, 177: 5-15.
鳥越皓之, 1994,『地域自治会の研究——部落会・町内会・自治会の展開過程』ミネルヴァ書房.
都市再開発法制研究会, 2018,『［改訂 3 版］わかりやすい都市再開発法——制度の概要から税制まで』大成出版社.
東京都, 2004a,「ホームレスの自立の支援等に関する東京都実施計画」
東京都, 2004b,『ホームレス地域生活移行支援事業がスタート！』, (http://www.fukushihoken.metro.tokyo.jp/press_reles/2004/pr0216.htm, 2004 年 2 月 16 日取得).
東京都福祉局, 2001,『東京のホームレス——自立への新たなシステムの構築に向けて』
辻井敦大, 2021,「墓石加工技術の変容と死にまつわる平等性」梅田拓也・近藤和都・新倉貴仁編『技術と文化のメディア論』ナカニシヤ出版.
辻井敦大, 2023,『墓の建立と継承——「家」の解体と祭祀の永続性をめぐる社会学』晃

洋書房.
塚本松平編, 1930, 『馬込町沿革誌 全』馬込町沿革誌編纂委員会.
津久井進, 2020, 『災害ケースマネジメントガイドブック』合同出版.
堤圭史郎, 2010, 「ホームレス・スタディーズへの招待」青木秀男編『ホームレス・スタディーズ──排除と包摂のリアリティ』ミネルヴァ書房
植田剛史, 2008, 「高度経済成長期における『都市計画コンサルタント』の形成」『日本都市社会学会年報』26: 153-168.
植田剛史, 2016, 「都市計画の断片化と不透明性──今日における知の批判性とその困難」愛知大学人文社会学研究所編『人文知の再生に向けて』愛知大学人文社会学研究所.
植田剛史, 2018, 「2000 年代東京における都市空間再編の『実行者』──超高層建築物の設計者と施工者の分析」『文學論叢』155: 51-63.
植田剛史, 2021, 「プロジェクト型開発の時代における都市計画コンサルタントの専門知──都市を作りかえる実務者からの社会学的都市記述に向けて」『年報社会学論集』34: 54-61.
上野淳子, 2008, 「規制緩和にともなう都市再開発の動向──東京都区部における社会 - 空間的分極化」『日本都市社会学会年報』26: 101-115.
上野淳子, 2017, 「『世界都市』後の東京における空間の生産」『経済地理学年報』63 (4): 275-291.
鵜飼秀徳, 2016, 『無葬社会──彷徨う遺体 変わる仏教』日経 BP 社.
浦野正樹, 2017, 「バブル経済期の社会変動と地上げに対する地域社会の動き」『日本都市社会学会年報』35: 45-63.
Urry, John, 1990, *The Tourist Gaze: Leisure and Travel in Contemporary Societies*, Sage Publications.（＝1995, 加太宏邦訳『観光のまなざし』法政大学出版局.）
Urry, John, 2000, *Sociology Beyond Societies: Mobilities for the Twenty-First Century*, Routledge.（＝2006, 吉原直樹監訳『社会を超える社会学──移動・環境・シチズンシップ』法政大学出版局.）
Urry, John, 2007, *Mobilities*, Polity Press.（＝2015, 吉原直樹・伊藤嘉高訳『モビリティーズ』作品社.）
うてつあきこ, 2009, 『つながりゆるりと──小さな居場所「サロン・ド・カフェこもれび」の挑戦』自然食通信社.
うてつあきこ, 2012, 「居場所を作る──人間関係の結び直し」自立生活サポートセンターもやい編『貧困待ったなし！──とっちらかりの 10 年間』岩波書店, 24-38.
Video SEWA, n.d., "Manek Chowk," Self-Employed Women's Association.
若林功次郎, 2014, 「国内外のまちづくりの基準となる新しいスマートコミュニティタウン──Fujisawa サスティナブル・スマートタウンについて」『時評』57(2): 170-173.

Wardhaugh, Julia, 1996, "'Homeless in Chinatown': Deviance and Social Control in Cardboard City," *Sociology*, 30(4), 701-716.

Wolch, R. Jennifer, Rahimian, Afsaneh, and Koegel, Paul, 1993, "Daily and Periodic Mobility Patterns of the Urban Homeless," *The Professional Geographer*, 45(2), 159-169.

Wolch, R. Jennifer and Rowe, Stacy, 1992, "On the Streets: Mobility Paths of the Urban Homeless," *City & Society*, 6(2), 115-140.

ウィメンズアクションネットワーク, 2013,「根来祐（映画監督）『回復とは何か, 尊厳と自尊心を取り戻すとは何か』と問いかける」, ウィメンズアクションネットワークホームページ, 2013年1月16日（2024年6月30日取得, https://wan.or.jp/article/show/528）.

Woodeard, William, 1972, *The Allied Occupation of Japan 1945-1952 and Japanese Religions* Brill.（=1988, 阿部美哉訳『天皇と神道――GHQの宗教政策』サイマル出版会.）

八木輝幸, 2018,「Fujisawa サスティナブル・スマートタウン土地区画整理事業 タウンマネジメントを支えるコミュニティセンターの整備」『区画整理』61(4): 16-19.

山田節, 2005,「対策が人を殺すとき――ホームレス地域生活移行支援事業のウラで」『Shelter-less』26: 228-233.

山田慎也, 2018,「納骨堂の成立とその集合的性格」鈴木岩弓・森謙二編『現代日本の葬送と墓制――イエ亡き時代の死者のゆくえ』吉川弘文館.

山形浩生, 2016,「訳者あとがき」エベネザー・ハワード著／山形浩生訳『[新訳] 明日の田園都市』鹿島出版会.

山口恵子, 1998,「新宿における野宿者の生きぬき戦略――野宿者間の社会関係を中心に」『日本都市社会学会年報』16: 119-134.

山口恵子, 1999,「見えない街の可能性――新宿で野宿する一人の『おじさん』の語りから」青木秀男編『場所をあけろ！――寄せ場／ホームレスの社会学』松籟社.

山口恵子, 2006,「都市空間の変容と野宿者――90年代における新宿駅西口地下の事例より」狩谷あゆみ編『不埒な希望――ホームレス／寄せ場をめぐる社会学』松籟社.

山本薫子, 2013a,「現代日本の都市下層地域における福祉ニーズ増大と地域課題の再編――横浜・寿町地区の事例から」『日本都市社会学会年報』31: 95-110.

山本薫子, 2013b,「都市インナーエリアにおけるアートプロジェクトの展開と地域社会への関与――横浜市を事例に」地域社会学会第38回大会自由報告.

山本薫子, 2016,「ジェントリフィケーションに抗する都市下層地域――居住保障と地域経済活性化の取り組みを中心に」『日本都市社会学会年報』34: 74-92.

山下里加, 2009,「SCOPE 横浜市 ストリートワイズ・オペラ ワークショップ」『地域創造』26.

山崎仁朗編, 2014,『日本コミュニティ政策の検証――自治体内分権と地域自治へ向けて』東信堂.

安田三郎, 1977,「町内会について──日本社会論ノート(5)」『現代社会学7』4(1): 173-183.
横浜クリエイティブシティ・国際会議 2009 実行委員会, 2009,「公式記録 PART2 (2009/9/5)」.
ヨコハマ経済新聞「寿地区が『ドヤの街』から『ヤドの街』へ　地域再生を目指す『横浜ホステルビレッジ』(2005 年 8 月 12 日)」(2024 年 6 月 5 日取得, https://www.hamakei.com/special/72/)
横浜市文化観光局, 2012,「横浜市文化芸術創造都市施策の基本的な考え方」.
横浜市健康福祉局生活福祉部生活支援課寿地区対策担当,「横浜市寿福祉プラザ相談室業務の概要」各年版.
横浜市寿町健康福祉交流協会ウェブサイト (2024 年 6 月 8 日取得, https://www.yokohama-kotobuki.or.jp)
横倉節夫, 2005,「公民の協働と協治の創出──新しい自治体へむけて」『地域と自治体』29: 11-58.
横田睦, 2008a,「市街地における墓地を統廃合した後の『受け皿』と想定される施設,『納骨堂』の現状①」『用地ジャーナル』17(4): 58-64.
横田睦, 2008b,「市街地における墓地を統廃合した後の『受け皿』と想定される施設,『納骨堂』の現状②」『用地ジャーナル』17(5): 44-51.
横田尚俊, 1992,「現代都市と地域防災活動」『年報社会学論集』5: 119-130.
米澤旦, 2011,『労働統合型社会的企業の可能性──障害者就労における社会的包摂へのアプローチ』ミネルヴァ書房.
吉川忠寛, 2020,「東日本大震災などの災害教訓から東京の地区防災計画を考える」『日本都市社会学会年報』38: 31-46.
吉見俊哉, 1987,『都市のドラマトゥルギー──東京・盛り場の社会史』弘文堂.
吉見俊哉, 2016,『視覚都市の地政学──まなざしとしての近代』岩波書店.
結城翼, 2019,「『寄せ場の解体』以降の山谷地域──ジェントリフィケーション概念による分析の試み」『理論と動態』12: 59-77.
結城翼, 2023,『都市インフォーマリティと都市下層の再編成──「寄せ場の解体」以降の東京・山谷地区を事例に』(博士学位論文).

■索 引

■事項――あ行

ICT　128, 130, 135-137, 142
アイデンティティ　165, 170, 171, 180, 215, 216
アクションリサーチ　52
異議申し立て　6, 11, 45, 224
生きられた空間　11, 180, 181
イデオロギー　114, 166, 174, 180, 206, 223
移　動　19, 93-97, 100-104
　　――をめぐる社会的不平等　95
インタビュー　20, 23, 37, 52
インナーエリア　31, 86
インフォーマル・セクター　165-170, 173-176, 180, 181
エスニシティ　10, 165
NPO　115-122, 126

■事項――か行

階　級　4, 10, 13, 165, 166, 171-174, 181
階級的不平等　205-208
外国人観光客　77, 79
階層移動　10, 19, 166
概念の政治性　205-208, 219
開発主義　7, 12
格　差　21, 22
カースト　165, 171
過　疎　95, 113, 130

活性化　73, 77, 79-81, 83, 85-89, 118, 138-140
ガバナンス　110, 133
家父長制　45
簡易宿泊所　18-22, 74-79, 85
関係人口　103
協　働　78, 80, 86, 111, 115-119, 125, 126, 172
近代化　21, 168, 171, 185
空間の生産　166
空間の表象　167, 181
減　災　92, 104, 108
広域避難　94, 97, 102, 103
公　害　52-54
公害病　53, 66
公共性　110, 145, 146, 223
構造化理論　2
構造分析　4-7, 13
高度経済成長　20, 21, 50, 77, 160, 166, 184, 196
高密度化　184-187, 193, 200
高齢化　72, 74, 78, 88, 93, 106-108, 110
高齢者　72, 74-77, 82, 89, 93, 96-100, 102, 107, 110, 117, 119-123, 140, 183, 199, 228, 229
個　人　2
個人化　13, 33, 47, 177
国家のリスケーリング　22, 222
孤独死　93, 101, 102, 105
コミュニティ　9, 12, 94, 95, 107, 108,

257

114, 129, 130, 139, 141
　　——・ガバナンス　111, 113-119, 125, 126
　　——政策　113
　　——・ユニオン　42-44
雇用　19, 21, 28, 46, 72, 75, 78-81, 88, 137, 167-169, 171, 173, 178, 179, 182, 188
コンタクトゾーン　33, 34
困難地域　73, 88

■事項――さ行

災害救助法　101
災害ケースマネジメント　105
災害対策基本法　93, 98
災害と移動　97
災害復興　92-94, 99, 103, 104
再活性化　204, 206, 208, 214, 217
再生産労働　177
盛り場　8, 9, 12, 15
差別　45
産業化　21
ジェンダー　38, 42, 43, 46, 67, 165, 173, 181
　　——・ステレオタイプ　49, 167
　　——役割　47
ジェントリフィケーション　201, 204-211, 214-218
　　プラネタリーな——　217
シカゴ学派　11
自主防災組織　98, 105-108
自治会　68, 83, 87, 98, 106-108, 111, 114, 119, 139, 143-146, 150-162, 166
資本主義　11, 21, 166, 174, 181, 185, 206, 218, 237
市民運動　115, 156, 159

市民活動　74, 90, 114, 115, 118, 126
社会運動　25, 33, 37, 82, 88-90, 164, 165, 168, 181
社会学　2
社会関係　177
社会企業　77
社会構想　172, 173
社会構造　2
社会的企業　76, 77, 79, 90
社会的世界の構造　11
社会的排除　220
集客都市論　223
従属理論　166
住宅の高層化　183-186
集団　2, 10, 15-18, 110, 113, 120, 172
住民運動　4-6, 12, 15
住民ニーズ　128, 129, 136, 140, 142
住民票　102, 103, 108, 109
障害者　51, 69, 72, 74, 75, 93, 98, 99, 120, 121
少子化　93, 110
植民地主義　176
女性と貧困　36-40, 42-45, 48
ジョブトレーニング　80
自立支援　80
自立支援システム　227-229
信教の自由　149
人口減少　93-95, 108, 110, 116
神社　144-161
新自由主義　21, 110, 115, 182
新生活運動　202
神道指令　148, 154, 155
新都市社会学（ニュー・アーバンソシオロジー）　10, 11
ステレオタイプ　78, 167
スマートシティ　128-132, 135, 136,

142, 143
スマートタウン　137-140
スラム　130, 166, 174, 178, 217
生活史　16, 51, 69
生活保護　23, 26, 27, 31, 34, 39, 72, 74, 75, 77, 78, 82, 230-232
政教分離　144-146, 149-151, 157, 159-161
性暴力　42
世界資本主義　21
センサス（人口調査）　212
創造都市　73, 80-86, 90

■事項――た行

胎児性水俣病　50-52
タウンマネジメント　137, 139
立ち退き　205, 206, 210-218
立ち退き圧力　214
単線型住宅復興　101
地域イメージ　73, 80, 87-89
地域活性化　72, 79, 81, 84
地域協働　118, 122
地域コミュニティ　98, 104, 105, 107, 108, 130, 144
地域再生　87
地域再編　88, 89
地域自治　68, 111-116, 125
地域自治組織　116, 117
地域社会　110, 131
地域社会学　2-4, 7-9, 11, 13, 15-17
地域住民組織　111, 145, 147, 150-154, 161
地域福祉　75
地域防災計画　99, 100, 124, 125
地方自治法　114, 116, 194
町内会　98, 106, 107, 111-120, 122,

125-127, 144-151, 153-155, 159-162, 166
町内会論争　112, 114, 146
田園都市　130, 131, 136, 142
東京　19, 21, 23, 25, 28, 29, 184, 186, 187, 198-200
　――のホームレス　20
統治　117, 218
都市化　4, 10, 21, 113, 201
都市開発　16
都市下層　72
都市計画　16, 166, 167, 174, 175, 177, 181, 187, 201
都市景観　207-209
都市再生　21, 185, 191, 194, 208, 217
都市システム　10-12
都市社会運動　10, 11, 164, 172, 180-182
都市社会学　2, 3, 8-11, 13, 15-17, 107
都市の再生　204, 214
都市への権利　33, 173
隣組　149

■事項――な行

二拠点居住　103
二重ローン問題　93
ニュー・アーバンソシオロジー　→新都市社会学
ニュー・パブリック・マネジメント　115
ネットワーク資本　95-97
納骨堂　183-187, 189-202
　――開発　194-198
農村社会学　4
野宿　18, 20-25, 28, 31-34, 220
野宿者の排除　30, 49, 76, 220, 222-225, 227, 230, 231

■事項──は行

排　除　32-34, 38, 69, 147, 164-168, 174, 180, 181, 208, 221
場所の喪失　216, 218, 219
犯罪化　220
飯　場　18, 24, 31, 34
非正規雇用　19, 21, 28
避難行動要支援者　97-99, 104, 107, 121-123
表象の空間　167
貧　困　18-22, 26, 37, 43, 45, 96, 165, 166, 169-175, 177, 210
　　──管理　22, 221, 222, 232, 233
　　──女性　169, 170, 173, 177, 181
フェミニズム　39, 43, 48, 49, 173
複合的なジェンダー差別　173
復興災害　102
復興パラダイム　93, 109
プライバシー　129, 132, 133
部落会　112, 113, 144-150, 159
文化芸術　80-82, 86
文化資本　209
防　災　92-94, 97, 99, 104, 122
防災パラダイム　93, 109
報復主義　222
報復都市　217
ポストコロニアル　165, 166, 181
墓　地　186, 187, 190, 195, 200, 201
　　──開発　188-192, 194, 196
　　──不足　187
ホームレス　18-20, 22-25, 29, 31-34, 38, 75, 76, 85, 86, 88, 108, 218-222, 226, 227, 231
　　──・サーキット　25, 32
　　──支援　30, 223

　　──政策　222
ボランティア　29, 76, 78, 79, 83, 107, 115

■事項──ま行

埋　葬　184-187, 193, 199, 200
マクロ　2, 13, 15, 223
まちづくり　4, 16, 72, 78, 81, 91, 92, 100, 104, 108-120, 122, 130, 134, 136-142
まなざし　3, 12-16
マルクス主義　4, 11, 236
ミクロ　2, 13, 15
水俣病の認定　53, 68, 69
無料低額宿泊所　22, 25, 31, 32, 234
メゾ　2, 13, 15
モビリティ　18, 19, 29, 32-34, 94, 97, 133

■事項──や・ら行

要配慮者　98, 124
寄せ場　18, 20, 24, 25, 39, 46, 72-75, 83, 87, 88
労働運動　37, 89, 168, 170, 181
労働組合　41, 165, 168, 169, 171, 173, 174, 176, 177, 179, 181
ローカル・ガバナンス　111-113, 115, 118, 126
路上生活　19, 38, 224, 226, 227, 229, 231, 233

■人名──あ行

渥美公秀　104, 108
アトキンソン, ローランド　212
アーリ, ジョン　19, 94-97
伊藤嘉高　104

今井　照　96
植田剛史　186, 201, 202
ウッダート，ウィリアム　144, 148, 149
奥田道大　4

■人名——か行

カステル，マニュエル　11
カッツェンステイン，メアリー　165
金川幸司　116
カーン，レスリー　216
ガーンディー，マハートマ　168, 169, 176
ギデンズ，アンソニー　2
木村正人　223-226
クドゥヴァ，ニーマ　164
クラーク，エリック　209, 210
グラス，ルース　206-209
グリーア，ジョージ　212
グリーア，ユーニス　212

■人名——さ行

庄司知恵子　106
鈴木　広　10
スミス，ニール　217, 222
スレーター，トム　211
セン，アマルティア　96
園部雅久　223

■人名——た行

高木鉦作　144, 146
田所承己　94
玉野和志　9-12, 16, 112, 114, 117, 126, 129
津久井進　105
ドゥヴェルトゥイユ，ジェフリー　222, 232

■人名——な行

中島龍太郎　10
中田　実　111, 112, 114
中村八朗　112
西澤晃彦　107, 108
似田貝香門　4-7, 12

■人名——は行

橋本健二　205, 209
ハート，キース　165
林　真人　222
原口　剛　218, 222, 223
ハワード，エベネザー　130, 131, 136
ハンフリー，ジャスティン　29
平山洋介　184, 185
ブラコーニ，フランク　213
フリーマン，ランス　213
ブレナー，ニール　222

■人名——ま行

町村敬志　7, 12, 33
マルクーゼ，ピーター　214-216
溝口　正　156, 157, 159, 160
見田宗介　16
宮本憲一　11

■人名——や・ら行

安田三郎　112, 161
横田尚俊　106
吉見俊哉　8, 9, 12
リーズ，ロレッタ　206
ルフェーブル，アンリ　11, 166
レイ，ラカ　165

索　引　261

社会をひもとく
―― 都市・地域にみる社会問題の問い方
Exploring Social Issues: Urban and Regional Perspectives

2025 年 3 月 10 日　初版第 1 刷発行

編　者	北川由紀彦・山本薫子・山口恵子・玉野和志
発行者	江草貞治
発行所	株式会社有斐閣
	〒101-0051　東京都千代田区神田神保町 2-17
	https://www.yuhikaku.co.jp/
印　刷	精文堂印刷株式会社
製　本	大口製本印刷株式会社
装丁印刷	株式会社亨有堂印刷所

落丁・乱丁本はお取替えいたします。定価はカバーに表示してあります。
©2025, Y. Kitagawa, K. Yamamoto, K. Yamaguchi and K. Tamano
Printed in Japan. ISBN 978-4-641-17503-7

本書のコピー，スキャン，デジタル化等の無断複製は著作権法上での例外を除き禁じられています。本書を代行業者等の第三者に依頼してスキャンやデジタル化することは，たとえ個人や家庭内の利用でも著作権法違反です。

[JCOPY] 本書の無断複写（コピー）は，著作権法上での例外を除き，禁じられています。複写される場合は，そのつど事前に，(一社)出版者著作権管理機構（電話 03-5244-5088, FAX03-5244-5089, e-mail: info@jcopy.or.jp）の許諾を得てください。